教育部人文社科研究青年基金项目最终成果（编号：10YJC840074）

福建师范大学协和学院出版专项基金资助项目

中国养老保险关系转移
接续制度研究

韦樟清　著

人民出版社

责任编辑:钟金铃

封面设计:汪 莹

图书在版编目(CIP)数据

中国养老保险关系转移接续制度研究/韦樟清 著. −北京:人民出版社,2014.12

ISBN 978−7−01−014322−4

Ⅰ.①中… Ⅱ.①韦… Ⅲ.①养老保险制度−研究−中国 Ⅳ.①F842.67

中国版本图书馆 CIP 数据核字(2014)第 304267 号

中国养老保险关系转移接续制度研究

ZHONGGUO YANGLAO BAOXIAN GUANXI ZHUANYI JIEXU ZHIDU YANJIU

韦樟清 著

人民出版社 出版发行

(100706 北京市东城区隆福寺街 99 号)

北京汇林印务有限公司印刷 新华书店经销

2014 年 12 月第 1 版 2014 年 12 月北京第 1 次印刷

开本:710 毫米×1000 毫米 1/16 印张:20

字数:280 千字 印数:0,001-2,000 册

ISBN 978−7−01−014322−4 定价:45.00 元

邮购地址 100706 北京市东城区隆福寺街 99 号

人民东方图书销售中心 电话 (010)65250042 65289539

目　录

导　论...1

一、养老保险关系转移接续的重要意义 1

二、养老保险关系转移接续的现实状况 8

三、养老保险关系转移接续研究的理论进展................. 28

四、本书的基本研究思路及方法 44

第一章　养老保险关系转移接续制度研究的理论基础.......... 48

第一节　马克思主义社会保险思想 48

第二节　福利经济学的社会保障思想................... 58

第三节　国家干预主义理论 62

第四节　市场调节理论 66

第五节　养老保险的收入的平衡与转移模式 69

第六节　养老保险制度改革中政府与市场机制分析......... 76

第二章　养老保险关系转移接续研究的一般分析............. 92

第一节　养老保险关系转移接续的基本理论............. 92

第二节　社会养老保险关系的实质 101

第三节　养老保险关系转移接续的障碍分析............. 108

第四节　养老保险关系顺利转移接续呼唤构建政府与

市场机制适度选择的新制度 124

第三章 养老保险关系转移接续制度的国际借鉴 127

第一节 自我保障模式中养老保险关系转移接续问题分析 127

第二节 自保公助模式中养老保险关系转移接续问题分析 132

第三节 福利型养老保险模式中养老保险关系转移接续

问题分析 143

第四节 欧盟成员国间的养老保险关系转移接续问题分析 150

第五节 对解决我国养老保险关系转移接续的启示 152

第四章 养老保险关系转移接续制度的分类分析 154

第一节 跨统筹区转移接续中政府与市场机制的适度选择分析 156

第二节 跨城乡转移接续中政府与市场机制的适度选择分析 186

第三节 机关事业单位人员转移接续问题研究 213

第四节 下岗失业人员转移接续问题研究 222

第五章 养老保险顺利转移接续的制度选择 231

第一节 我国现行解决养老保险关系转移接续路径的评析 231

第二节 构建我国养老保险新制度的理念 240

第三节 解决养老保险关系转移接续的理想制度 244

第四节 解决我国养老保险关系转移接续的配套改革 260

附件 中国养老保险关系转移接续相关制度 266

索 引 300

参考文献 307

后 记 316

导　论

　　生、老、病、死是人类永恒不变的规律，老年期是人生历程中的一个必经阶段。随着工业化与城市化进程的不断推进，社会养老保险制度逐渐取代了传统的家庭养老模式，成为人们因年老失去劳动收入时经济生活的主要来源。然而人们养老保险关系转移接续受阻，必然损害其养老权益，进而影响其老年的经济生活，同时也影响着养老保险制度自身的健康发展。因而，这既关系劳动者切身利益、又关系养老保险制度建设的问题越来越引起人们广泛关注，成为社会养老保险领域的一个重要研究课题。

　　政府与市场机制的适度选择问题贯穿着养老保险制度改革与调整的全过程。养老保险关系转移接续问题的解决有赖于政府与市场机制在养老保险制度中的准确定位。笔者认为，导致劳动者养老保险关系转移接续困难的深层次原因是现行养老保险制度的缺陷。笔者试图从经济学的视角研究构建政府与市场机制适度选择的养老保险新制度，以期从根本上解决我国养老保险关系转移接续难的问题。

一、养老保险关系转移接续的重要意义

（一）社会养老保险是防范老年经济风险的制度保障

　　养老是一个十分古老的话题，因为每个人都会因年老而中断劳动收

人，这就需要他人或社会的力量以保证其老年生活不受影响，实现"老有所养"。所谓"养老"，就是指奉养因年老而失去生活保障的老人。这里所说的"养"，从广义上讲，应包括经济上的支持、生活上的照顾和精神上的慰藉三个方面。而从狭义上讲，它主要指经济上的支持。本书主要从狭义角度加以研究。这里所说的"老"是相对中青年而言的，主要是指人的一种生理状态，即因年龄而丧失劳动力的状态，通常情况下是用年龄① 来衡量的。当然这种生理状态并非一成不变的，它随着社会经济的发展而变化。原始社会，由于生产力水平低，生活条件与医疗条件差，人的身体状况相对较差，平均寿命相对较短，往往到三四十岁就丧失劳动能力，进入"老"的状态。而现在，人们普遍认为 60 岁及以上才进入"老"的状态。

而保险是一种风险的转移、集合与分散的经济补偿机制，在这一制度中，被保险人通过支付保险费，将约定的风险转移给保险人，保险人通过收取保险费建立保险基金来承担风险。这样，特定的风险通过这一机制得以集中并在大多数人中间得以分散。社会养老保险保障的标的是老年经济风险。②

---

① 人们对老年人口经常从以下几个年龄方面进行衡量。一是日历年龄：以日历计算，自出生之日起，每过一年增长一岁，对每个人的标准都是统一的。二是生理年龄：指人的诞生、成长、成熟、衰老和死亡的过程，也是人的生理器官和组织生长演变的过程。通常需要以生理学的标准来测量。三是心理年龄：是心理功能所代表的年龄，心理年龄的指标在心理学上已有一定的发展，如智商的年龄测定等。四是社会年龄：指人的社会功能，适应社会、处理和协调社会关系的能力等级，是社会学意义上的年龄。这四种年龄中，日历年龄相同的人，生理、心理和社会年龄不一定相同。因此，作为公平的退休年龄衡量标准，一般是以日历年龄作为基准的，同时也是现代社会享受养老保险给付的标准年龄。现代养老保险制度中，与"年龄"相应的一个重要概念是"退休"。它是一项强制性的制度安排，是确定劳动者在一定年龄和一定条件下可以退出劳动力队伍，并有权利获得相应的经济收入保障。参见史柏年主编：《社会保障概论》，北京：高等教育出版社 2004 年版，第 81—82 页。

② 参见段家喜：《养老保险制度中的政府行为》，北京：社会科学文献出版社 2007 年版，第 2 页。

基于以上分析，笔者认为，养老保险是指国家或政府通过立法，以权利与义务相对应为原则，保障劳动者因年老而丧失劳动能力，或达到法定的解除劳动义务的劳动年龄界限后基本生活需求的一种经济制度安排，以增强劳动者抵御老年经济风险的能力。它集合了个人收入的一生平衡、代内转移和代际转移等养老理念，是一种普遍和有效的社会养老方式。这一定义包含以下三个必备要素。

第一，依法强制实施。法律法规是社会养老保险制度赖以建立与实施的客观基础与依据。只有通过立法，构建相应的法律法规，才能保障社会养老保险制度得以实施。立法先行是世界各国建立健全社会养老保险制度普遍遵循的基本原则。从这个角度来看，它有别于商业养老保险。商业养老保险是受保人与保险公司在双方自愿基础上针对老年经济风险而达成合同协议，是一种平等的契约关系，并非由国家通过立法强制实施。

第二，权利与义务相对应原则。养老保险要求被保险人在未老之前，必须缴纳一定的保险费，承担一定的养老义务，并以此作为被保险人退休后享受养老金的条件，而且往往承担的保险费越多，则退休后享受的保险金也就越多。如劳动者没有履行相应的缴费义务，就不可能享受相对的保险权利。从这方面来看，它蕴含着权利与义务相对应的市场机制原则。从这个角度来看，它有别于养老救助。养老救助是政府一方来承担，不以被救助对象是否缴费为受救助条件。只要老年生活没有达到最低的保障，政府应当给予相应的救助，这是公民的一项基本权利。

第三，保障基本生活为宗旨。建立社会养老保险的基本目标就是为老年人提供经济保障以满足其基本生活需求，是老年期经济来源的主要方面。从这个角度来看，它有别于养老保障。一方面，养老保障的对象是全体老年人，而养老保险的对象只局限于缴满一定年限养老保险费的老年人，显然，其范围小于养老保障的对象。另一方面，养老保障除了具有养老保险的老年人经济保障外，还包括老年人的医疗、护理照料、精神慰藉、权益保障及其他福利服务等内容。

总之，与其他社会保障项目① 相比，社会养老保险有其自身特点，是一项需要政府与市场机制共同作用，以保证社会成员在年老时从国家或社会获得基本生活需求的制度安排。随着工业化和城镇化进程的不断推进，社会养老保险制度逐渐取代了传统的家庭养老模式，成为人们因年老而失去劳动收入时经济生活的重要保障。

（二）养老保险关系转移接续困难危及老年经济生活

从广义上讲，养老保险关系的转移接续一般包括以下两个方面。一方面是指用人单位养老保险关系的转移接续。按现行政策，养老保险实行属地管理，用人单位应参加单位所在地的社会养老保险统筹。当用人单位跨统筹地区转移时，用人单位应向转出地社会保险经办机构提出申请，由经办机构审核后开具转移证明，注明职工人数、参加社会养老保险有关情况等，由转入地经办机构负责接续其社会养老保险关系。另一方面是指个人社会养老保险关系的转移接续。职工在职期间，个人跨统筹地区调动工作的，或跨不同养老保险制度的单位调动工作的，由调出地社会保险经办机构出具转移证明，填写参加社会养老保险人员转移情况表；调入地社会保险经办机构应依据调出地提供的参加社会保险人员转移情况表和职工社会养老保险个人账户等资料，为职工接续社会养老保险关系并做好衔接工作。② 前者是指用人单位因跨统筹区转移而发生的社会养老保险关系的转移接续，后者是指职工个人因跨统筹区或跨不同养老保险制度而面临的社

---

① 一般而言，社会保障包括社会救助、社会保险、社会福利和社会优抚等项目，而养老保险是社会保险当中重要项目，是社会保障的核心险种。从社会保障资金的来源角度，社会保障制度可以分为两个方面：一是完全由国家财政负担的项目，包括社会救助、社会优抚、社会福利，这些属于国民收入再分配范畴，充分体现社会公平；二是由用人单位、职工个人缴费、国家给予适当补贴的三方共同筹资的项目，即社会保险，它充分体现公平与效率相结合的原则。但是，无论社会保障项目在国内外如何划分，养老保险则是社会保障制度中核心项目的核心险种。

② 参见王俊学：《养老保险关系转移需要完善的两个方面》，《山东劳动保障》2005 年第 5 期。

会养老保险关系的转移接续。同时，前者最终都会以个人转移接续为落脚点，因为这两者又是相对统一的。鉴于此，本书若没有特别说明，所论述的社会养老保险关系转移接续主要指个人社会养老保险关系的转移接续。

从上述养老保险制度的界定来看，养老保险关系其实质就是劳动者根据国家或社会通过立法而制定的社会养老保险制度，劳动者在劳动关系基础上履行相应的缴费（税）义务而在退休后享有从国家或社会获得一定的经济补偿和服务，以保障老年基本生活的养老权益。因此，养老保险关系的转移接续就是指劳动者的这种养老权益的维护与平衡，是养老保险权利与养老保险利益两个方面的统一体。①

根据社会养老保险的权利与义务对应原则，劳动者在享受养老权益之前要持续承担一定缴费义务。②而劳动者社会养老保险关系能否转移接续，就意味着其养老保险的权利能否实现转移，以其经济利益能否得到保障，以及在多大程度上得到保障问题。因此，一旦劳动者社会养老保险关系转移接续遇到困难，就必然影响或中断其养老保险义务，进而损害其权利的享受，危及其老年生活。随着劳动者流动日趋频繁，养老保险关系转移接续成为了一个全国性乃至世界性的问题。

（三）养老保险关系转移接续研究的理论与现实意义

根据 1997 年国务院颁布的《关于建立统一的企业职工基本养老保险制度的决定》，我国城镇企业职工养老保险制度实行社会统筹与个人账户相结合的部分积累制。这种"统账结合"模式兼容了现收现付制和完全积累制两者的特点，即将筹建到的基金一部分按照现收现付原则用于支付当前退休者的养老金，剩余部分为现在工作的劳动者积累起来，用于

---

① 这一部分内容将在第二章详细论述。

② 从世界各国养老保险制度来看，一般规定劳动者享受养老金待遇的最低缴费年限，而且鼓励人们多缴费。比如我国规定劳动者缴费年限至少 15 年，才能享受国家基础养老金。

他们今后的养老支出。这既满足了一定时期内的养老保险基金支出，又有了一定的基金积累，从而减轻了现收现付制在遭遇人口老龄化时面临的资金压力，也在一定程度上保留了社会保障制度本身应具有的再分配功能，同时由于资金积累规模比完全积累制小，因此也降低了基金贬值的风险。

从当前学者对"统账结合"模式的养老保险问题的研究现状来看，尽管对于这种转型是否能够解决现收现付制度中的存在的问题还存在很大争议，但在我国，经过十多年的运行和探索，这一制度获得了越来越多人的认同。

然而，这一制度的缺点也越来越被人们所关注，即：将风险向个人转移，而且再分配功能减弱。随后人们的研究视角逐渐转向这一模式所引发一系列问题，包括应对人口老龄化的挑战，基金收支平衡问题、隐性债务问题、扩大覆盖面问题、性别差异问题、个人账户基金投资运营问题、统筹层次问题、养老保险经办机制问题等，而从流动人员保持保险关系连续性的角度来探讨养老保险问题的学者并不多见。虽然当前有一些学者研究养老保险关系的转移接续问题，但多集中于农民工的养老保险关系转移接续问题上，而且把城镇企业职工养老保险、农村养老保险及机关事业养老保险三种养老保险模式分开独立研究，缺乏全面性与系统性地分析。长期以来，我国养老保险制度呈现出城乡分割、区域分割和行业分割的"碎片化"局面，为此，学术界也就分门别类地对我国不同类型养老保险制度进行分割性研究，缺乏对养老保险制度整体性考察。笔者认为，这种孤立地对不同养老保险制度进行"头痛医头、脚痛医脚"研究，难以避免"老问题解决了，新问题又出现"的被动局面。只有将养老保险制度进行系统性研究，才能化解劳动力转移接续的制度障碍，因此，从养老保险制度整体的视角研究养老保险关系转移接续问题是一项有益的尝试，具有重要的理论意义。

从现实角度来看，建立社会主义市场经济体制是我国经济体制改革的既定目标，这就要求包括劳动力在内的各生产要素在全国范围内，甚至在国际市场上能自由流动，形成一个统一的劳动力市场，实现劳动力资源优化配置，从而促进专业分工、协作生产，发挥规模经济效益，实现共同繁荣的目标。这要求一个与之相适应的全国统一的社会保障体系。

然而，目前我国的基本养老保险制度虽然基本框架全国统一，但具体制度和待遇各地差异较大，尤其是养老保险基金，还有诸多地方实行市县级统筹，而且不同群体所对应的养老保险模式也不尽相同，如机关事业单位工作人员所承担的养老保险责任远小于城镇企业职工，而所享受的权利则大于城镇企业职工。从而造成劳动者养老保险关系在各统筹区及不同养老保险制度间转移接续十分困难，进而限制了劳动力的合理流动，阻碍着经济社会一体化的进程。

这个问题也引起了党和政府的高度重视，2007年3月，温家宝在十届全国人大五次会议上所作的政府工作报告中，关于"加强就业和社会保障工作"部分明确提出："抓紧研究制定社会保险关系跨地区转移转移接续办法。"在十一届全国人大二次会议上，温家宝再次提到这一问题，指出："要完善基本养老保险制度，继续开展做实个人账户试点，全面推进省级统筹。制定实施农民工养老保险办法。新型农村社会养老保险试点要覆盖全国10%左右的县（市）。出台养老保险关系转移接续办法。"这充分体现出党和政府对社会保险关系跨地区转移接续问题的高度重视，以及制定可行性方案的现实紧迫性和重要性。在2009年国家推行事业单位养老保险制度改革试点中，就明确提出要将事业单位传统的现收现付制模式向城镇企业的"统账"结合模式转变，逐步建立全国统一的养老保险制度，以促进劳动者养老保险关系的顺利转移接续。2010年，我国实施了《城镇企业职工基本养老保险关系转移接续暂行办法》（以下简称《转移接续暂行办法》），一定程度上解决了劳动力转移接续困难的问题，但这一办法在运行中依然存在一些问题亟待解决和完善，况且这一办法仅仅针对城镇职工跨省转移接续困难而出台，无法解决诸如城乡转移等其他类型的转移接续问题。

因此，研究养老保险关系转移接续问题，探索在全国范围内实现养老保险关系的顺利转移接续的路径，推动养老保险制度朝一体化的方向发展，这既有利于实现养老保险资源的有效整合，在更大范围内分散基金风险，调剂基金余缺，更好地保证养老基金的完整与安全，发挥社会保障的互济功能；又有利于打破劳动力自由流动的制度壁垒，实现人力资源优化配置，促进经济社会协调发展，具有很强的现实意义。

二、养老保险关系转移接续的现实状况

（一）流动人口快速增长与养老保险制度便携性缺失的冲突

改革开放以来，我国经历了和正在经历着人类历史上最大规模的人口迁移，人口流动数量之多、范围之广、频率之快是史无前例的。面对规模如此巨大的流动人口，我国当前养老保险制度缺乏便携性特征，严重阻碍了劳动者养老保险关系转移接续，损害了劳动者的养老权益。

1. 流动人口总体规模巨大

在传统计划经济体制下，劳动力按国家计划分配与流动，企业无权选择雇员，劳动者也无权选择单位，劳动力流动规模非常有限。然而，在市场经济体制下，单位或企业与劳动者实行双向选择，大大促进了劳动力的流动。改革开放以来，随着我国严格的户籍制度逐渐放松，以及各种保护和调动劳动者积极性的政策出台，劳动力不仅在企业单位之间流动加快，而且在地区间、城乡间的流动也在加快。尤其是到了 21 世纪以后，人口流动数量持续增加。

根据 1987 年、1995 年和 2005 年全国 1% 人口抽样调查统计，总流动人口① 由 1987 年的 3053 万人，到 1995 年的 5400 万人，到了 2005 年则

---

① 流动人口既包括流出人口，又包括流入人口。如果以省域为界，那么它既包括省内流动人口，又包括省际流动人口。

猛增至 14735 万人，这相当于 1987 年的 4.8 倍。根据 2010 年的全国第六次人口普查结果显示，大陆 31 个省、自治区、直辖市的人口中，居住地与户口登记地所在的乡镇街道不一致且离开户口登记地半年以上的人口为 2.6 亿人，除去市辖区内人户分离的人口 10036 万人，流动人口达到 2.2 亿[①]，这比 2005 年增加了近 8000 万人。

从跨省人口流动的规模来看，1987 年为 632 万人，1995 年为 2500 万人，而到了 2005 年则迅速上升为 4779 万人，这相当于 1987 年的 7.6 倍。[②]以江苏省流动人口为例，流动人口总量增速非常快，尤其是跨省流动人口的增速更为明显。2005—2007 年，江苏省内流动人口由 54431 人次上升到 97859 人次，增长了 79%，而跨省流动人口则由 11161 人次上升到 20555 人次，增长了 84%。[③]根据 2010 年的全国第六次人口普查结果显示，跨省流动人口高达 7158.95 万人，比 2005 年增加了近 4000 万人，是省内流动人口规模的 64%。[④]

总之，自改革开放以来，我国流动人口总量不断上升，且跨省流动人口增长迅速，已形成一定的规模。这是我国养老保险制度改革必须面对的历史背景。

2. 人口流动呈现从中西部向东部流动态势

改革开放以来，沿海经济发达地区日益成为流动人口的聚集区，这是中国流动人口空间迁移流动的又一重要特点。1990 年的第四次全国人口普查统计资料显示，与 1982 年第三次全国人口普查数据相比，流动人口在沿海和首都地区的数量剧增，例如广东省由 49.75 万人增加到 379.10 万人，增长了 7.62 倍，北京市由 16.99 万人增加到 60.21 万人，

---

① 参见牛玲：《我国劳动力流动问题研究》，《现代商业》2014 年第 1 期。

② 参见《1987 年 1% 人口抽样资料》、《1995 年全国 1% 人口抽样调查规模资料》和《2005 年全国 1% 人口抽样调查资料》。

③ 人力资源和社会保障部社会保险事业管理中心编：《2007 年重点课题研究报告》（2008 年 5 月），第 131 页。

④ 参见王新桂、潘泽瀚：《我国流动人口的空间分布及其影响因素——基于第六次人口普查资料的分析》，《现代城市研究》2013 年第 3 期。

增长 3.54 倍。到 2005 年全国 1% 人口抽样调查时流动人口在沿海集中的趋势更加明显。1987 年东部地区迁入人口占全国跨省流动人口的 52%，到了 2005 年，这一比例上升为 84.6%。而中西部地区的跨省流动人口绝大部分流向了东部地区，从 1987 年至 2005 年，中部地区跨省流动人口中流入东部地区的比重由 61.7% 上升到近 90%，而西部地区也由 44.2% 上升到 80%。

当前，我国劳动力由中西部向东部地区集聚的趋势依然明显。根据《中国 2010 年人口普查资料》的估算，在跨省流动的 7158.95 万人中，跨省流入人口规模最大的前 5 个省份依次为广东、浙江、上海、北京和江苏，共计 4787 万人，占全国总量的 66.9%；跨省流出人口规模超过 300 万人的省份有 8 个，依次为安徽、四川、河南、湖南、湖北、江西、广西、河北，共计 4515 万人，占全国总量的 63.1%。①

表 0-1　1987—2005 年跨省流动人口的区域流向②

（单位：%）

迁入地		迁出地			
		东部地区	中部地区	西部地区	全国平均
东部地区	1987 年	49.7	61.7	44.2	52.0
	1990 年	56.0	59.0	49.3	54.6
	1995 年	63.5	71.8	56.5	63.1
	2000 年	64.4	84.3	68.3	75.0
	2005 年	78.3	89.8	80.1	84.6

---

① 参见国务院人口普查办公室、国家统计局人口和就业统计司编：《2010 年全国人口普查资料》，北京：中国统计出版社 2011 年版。
② 参见《1987 年 1% 人口抽样资料》、《1990 年人口普查资料》、《1995 年全国 1% 人口抽样调查资料》、《中国 2000 年人口普查资料》、《2005 年全国 1% 人口抽样调查资料》。

迁入地		迁出地			
		东部地区	中部地区	西部地区	全国平均
中部地区	1987 年	31.3	21.8	21.2	24.6
	1990 年	28.4	23.5	20.4	24.0
	1995 年	20.5	12.7	13.4	18.8
	2000 年	19.7	7.1	7.9	9.8
	2005 年	10.9	4.4	4.4	5.5
西部地区	1987 年	18.9	16.6	34.6	23.3
	1990 年	15.6	17.5	30.3	21.4
	1995 年	16.1	15.5	30.2	18.1
	2000 年	15.9	8.6	23.9	15.3
	2005 年	10.8	5.8	15.5	9.9

表 0 - 2　2010 年跨省流动人口区域流向[①]

省份	流入人口		流出人口	
	流入人口占全国比例（%）	流入人口（万人）	流出人口占全国比例（%）	流出人口（万人）
全国合计	100	7158.95	100	7158.95
东部 12 个省	83.53	5979.55	24.66	1765.61
中部 9 个省	7.44	532.89	50.81	3637.24
西部 10 个省	9.03	646.51	24.53	1756.09
东部				
辽宁	2.16	154.60	1.24	88.76
北京	8.86	634.25	0.33	23.47

---

① 参见郑秉文主编：《中国养老金发展报告 2012》，北京：经济管理出版社 2012 年版。

省份	流入人口		流出人口	
	流入人口占全国比例（%）	流入人口（万人）	流出人口占全国比例（%）	流出人口（万人）
天津	3.88	277.94	0.34	24.27
河北	1.56	111.34	4.24	303.45
山东	2.55	182.74	3.66	261.94
上海	10.96	784.73	0.30	21.64
江苏	7.47	534.46	3.76	269.02
浙江	12.25	877.28	2.31	165.26
福建	4.85	347.12	2.08	148.60
广东	27.33	1956.69	1.01	72.34
广西	0.96	68.94	5.06	362.12
海南	0.69	49.46	0.35	24.76
中部				
山西	0.87	62.47	1.29	92.34
内蒙古	1.48	106.29	1.20	86.15
吉林	0.52	36.93	1.66	118.90
黑龙江	0.58	41.50	3.08	220.38
安徽	0.73	52.26	10.79	772.81
江西	0.65	46.53	6.94	497.10
河南	0.67	48.14	10.01	716.35
湖北	1.12	80.24	7.05	504.85
湖南	0.82	58.53	8.78	628.36
西部				
重庆	1.16	82.84	4.02	287.61
四川	1.26	90.48	10.19	729.52

省份	流入人口		流出人口	
	流入人口占全国比例（%）	流入人口（万人）	流出人口占全国比例（%）	流出人口（万人）
贵州	0.77	55.41	3.98	284.91
云南	1.38	98.50	1.34	96.03
西藏	0.18	12.97	0.06	4.49
陕西	1.14	81.97	2.26	162.01
甘肃	0.51	36.29	1.79	127.86
青海	0.38	27.56	0.28	20.18
宁夏	0.40	28.84	0.24	16.91
新疆	1.84	131.66	0.37	26.57

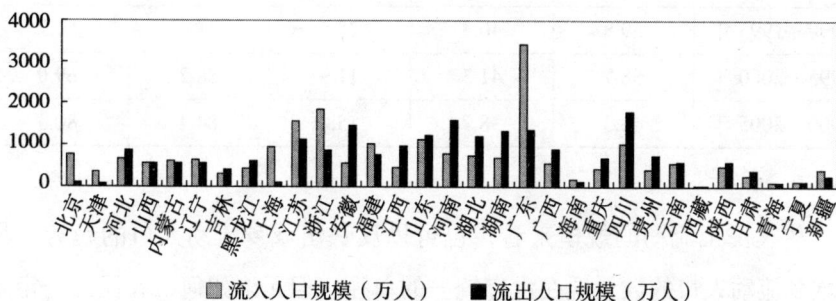

图 0-1 各省总流出、流入人口规模

从上述表 0-1、图 0-1 不难看出，人口流出大省全部分布在经济发展比较落后的中、西部地区，人口流入大省全部分布在经济相对发达的东部沿海地区，东部地区一直是我国跨省流动人口迁入的首选地区。因此，跨省流动人口主要由中西部向东部流动，流出地分布相对松散，流入地分布则相对集中，主要集中流入东部长三角、珠三角和京津（冀）三大都市圈。

3.人口流动城乡迁移明显

近年来，我国劳动力区域流动不仅表现为中西部地区向东部流动，而且呈现出乡村向城市、农业向非农业部门转移的明显态势。从表0－3可以看出，我国改革开放以来，人口流动中农村迁出人口一般都占迁出总人口的60%以上，成为流动人口的主体，而绝大部分迁入地是城镇。到20世纪90年代后期，这一趋势更加明显，由农村迁入城镇的人口占总流动人口的80%以上，甚至接近90%。[①]

表0－3　1982—2005年我国农村与城镇人口流动情况[②]

（单位：%）

年份	迁出		迁入		农村迁入城镇
	农村	城镇	农村	城镇	
1982—1987年	68.0	32.0	23.6	76.4	74.4
1987—1990年	62.5	37.5	17.3	82.7	78.5
1990—1995年	59.8	40.3	28.6	71.4	60.2
1995—2000年	58.7	41.3	11.9	88.2	69.0
2000—2005年	61.3	38.7	15.6	84.4	80.3

从农民工流动的规模来看，也可以反映出城乡流动人口的趋势。尽管城乡流动人口的数量现在没有统一的口径，但无论如何，农民工一定是这一部分流动人口的主体。因此，农民工的数量也可以从一定程度上反映出城乡流动人口的规模。根据相关调查结果显示，我国农村外出就业农民工的数量从1983年的约200万人增加到2009年的1.45亿人，26年增长了近73倍，年均增长18%左右。其中，年均增长最高的时期是20世纪80年代，高达50%左右；其次是20世纪90年代，年均增长15%左右；

---

① 参见魏星、王桂新：《中国东、中、西三大地带人口迁移特征分析》，《市场与人口分析》2004年第5期。

② 参见《1987年1%人口抽样资料》、《1990年人口普查资料》、《1995年全国1%人口抽样调查资料》、《中国2000年人口普查资料》、《2005年全国1%人口抽样调查资料》。

到了 21 世纪后，年均增长率趋于平缓，但每年依然有所增加，到 2013 年末，农民工总量已高达 2.69 亿人，比上年增加 633 万人，其中外出农民工达 1.66 亿人，比上年增加 274 万人（见表 0－4）。

表 0－4　2008—2013 年我国农民工的规模

类型 项目 年份	农民工		外出农民工	
	农民工总量 （万人）	比往年增加额 （万人）	外出农民工数量 （万人）	增长率 （%）
2013	26894	633	16610	1.68
2012	26261	983	16336	2.98
2011	25278	1055	15863	3.44
2010	24223	1245	15335	5.52
2009	22978	436	14533	3.39
2008	22542	—	14041	—

资料来源：历年人力资源和社会保障事业发展统计公报。

根据我国不同时期农民工流动的特点，可以将改革开放以来农民工流动分为四个阶段。第一阶段：就地转移为主阶段。这一阶段主要是在 20 世纪 80 年代期间，农民工的数量急剧增加，从 80 年代初期的 200 万人发展到 80 年代末期的 3000 万人，但这一阶段农民工就业地主要是本地的乡镇企业，跨省流动比重较少。

第二阶段：跨地区转移为主阶段。这一阶段主要出现在 20 世纪 90 年代初期到 21 世纪初期，外出就业农民工的数量到 21 世纪初期已经达到了 1 亿人左右的规模，其中跨省流动的比重大幅上升，2001 年达到 44%，主要流向东部沿海地区和城市的第二、第三产业，完全改变了 20 世纪 80 年代以乡镇企业为转移地的情形。

第三阶段：稳定增长阶段。这一阶段主要出现在 21 世纪初期到 2007 年，外出就业农民工年均增长 7% 左右，增速下降但相对平稳。但是，农民工的流向依然以东部沿海地区和城市的第二、第三产业为主。

第四阶段：低增速并初步调整阶段。这一阶段主要出现在 2008 年爆发国际金融危机之后，金融危机对农民工就业产生了较大影响，引发了较大规模的农民工返乡，外出就业农民工增速下降，年均增长 3% 左右（见表 0-4）。但是，这一阶段一个显著的特点是农民工的就业地域结构、就业行业结构、就业总体供求关系都开始发生了变化。根据国家统计局 2009 年的调查显示，与 2005 年相比，东部地区吸纳外出就业农民工占外出农民工总数的比重由 75.4% 下降到 62.5%，中部地区由 12.3% 提高到 17%，西部地区由 12% 提高到 20.2%（见表 0-5）。因此，尽管东部地区依然是农民工主要流向目的地，但比重开始下降，而农民工流向的中西部地区的数量在不断增加，显示着农民工就业地域结构开始发生深刻变化。

表 0-5　2003—2009 年我国农民工就业区域布局

（单位：%）

年份	东部地区	中部地区	西部地区
2009 年	62.5	17	20.2
2008 年	71	13.2	15.4
2006 年	70.1	14.8	14.9
2003 年	69.9	14.9	15.2

资料来源：国家统计局网站。

这种城乡劳动力转移是我国农村改革逐步推进、市场经济不断发展的必然结果。随着我国农村经济的发展，农村大量的隐性剩余劳动力从土地上解放出来，形成了规模巨大的剩余劳动力，成为潜在的迁移"资源"。同时，沿海城镇经济的发展对劳动力具有极大的需求，通过城市的"拉力"和农村的"推力"的双重作用，使得农村潜在的迁移"资源"转变为现实的城乡人口流动。在当前，我国大力推进城镇化建设的背景下，城乡劳动力的流动将继续呈现出上升趋势。

（二）《转移接续暂行办法》的颁布实施无法彻底解决转移接续问题

1.《转移接续暂行办法》的亮点及其意义

2009 年 12 月 22 日，国务院召开常务会议，决定从 2010 年 1 月 1 日起施行《转移接续暂行办法》。规定包括农民工在内的参加城镇企业职工基本养老保险的所有人员，基本养老保险关系可随其跨省就业的同时转移。

相对于以往的政策而言，这一新政策的变化主要体现在以下四个方面：一是可以转移部分统筹基金。《转移接续暂行办法》规定劳动者跨省流动就业在转移基本养老保险关系的同时，不仅可以转移全部的个人账户资金，而且能够转移 12% 的单位缴费。这有利于转入地与转出地、当期与长远的资金平衡。二是缴费年限合并计算。对于多地参保的劳动者，他们的养老金计算全国统一，解决了参保缴费年限在各地互认和累加的问题，有力地维护了劳动者的合法权益。三是养老保险权益可以累加。包括农民工在内的参保人员，无论是在不同城镇就业还是间断性地在城镇就业，养老保险权益均可以累加计算。办法按照"唯一性"原则，提出了以缴费 10 年作为确定待遇领取地的标准，不再办理退保，切实维护参保人员的养老保险权益。四是养老保险关系实现"全国通"。为方便参保人员办理转续关系，暂行办法还规定了统一的办理流程。国家还将建立全国统一的社保机构信息库和基本养老保险参保缴费信息查询服务系统，发行全国通用的"社会保障卡"，无论流动到何处工作，所有参加了城镇职工基本养老保险制度的劳动者均可随时续保，并随时查询自己的缴费余额、缴费时间等，可以第一时间直接了解自身养老保险权益。

这一新政策的实施具有重要的现实意义。一方面，它有利于保护劳动者的养老保险权益。劳动者的养老保险权益是依法赋予的基本权利，理应得到尊重与保护。在《转移接续暂行办法》出台之前，当劳动者跨省转移就业时，其基本养老保险关系不能随之顺畅流转，致使流动就业劳动者的养老保险权益不能得到应有的制度保障。这种缺失必然会引起劳动者对养老保险制度的不满，也会使劳动者担忧未来的生活保障，进而影响社会稳定发展。

另一方面，它有利于促进劳动力自由合理流动。在市场经济条件下，劳动力资源只有在自由流动的情况下，才能实现优化配置。在《转移接续暂行办法》出台之前，劳动者养老保险关系跨省转移接续受限，使得劳动者的就业选择、自由流动也相应地受到限制，这在一定程度上影响了我国劳动力资源的优化配置，影响了我国统一开放劳动力市场的建立。《转移接续暂行办法》的实施使劳动者自由流动摆脱了这一制度限制，促进了劳动力资源的合理配置。

2.《转移接续暂行办法》的局限性

显然，这一办法有效地解决了包括农民工在内的流动人口跨统筹区养老保险关系转移接续困难的问题，切实保障了流动人口的养老权益。但是，这一办法是在尚未改变我国养老保险制度"碎片化"的前提下出台的一种"补救式"政策，一方面表现为纵向的"碎片化"，我国养老保险制度依然针对不同人群而建立相应的养老保险制度，如针对机关事业单位工作人员的机关事业单位养老保险制度、针对城镇职工的城镇职工养老保险制度、针对农村居民的农村养老保险制度，以及针对城镇居民的城镇居民养老保险制度；另一方面表现为横向的"碎片化"，以城镇职工养老保险制度为例，这项主要针对城镇职工的制度安排也被分割在不同的统筹区内封闭运行，呈现出不同的"地域特色"。因此，在如此"碎片化"的养老保险制度情形下，这一办法只能在一定程度上化解养老保险关系转移接续问题，是一项权宜之策。

（三）现行养老保险制度的"碎片化"阻碍了养老保险关系转移接续

中国现行养老保险制度自建立以来就是针对不同群体而设立不同的养老保险模式，既有针对机关事业单位职工的养老保险模式，又有针对城镇企业职工养老保险模式，既有针对农村居民的养老保险模式，又有针对城镇居民的养老保险模式，至今这种"碎片化"的格局依然存在，这严重阻碍了流动人口的养老保险关系转移接续。

1. 养老保险制度的初创及发展阶段（1950—1966 年）

1951 年 2 月 26 日，政务院颁布了《中华人民共和国劳动保险条例》，这标志着中国社会保险制度真正开始建立。这条例虽不是专门的养老保险法规，但其中对城镇企业职工的养老保险制度从实施范围、实施内容、待遇标准等方面作出了各种具体的规定。如实施范围是有正式职工 100 人以上的国营、公私合营、矿场、铁路、航运、邮电等部门单位及其附属单位的职工。在退休条件上规定男性职工为 60 岁、工龄 25 年，女性职工年龄为 50 岁、工龄 20 年。在退休养老保险金标准上，根据职工本人工龄，约为原工资水平的 50%—70%。在组织管理上，由中华全国总工会作为最高管理机构，劳动部则作为最高监督机构进行监督和管理。在资金来源上，职工个人无需缴纳保险费，企业则逐月按职工工资总额的 3% 缴纳社会保险费。其中的 30% 上缴中华全国总工会作为全国范围的社会保险统筹基金，其余的 70% 给企业基层工会用作退休人员的退休金及其他项目的保险金、职工福利使用，每月结算后剩余部分上交省、市级工会组织调配。随后，政务院进行了改革与调整，使这一制度覆盖范围扩大到当时几乎所有的企业单位系统。

在大力发展企业养老保险的同时，国家机关、事业单位人员的退休制度也开始着手建立。1955 年 12 月 29 日，国务院颁发了《国家机关工作人员退休处理暂行办法》、《国家机关工作人员退职处理暂行办法》、《关于处理国家机关工作人员退职、退休时计算工作年限的暂行规定》等法规，标志着在国家机关、事业单位中也建立起了退休保障制度。但与企业职工的养老保险制度略有差异，主要表现在待遇方面略低于企业职工。

鉴于企业职工和国家机关、事业单位人员保险制度在某些规定及待遇标准方面的非同一性，国务院在 1958 年 2 月 9 日和 3 月 7 日分别颁布了《关于工人、职员退休处理的暂行规定》、《关于工人、职员退职处理的暂行规定》，使养老保险从劳动保险条例中脱离出来，成为独立的企业、机关的养老保险制度。同时，在组织管理机构和资金来源方面不变，在内容方面则放宽了退休条件、提高了退休待遇水平。

2. 养老保险制度的停滞及恢复阶段（1967—1986 年）

1966 年开始的"文化大革命"破坏了社会秩序和制度，也使刚刚得以发展和完善的养老保险制度遭受重大打击。尤其是在 1969 年 2 月财政部发布了《关于国营企业财务工作中几项制度的改革意见》（草案），规定了不再向国营企业提取社会保险费，企业退休职工的退休金等由企业改在营业外列支。这就迫使原有的养老保险制度失去了社会统筹的功能，迫使职工的退休养老成了其所在单位内部的事务，迫使社会养老保险退化为企业养老保险、社会保障倒退为企业保障。

1978 年 6 月 2 日，国务院颁布了《关于安置老弱病残干部的暂行办法》和《关于工人退休、退职的暂行办法》，这标志着养老保险制度进入了制度恢复期，但同时也将 1958 年统一起来的企业和机关退休、退职制度重新分化为两个分离的制度。

3. 养老保险制度的改革及探索阶段（1986—2010 年）

1986 年 7 月 12 日，国务院颁布了《国营企业实行劳动合同制暂行规定》，这规定标志着真正从体制上对传统养老保险制度进行改革。法规明确规定了国家对劳动合同制工人的退休养老实行社会统筹，退休养老基金的来源由企业和劳动合同制工人缴纳，企业按照合同制工人工资总额的15% 左右，个人按照不超过本人标准工资的 3% 缴纳退休养老保险基金。退休金收不抵支时国家给予补贴，并具体规定缴费额及养老保险待遇等。虽然这一改革只是国营企业劳动制度改革的一项内容，并未成为一项单独的社会保险制度，但它所包含的内容却真实地表明国家对传统的单位养老制度的摒弃和对建立责任共担的社会化养老保险制度的追求。

1991 年 6 月 26 日，为扩大传统养老保险的缴费基础，国务院发布了《关于企业职工养老保险制度改革的决定》，规范了所有企业的职工养老保险制度，明确规定养老保险制度实行社会统筹，养老保险费由国家、企业、个人三方负担，实行部分积累制。该决定确立了现代养老保险制度的雏形。其主要内容包括：一是建立多层次的养老保险体系。主要包括国家强制性基本养老保险，企业补充养老保险，个人储蓄性养老保险。二是形成多渠道的费用筹集机制。养老保险费用由国家、单位和个人共同合理负担，实行了个人缴纳养老保险费。三是改变养老保险完全现收现付制，确定了以支定收、略有结余、留有部分积累的原则。四是明确管理体制和社会化的改革方向，即由劳动部、人事部、民政部分别管理城镇企业职工、机关事业单位职工和农村养老保险。

1995 年 3 月 1 日，国务院发布《关于深化企业职工养老保险制度改革的通知》，明确了基本养老要逐步实现统一制度、统一收益规则、统一管理和统一调剂，确定了实行社会统筹与个人账户相结合的原则，并且要在社会统筹与个人账户相结合的框架内实现行政管理与基金管理、执行机构和监督机构的分设。

1997 年 7 月 16 日，国务院根据两年来各地方的实践，在总结全国各地城镇企业职工养老保险制度改革的基础上，颁发了《关于建立统一的企业职工基本养老保险制度的决定》，提出了"七统一"，即：统一企业和个人的缴费比例；统一企业和个人的缴费基数；统一个人账户的比例；统一个人的记账利率；统一基本养老金计算办法；统一该决定实施前后的过渡办；统一该决定实施前两种实行办法的并轨时间。

1998 年 3 月成立了劳动和社会保障部，对全国的社会保险体制进行统一的管理。2000 年 12 月 25 日，国务院发布《关于印发完善城镇社会保障体系试点法案的通知》，决定对基本养老保险的社会统筹基金与个人账户基金进行分账管理，做实个人账户。这个方案于 2001 年 7 月 1 日正式在辽宁省进行试点操作。

2005 年，国务院在充分调查研究和总结东北三省完善城镇社会保障体系试点经验的基础上，颁布了《关于完善企业职工基本养老保险制度的决定》，明确了完善企业职工基本养老保险制度的主要任务是：确保基本养老金按时足额发放，保障离退休人员基本生活；逐步做实个人账户，完善社会统筹与个人账户相结合的基本制度；统一城镇个体工商户和灵活就业人员参保缴费政策，扩大覆盖范围；改革基本养老金计发办法，建立参保缴费的激励约束机制；根据经济发展水平和各方面承受能力，合理确定基本养老金水平；建立多层次养老保险体系，划清中央与地方、政府与企业及个人的责任；加强基本养老保险基金征缴和监管，完善多渠道筹资机制；进一步做好退休人员社会化管理工作，提高服务水平。

在这一阶段，农村养老保险事业也有了一定发展。自20世纪80年代中期开始，政府就在农村探索推广以个人缴费为主的完全积累制的农村养老保险制度改革。1992年，民政部在总结几年的试点经验基础上，制定了《县级农村社会养老保险基本方案》，并决定在全国有条件的地区逐步推广，从而推动了农村养老保险制度建设进程。

此外，在这一阶段，我国一些地方还出现了针对农民工的特点而建立了模式各异的农民工养老保险制度。至此，我国当时养老保险制度基本形成了针对不同群体而设立的"碎片化"格局（如图0-2）。

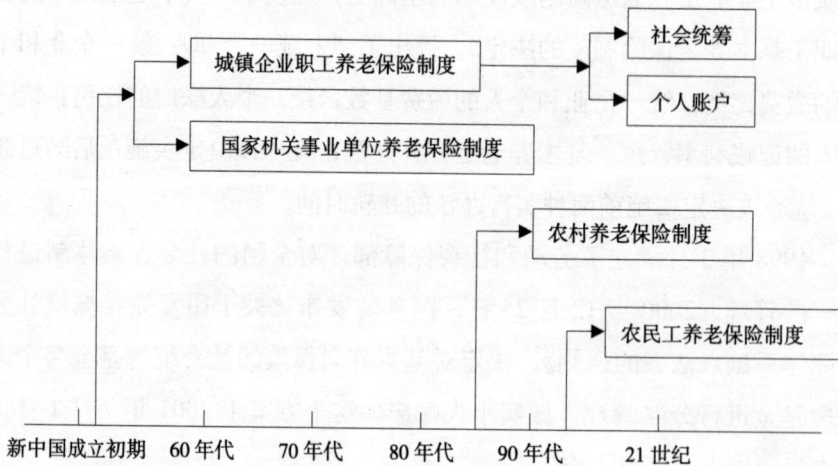

图0-2 中国养老保险体系[1]

---

[1] 参见杨立雄、杨建海、杨志：《重构中国养老保障新制度——从选择性到普遍性过渡的一种方案设计》，中国劳动学会劳动科学教育分会2008年年会论文集（2008年8月18—20日）。

如果按社会地位、职业等身份特征，还可以将现行养老保险体系从高到低依次划分为四个层次，即机关事业单位养老金制度、城镇职工养老保险制度、农民工养老保险制度和农村社会养老保险制度。这四个层次的养老保险制度在保险模式、缴费水平、待遇水平以及所针对的对象均存在着很大差异（见表0-6）。

表0-6　我国养老保险体系中四个层次的特征

保险类型	筹集模式	缴费水平	待遇水平	参保对象
机关事业单位养老保险制度	现收现付制	个人不缴费，经费来自财政	基础工资和工龄工资按本人的原标准全额计发，职务工资和级别工资按本人原标准的一定比例计发，一般养老金替代率达80%以上	机关事业单位工作人员，参保对象相对少
城镇企业职工养老保险制度	社会统筹与个人账户相结合的部分积累制	个人缴费率为8%，企业缴费率为20%	基础养老金和个人账户养老金，前者为当地上年度职工月平均工资的20%，个人账户养老金为个人账户储存额除以120，一般养老金替代率达60%以上	不仅包括城镇中的国有企业和集体企业的职工，而且还包括城镇中的外商投资企业、私营企业主及其职工，以及城镇个体工商业主及其帮工、自由职业者，参保对象较多
农民工养老保险制度	大多实行统账结合模式；少数实行完全积累制	全国各地农民工个人缴费不统一	享受的养老金较低	主要指农村户籍、工人身份的农民，参保对象较多
农村养老保险制度	完全积累制	个人按2元、4元、6元……20元共10档标准缴纳	享受的养老金过低	主要指非城镇户口、不由国家供应商品粮的农村人口，其中包括：村办企业、私营企业主及其职工、个体户业主、外出人员，以及乡镇企业职工、民办教师、乡镇招聘干部、职工等，参保对象最多

这种基于身份制的养老保险体系，严重阻碍了不同人群之间养老保险关系的转移接续。在计划经济时代，身份具有固定性和长期性，社会分层固化，阶层之间的流动较少，因而这种体制并没有显现出其缺陷。然而随着我国社会经济的发展，身份越来越模糊，阶层之间的流动加快，人才流动日益频繁，而现行的养老保险制度的改革非但没有适应这种变化，反而越来越强化计划经济时代的身份制，使得不同养老保险制度下的人群之间养老保险关系转移接续困难。这主要表现为：第一，城乡之间的身份转换仍然没有打破，导致农民工无法融入城镇职工基本养老保险制度之中，而且当他们回到农村，在城市参加的养老保险也无法与农村衔接。因此，在农民工流动过程中，只能频繁地参保、退保。第二，城镇职工之间养老保险关系转移接续也困难，特别是由机关事业单位转向企业单位，不得不冒着社会身份地位下降和大量福利待遇损失的代价。第三，同一制度内养老保险关系转移困难，这主要表现为城镇职工基本养老保险在不同统筹层次之间的转移。①

4. 养老保险制度完善阶段（2010 年——   ）

（1）城镇职工养老保险关系转移接续制度建设

为解决流动人口养老保险关系转移接续难的问题，2010 年开始实施了《转移接续暂行办法》。该办法规定，包括农民工在内的参加城镇企业职工基本养老保险的所有人员，其基本养老保险关系可在跨省就业时随同转移；在转移个人账户储存额的同时，还转移部分单位缴费；参保人员在各地的缴费年限合并计算，个人账户储存额累计计算，对农民工一视同仁。

长期以来影响基本养老保险制度完善的最大障碍就是劳动力资源跨省、区流动养老保险关系不能转移接续的问题，尤其是进城劳动的 1.5 亿农民工，他们之所以参加基本养老保险积极性不高，或者即使参加，一旦

---

① 参见杨立雄、杨建海、杨志：《重构中国养老保障新模式——从选择性到普遍性过渡的一种方案设计》，中国劳动学会劳动科学教育分会 2008 年年会论文集（2008 年 8 月 18—20 日）。

离开工作的城镇也纷纷退出保险，根本原因就在于他们的养老保险关系不能实现跨省、区转移接续。养老保险关系能够随工作地区的转移而转移是流动人口尤其是农民工的长期期盼。

同时，这一办法也是对原有制度的补充和完善。当前，我国城镇职工养老保险制度实行"多工作，多缴费，多得养老金"的机制，即劳动者在何地就业就在该地参保缴费，缴费年限的长短和缴费金额的多少直接决定了退休后享受的基本养老金金额。这种相对比较公平的养老保险制度经过二十多年的实践证明，对于在同一地区稳定就业的劳动者来说是适用的。但对跨地区流动就业的劳动者来说，在不同地区参保，基本养老保险关系还不能顺畅地转移接续。这种传统的养老保险转移制度严重损害了流动劳动者的保障权益，也造成了各利益方的资金压力和利益损失，而《转移接续暂行办法》的优越性正是弥补了原有政策的不足，并加以完善，一定程度上解决了流动人口的养老保险关系转移接续难的问题。

（2）城乡居民养老保险制度建设

在这一阶段，我国养老保险制度改革的一大突破表现就是颁布实施了新型农村养老保险制度和城镇居民养老保险制度。2010年，按照加快建立覆盖城乡居民的社会保障体系的要求，逐步解决农村居民老有所养问题，开始实施新型农村社会养老保险制度。这项制度以保障农村居民年老时的基本生活为目的，建立个人缴费、集体补助、政府补贴相结合的筹资模式，由政府组织实施的一项社会养老保险制度，是国家社会保险体系的重要组成部分。

与1992年开始的一些地方实行的旧农保相比，新农保突出表现出以下两点区别：第一，筹资结构不同。旧农保主要是农民自己缴费，实际上是自我储蓄的一种模式。而新农保一个最大的区别就是采取个人缴费、集体补助和政府补贴相结合的三方筹资模式，尤其是中央财政对地方进行补助，这个补助又是直接补贴给农民个人。第二，旧农保主要是建立农民的个人账户，新农保在支付结构上的设计是两部分：一部分是基础养老金，另一部分是个人账户的养老金，而基础养老金是由国家财政全部保证支付的。换句话说，中国农民 60 岁以后都将享受到国家普惠式的养老金。

2011 年 7 月，城镇居民养老保险在全国层面试点推行，这是继 2009 年新型农村社会养老保险试点后党中央、国务院为加快建设覆盖城乡居民的社会保障体系作出的又一重大战略部署，是促进和谐社会建设的一项重大民心工程，意味着从制度建设的角度来看，中国人实现了人人都"老有所养"的千年夙愿。

城镇居民社会养老保险是覆盖城镇户籍非从业人员的养老保险制度，这项制度和城镇职工养老保险体系、新型农村社会养老保险制度共同构成中国社会养老保险体系。城镇居民养老保险和新农保在制度设计上有很多共同之处，都是由政府主导建立的社会养老保险制度，实行个人缴费、政府补贴相结合，社会统筹和个人账户相结合，其基本特点可进一步概括如下：

一是广覆盖、保基本、建机制。社会养老保险应与国情和经济社会发展阶段相适应，与国家和城乡居民的承受能力相适应。所谓"保基本"，就是指当前重点是先把覆盖全民的制度建立起来，筹资标准和待遇标准与经济发展及各方面承受能力相适应，低水平起步，先解决"从无到有"的问题，并随着经济社会发展再逐步完善制度和提高保障水平，循序解决"由低到高"的问题。从基础养老的概念也可以看出，政府提供的是一种基本保障，国家财政全额支付最低基础养老金的标准不可能太高，要实现广覆盖，只能是一种基本的保障，才能保证财政资金投入的可持续。客观来说，每月 55 元的基础养老金标准相对中国当前整体经济发展水平而言还比较低，但是在当前区域发展不平衡、中西部地区财力有限的情形下，"保基本"的养老保障标准能将更多的城市居民纳入到养老保障体系中来，也是实现养老保障"广覆盖"与"可持续"的必然选择。

二是自愿参、重激励、有弹性。城镇居民社会养老保险实行政府主导和居民自愿相结合的原则，引导城镇居民普遍参保。制度规定坚持群众自愿参保，不搞强迫命令，而是重在运用财政补贴手段，通过激励引导，吸引更多居民参保，扩大覆盖面。缴费标准上设置多个档次，参保人自主选择，制度上鼓励多缴多得，权利与义务对应。

三是政府推、居民进、共担责。城镇居民社会养老保险实行政府主导和居民自愿相结合，个人（家庭）和政府合理分担责任，权利与义务相对应。在新制度初建阶段，政府责任必须首先到位。

政府的投入责任体现在既补"入口"，又补"出口"。"补入口"是在城镇居民参保缴费环节就给予财政补助，地方人民政府应对参保人员缴费给予补贴，补贴标准不低于每人每年 30 元，对选择较高档次标准缴费的，可给予适当鼓励，对城镇重度残疾人等缴费困难群体，地方政府为其代缴部分或全部最低标准的养老保险费。"补出口"就是在养老金待遇支付环节给予财政补助，政府对符合待遇领取条件的参保人全额支付城镇居民养老保险基础养老金。

城镇居民养老保险有两个突出特点：一是城镇居民养老保险的资金来源除个人缴费外，还有政府对参保人缴费给予的补贴，个人缴费越多，政府补贴也越多，而且个人缴费和政府补贴全部计入参保人的个人账户。二是城镇居民养老保险的养老金由个人账户养老金和基础养老金两部分构成，个人账户养老金水平由账户储存额，也就是个人缴费和政府补贴总额来决定；基础养老金则由政府全额支付。

总体来看，城镇居民养老保险与新农保在制度模式和政策框架等方面基本保持一致，即实行社会统筹与个人账户相结合，筹资方式是个人（家庭）缴费与政府补贴相结合，待遇支付结构是基础养老金与个人账户养老金相结合。这为制度的衔接融合预留了"接口"。

2014 年 7 月，我国开始实施《城乡养老保险制度衔接暂行办法》。该办法提出，我国现行的三种保险：城镇企业职工养老保险、新农保以及城镇居民养老保险，参加过两种或两种以上的人员，可衔接转换养老保险，从而在一定程度上有效地解决了养老保险关系转移接续难的问题。

（四）养老保险顺利转移接续呼唤养老保险制度改革

综上所述，改革开放以来，我国养老保险建设取得了显著成效，尤其是近几年养老保险关系转移接续相关制度的相继颁布实施，在很大程度上解决了流动人口养老保险关系转移接续难的问题。但是，当前我国养老保险制度的"碎片化"问题依然没有彻底改变，制度封闭运行以及各地区利益相互博弈的现状依然存在，养老保险关系转移接续相关制度运行中存在的问题依然需要进一步解决，这一系列问题依然阻碍着养老保险关系"无障碍"地转移接续。

因此，我国养老保险关系的转移接续，表面上看是一个技术操作问题，然而，为确保当前我国养老保险关系顺利转移接续而进行的改革，其实质是考量当前我国养老保险制度运行效率，进而是对现行养老保险制度的重新调整与安排。为了实现劳动者养老保险关系顺利转移接续，必须重新审视现行的养老保险体系，打破"碎片化"的结构，构建一个全国统一的新型养老保险模式，从根本上解决养老保险关系转移接续难的问题。否则，只能治标不治本。

三、养老保险关系转移接续研究的理论进展

养老保险关系转移接续问题研究，涉及养老保险学以及政府与市场机制间博弈行为研究等领域。国内外对这些领域的研究有大量的理论文献，尤其是国内学者近期对养老保险关系转移接续问题的讨论非常活跃，出现了众多研究成果。

（一）关于养老保险制度研究

1. 国外关于养老保险制度研究

1889 年，德国颁布了世界上第一部具有现代意义的养老保险法律——《养老、残疾、死亡保险法》。这种与工业化和城市化相适应的养老模式为因年老退出工作岗位的劳动者提供了可靠的资金和物质保障，有

力地促进经济发展与社会稳定，越来越被世界各国所采用，同时也成了众多学者研究的热点问题。国外学者对社会养老保险制度理论的研究主要集中于以下三个问题：一是养老保险模式的选择；二是强制性的公共养老体系存在的合理性；三是养老保险基金的筹资模式的比较。

对于第一个问题，当前国际上主要有四种模式，即普遍保障的养老保险模式、收入关联的养老保险模式、多层次养老保险模式以及强制储蓄的养老保险模式。通过比较这四种模式的优劣，大多数学者更倾向于构建多层次养老保险模式，并建议其成为世界各国 21 世纪养老保险改革发展的目标模式。因为这一模式可以使各国根据本国国情和自身发展条件，有效组合或合理配合，发挥各层次的长处，克服其不利之处，利用国家可以运作的各种资源和方式，妥善解决日趋复杂的老年经济保障问题。正因如此，世界银行积极建议建立三支柱养老保险体系：第一支柱是由国家依法强制建立的基本养老保险制度，其主要通过税收或缴费筹集资金，实现广覆盖、低水平的保障。第二支柱是国家依法强制推行的补充养老保险制度，其主要依靠企业和个人缴费筹集资金，实行完全积累的个人账户制度。第三支柱是个人自愿购买的商业性养老保险，采取市场化运作方式，用以改善老年生活。①

对于我国城镇企业职工养老保险制度所实施的"统账结合"的多支柱模式，国外许多学者给予了充分肯定。比如美国哈佛大学教授马丁·费尔德斯坦认为，中国将社会统筹和个人账户相结合的基本长期规划是正确的，架构很好。如果没有个人账户的基金作为积累，老龄化问题将加重社会的负担和政府支出。②

对于第二个问题，相关基础理论研究可以追溯到萨缪尔森

---

① 参见 World Bank, *A World Bank Policy Report*: *Averting the Old Age Crisis-Policies to Protect the Old and Promote Growth*, Oxford University Press, 1994, pp.44-45。

② 参见马丁·费尔德斯坦：《中国社会保障养老金改革备忘录》，载自王梦奎：《中国发展论坛·社会保障体制改革国际研讨会》（北京，2000），北京：中国发展出版社 2001 年版，第 145—151 页。

(Samuelson, 1958)、戴尔蒙德 (Diamond, 1965) 和艾伦 (Aaron, 1966) 的早期研究成果，他们从一般均衡理论框架下去分析养老保险制度，提出了养老保险制度中政府责任的相关理论，奠定了今后人们研究的基础。受费尔德斯坦 (Feldstein, 1974) 和巴罗 (Barro, 1974) 关于政府债务和现收现付养老保险制度影响的争论的启示，奥尔巴赫和科特里科夫 (Auerbach and Kotlikoff, 1987) 开创了动态生命周期模拟模型，进一步指出政府在养老保险制度建设中的责任和作用。之后，这一模型得到相应的修正和完善，并在诸多国家的养老保险制度改革中得到应用，产生了一系列相应研究成果。

总之，大多数国外学者赞同政府实施强制性的公共养老保险制度，其主要理由有三个：一是强制性公共养老保险实质是一种代际合同。如 Eduardo Walker 和 Fernando Lefort 认为，强制性公共养老保险是一种代际合同，因为当前工作的一代为上辈支付养老金，而当这一代老的时候，他们的养老金也由他们的后辈支付。[1] 二是利他主义和老年福利理论。有学者认为，利他主义和老年福利是每一个社会健康运行所不可缺少的要素，因为每一个人或每一代人的福利还取决于其他人或其他代人的福利，有工作能力的年轻人应当承担失去工作能力的老年人的福利，给他们以金融支持是必要的。[2] 三是政府的强制公共养老保险可以纠正市场的失灵。如 Kotilikoff Shoven 和 Spivak 认为，鉴于信息不对称情况下逆向选择的客观存在，社会养老保险领域的市场是失灵的，这是由于商业化的保险公司无法为社会养老进行保险，而政府的强制性公共养老制度可以有效地纠正市场在这一领域的失灵。[3] 四是可以纠正个人"短视"行为。如戴尔蒙德指

---

[1]　参见 Eduardo Walker&Fernando Lefort, Pension Reform and Capital Markets: Are there any (Hard) Links? *Social Protection Discussion Papers* No. 0201 By The World Bank 2002 (2), pp. 5-44。

[2]　参见邓大松：《美国社会保障制度研究》，武汉：武汉大学出版社 1999 年版，第 104 页。

[3]　参见 Laurence J. Kotlikoff, Shoven John, Spivak Avia, The Effect of Annuity Insurance on Savings and Inequality, *Journal of Labor Economics* 1986, pp.183-207。

出，强制性养老保险体系可以克服个人的认识上的不足，帮助家庭选择最优的消费路径。①

对于第三个问题，目前主要有三种模式，即现收现付制、完全积累制和部分积累制。大多数学者借助萨缪尔森的跨期叠代模型来分析和论证现收现付制的优势。但是，哈佛大学的费尔德斯坦认为，面对人口老龄化趋势的压力，这种模式使政府面临着收支失衡的风险，并提出建立完全积累制的构想。因为这种完全积累制模式有利于增加国民储蓄，减轻政府负担，提高经济效率。所以，世界各国为了在一定程度上避免清偿不足风险和实现养老体系持续发展需要，主张用完全积累制取代现收现付制。

但也有学者认为这种做法不妥，如沃尔宾指出，在一个小型的开放经济中，从现收现付制到基金制的转变不可能是帕累托改进的。布里耶尔在此基础上又进一步扩展了沃尔宾的结论，认为当用基金制取代现收现付制时，要想在不使至少一代人的福利变得更坏的情况下就能补偿转轨中的第一代人的福利损失，一般来说是不可能的。鉴于现收现付模式和基金积累制的优劣，一些学者认为应该赞同按各国国情选择各自养老保险模式，如以亨利·阿伦为代表的经济学家认为无论采用何种养老保险模式都有可能促进经济增长，私有化并不是唯一的选择。对于我国采用社会统筹与个人账户相结合的"部分积累"模式，国外众多学者给予充分肯定，因为这种模式既有利于应对人口老龄化的压力，又有利于适应市场经济的需要，在国家、企业或单位和个人之间形成合理的责任分担格局。

2. 国内关于养老保险制度研究

由于国外已形成了一套关于养老保险制度的较为完善的理论体系，国内学者在基本养老保险领域研究多是对国外养老保险制度改革经验的介绍，并结合中国在制度推行过程中的实际问题展开讨论，主要集中于以下几个问题：关于养老保险制度的模式选择问题，部分积累制设计的合理性

---

① 参见 Peter A. Diamond, A Framework for Social Security Analysis, *Journal of Public Economics* 1977 (8), pp.275-298。

问题，养老保险模式的转制成本问题，以及养老保险基金保值增值风险研究，等等。

关于养老保险制度的模式选择问题，国内学者主要有四种观点：一是主张实行现收现付制。其理由是这种模式具有互济性且便于管理，同时受通货膨胀影响比较小等优势。如香港学者莫泰基认为，应取消个人账户，维持现收现付制。① 二是主张完全积累制。其理由是可以应对人口老龄化压力，同时可形成的积累基金，为经济发展提供有力的资金支持。② 三是主张部分积累制。其理由是"统账结合"模式实现了现收现付制与基金积累制的优势互补，是比较符合中国实际的目标模式。四是主张名义账户制。持这种观点的代表是中国社会科学院的郑秉文，他认为个人账户只是作为计发养老金的依据，而不把它真正做实。

关于现行部分积累制的设计与运行问题，"中国社会保障体系研究"课题组在长期调查的基础上认为，中国的养老保险的主要问题在于制度设计的不合理，其理由是政府、企业和个人均没有从现行新制度中获益，人们对这一制度心存疑虑。

郑功成也认为我国的养老保险制度虽然在改革中取得了一定的成就，但是仍然存在着一些问题。突出表现为：一是统筹层次偏低。他认为我国的养老保险制度一直停留在地市乃至县级统筹层次上，这种状况不能适应养老保险制度发展的内在要求。二是未能妥善处理好历史债务，影响了新制度的确立。另外，在具体责任的划分上，政府与市场、中央政府与地方政府之间等利益主体模糊不清。

在我国养老保险制度由传统的现收现付制转变为"统账结合"的部分积累制过程中，养老保险的转制债务（或称转制成本）备受人们关注，成了众多学者研究的一个问题。国内学者普遍认为，为进一步推进养老保险制度改革，保证养老保险制度的可持续发展，必须解决隐性债务问题，

① 参见莫泰基：《个人账户与养老保障的功能剖析》，《社会保障制度》2001 年第 2 期。

② 参见郭树清：《建立完全积累型的基本养老保障制度是最佳选择》，《经济社会体制比较》2002 年第 1 期。

其途径主要有：一是通过提高退休年龄、降低替代率的方法，以减小现收现付制的规模；二是使用社会保障盈余基金等专门的收入来源；三是使用普通税或发行债券来填补融资缺口。

我国养老保险制度实现转制后，必然面对着一个养老保险积累基金的保值增值问题。对这个问题的研究，国内学者主要侧重于从如何提高管理效率、实现较高的收益率等方面展开研究。而对于实际中养老基金的收益率低于私营养老基金的问题，一些学者通过实证研究发现这是由于我国养老基金的投资组合和治理结构不理造成的，并提出要优化投资组合、改善治理结构，以提高公共养老基金的投资绩效。

综合以上分析，多数学者属于一般性的理论探讨或者是应用性的政策研究，强调的是养老保险制度体系本身的变迁、模式、功能以及发展趋势等等。而对于基本养老保险的讨论大多集中在一个封闭的体系框架内研究制度缺陷并提出相应的对策，很少尝试重新审视我国当前养老保险制度本身，并提出重新建构这一制度，从根本上解决转移接续问题。而从养老保险制度目标群体的研究角度上看，更缺少对流动人员养老保险关系转移接续问题的关注。

（二）关于养老保险中政府与市场机制研究

对于养老保险制度中政府与市场机制的选择问题，学界一直争论不休。国内外学者关于养老保险理论中政府与市场机制的选择主要观点如下：

1. 国外关于社会保险中政府与市场机制的选择理论

伴随着国外社会保险制度的产生与发展，国外学者对政府与市场机制在社会保险中应当承担怎样角色进行了广泛研究，从历史演变的角度来看主要形成了以下三种观点。[①]

---

① 参见董克用、王燕：《养老保险》，北京：中国人民出版社 2000 年版；候文若：《社会保障学》，北京：北京出版社 2000 年版。

　　一是主张政府干预。其核心思想是：扩大政府职能，增进国民福利。19 世纪末到 20 世纪 70 年代初，社会保险制度在世界各国建立和发展时，这一理论受到人们普遍推崇。比如，德国新历史学派主张，国家实行自上而下的改革来增进社会福利；英国经济学家阿赛·庇古主张，通过增加国民收入与国民收入再分配两种方式来增加社会福利。凯恩斯主张，国家应当发展社会福利事业，提高国民生活福利，提高资本的有效需求和居民的消费需求，而推动经济发展。受上述理论影响，西方发达国家开始推行福利国家政策，使政府在社会保险制度建设中的作用得到充分发挥。

　　二是主张市场调节。20 世纪 70 年代后期，西方国家经济出现了"滞胀"现象，社会保险制度中政府的作用受到质疑，人们开始转向主张市场调节。与政府干预理论相反，市场调节则倡导崇尚市场机制作用，反对国家干预。这一理论被新古典学派所推崇，其代表人物萨缪尔森和戴尔蒙德认为，养老问题实质就是消费者对退休前和退休后的储蓄及消费行为的跨时间安排，即用何种方式把当代人工作创造的财富转移给退休一代人，以及以什么样方式和规模把当代人创造的财富保留到老年以后消费等。为此，他们主张充分发挥市场的作用，建立基金制度，而政府的作用仅限于提供完备的法律和规章制度、养老金制度的公共支持体系，以及提供最低保障。

　　三是主张政府与市场两种机制的结合。由于近来社会保险中存在政府失效与市场失灵问题，因此如何使政府机制与市场机制在社会保障制度中的作用得到充分发挥，寻找政府与市场作用的有机统一，已成为国外经济学者们研究的热点问题。比如，经济学家 Michael Breno 提出，应建立老年保障的三支柱模式：一是公共管理的强制性制度，其目标是一定程度缓解老年人的贫困；二是私人经营的强制性储蓄制度；三是自愿储蓄制度。其中第一项提供再分配，后两项提供储蓄功能，三者结合可以有效地防范老年风险。上述国外学者关于社会保险制度中政府与市场机制的理论观点，前两种未免失之偏颇，第三种观点即政府机制与市场机制结合论，正在探索与实践之中。

2. 国内关于社会保险中政府与市场机制的理论

总体而言，我国理论界对于这方面的研究还处于起步阶段。国内大多数学者主要是吸收和借鉴西方国家的理论和经验，探索适合我国国情的养老保险制度，比如，郑功成在总结中国养老保险制度历史变迁的基础上，认为建设中国新型养老保险制度的关键在于明确政府责任。政府负责的重点应该在于基本养老保险制度中的责任，而对于其他层次的养老保障，政府应当通过构建公平的竞争环境和规范市场竞争行为来发挥市场主体作用。在明确政府责任的同时，还应当明晰中央政府与地方政府的责任。① 还有的学者认为，在中国多层次的社会保障制度中，不同系统、不同项目中政府的责任应当是不同的。

在养老保险制度中政府与市场机制的结合上，国内学者普遍认为，政府与市场机制在养老保险制度的改革与调整中的作用具有相辅相成的互补性，应注重发挥两者的共同作用。例如，周弘认为，改革的重点在于调整政府和市场的比例。② 阎中兴认为政府与市场之间并非是一种非此即彼的单向度选择关系，而是在合理分工基础上双方互相促进的关系。③ 张强认为政府与市场在社会保障中角色"分界线"，主要受社会经济环境、制度、制度主体等因素影响。④ 周宗顺认为在计划经济体制向市场经济体制转轨的过程中，由于现代市场体系发育尚不充分，政府机制应当发挥更多的作用。⑤ 黎民认为政府应以增进社会公平为中心，并以有效率的方式，在提供制度环境和最基本的养老保险产品、调动市场和社会参与养老保险

---

① 参见郑功成：《中国社会保障制度变迁与评估》，北京：中国人民大学出版社 2002 年版，第 111 页。

② 参见周弘：《世纪末社会保障制度面临的挑战——从欧美养老制度的异同看政府的作用》，《国际经济评论》1999 年第 11 期。

③ 参见阎中兴：《政府与社会保障：理论分析与政策建议》，《财经理论与政策建议》2003年第 1 期。

④ 参见张强：《社会保障制度变迁中的政府与市场》，《重庆社会科学》2004 年第 2 期。

⑤ 参见周宗顺：《社会保障中政府机制与市场机制的适度选择》，《行政论坛》2004 年第 5 期。

上发挥核心作用。①

总之，随着我国社会保险制度改革的深入和市场体系的发育完善，关于政府与市场机制的理论探讨问题也在逐步深化。

纵观上述理论特别是国外关于社会保障制度中政府与市场机制的理论演变，可以看出：政府机制与市场机制在社会保障制度中各有利弊，互有优劣；政府失效与市场失灵，需要政府机制与市场机制的相互弥补，因此两种机制缺一不可，关键是要合理定位各自的职能范围，实现两种机制的有效结合。

（三）关于养老保险关系转移接续问题研究

当前，我国城镇职工的养老保险关系转移接续主要依据 2010 年开始实施的《转移接续暂行办法》。因此，关于我国养老保险关系转移接续问题的研究呈现出明显的两个阶段，这两个阶段的分水岭就是《转移接续暂行办法》的实施。

1.《转移接续暂行办法》实施前的研究

（1）养老保险关系转移接续难的原因方面探讨

市场经济的活跃，形成大量人员流动，牵涉到社会保险关系的转移接续问题。有学者认为，造成流动人员转移接续困难的原因有：一是现行制度不能适应市场经济人员自由流动的要求，影响养老保险关系的转移。二是养老保险的现收现付模式，使基金支付存在巨大压力，阻碍了养老保险关系的转移接续。三是参保人员的择富心理影响养老保险关系的转移接续。四是管理手段落后、操作办法不规范，制约了养老保险关系转移。②也有学者认为，由于制度设计不合理、管理水平较低等问题，社会保险关系接续难已经成为阻碍劳动者自由流动的壁垒。③还有学者认为，导致劳

① 参见黎民：《养老保障中的政府机制与政府行为》，《学习与探索》2004 年第 6 期。

② 参见方强：《养老保险关系转移难问题透析》，《地方财政研究》2006 年第 2 期。

③ 参见邓大松：《社会保险关系顺利接续事关重大》，《中国劳动保障》2005 年第 10 期。

动者养老保险关系转移接续困难的最重要原因是我国养老保险制度的"碎片化"及其"不兼容性"。周小刚、李丽清认为,"农民工养老保险关系不能顺利接续,主要原因在于各地农民工养老保险制度的非正规化和经济发展的不平衡"。[①] 方江海指出,"养老保险区域统筹和农民工跨区域流动之间存在矛盾,各地不同的农民工养老保险制度无法实现有效对接"。[②] 陶志勇认为,"分灶吃饭的财政体制和过低的统筹层级;人为设置障碍;多种养老保险分轨运行,互补衔接;转移操作办法不统一,管理手段落后是农民工养老保险跨区域转移难的主要原因"。[③] 从以上学者研究的结论可以看出,相关制度的缺失和各政府部门之间权责不清晰是造成劳动者养老保险转移接续难的主要原因。

(2) 养老保险关系转移接续难的影响及对策研究

邓大松认为,养老保险关系转移接续难对经济社会协调发展产生了不利影响。一是损害了职工的社会保障权利;二是不利于制度可持续发展;三是阻碍了人才流动和统一劳动力市场的建立。为此,他主张进一步完善社会保险制度、提高管理水平,实现社会保险关系顺利接续。方强也认为,应进一步完善制度,调整政策,着力解决现存问题。一是提高社会保险统筹层次;二是做实个人账户,确认过渡性养老金历史权益,落实转移基金,减轻调入地的基金支付压力;三是提升管理手段,规范转移办法,做好转移接续工作。

杨燕绥还认为,方便携带是社会保险经办机构的基本能力,应依法明确接续社会保险关系的基本要求、操作程序和责任人,政府应投资建立全国性数据库,在各险种之间建立信息共享的机制,为参保人在全国各地接续提供方便。同时,应建立以管理个人账户为核心的社会保险服务系

---

① 参见周小刚、李丽清:《解决农民工养老保险异地转移问题的对策》,《经济纵横》2008年第 6 期。

② 方江海:《农民工养老保险的接续转移:何以艰难与可能——基于浙粤沪三省市的实证分析》,《云南行政学院学报》2009 年第 4 期。

③ 陶志勇:《我国养老保险制度科学发展的路径探析》,《社会保障研究》2009 年第 4 期。

统，做到以人为本、服务终生。

国内还有些学者建议借鉴欧盟模式，唐钧就此提出解决农民工社保关系异地转移接续问题的思路是："工作地段缴费，分段记录；退休地发放，全国结算"。[①] 方江海建议，应根据"工作地缴纳，永久记录；完全积累，中央管理；退休地发放"的原则解决养老保险转移接续，每个农民工拥有相当于个人身份证的 IC 卡，再配以"名义账户制"，充分体现其便携性。[②] 陶志勇建议"建立完全积累的个人账户，把用人单位和个人缴纳的保险费全部划入个人账户，不设统筹基金；统一业务经办流程；统一制定全国通用的农民工养老保险信息卡，保险信息卡具有记录各段的缴费权益的功能，借助保险信息卡实现基金的积累和保险关系的转移"。[③]

（3）关于农民工养老保险关系转移接续问题研究

农民工在城市中工作与生活具有极强的流动性和不稳定性，他们与用人单位终止、解除劳动关系后，其养老保险关系应该怎样保留和转移，能否实现顺利转移接续？这成为一些学者关注的焦点。针对当前农民工因转移接续困难纷纷退保的现象，大多数学者指出，造成这一现象的根本原因是，现阶段推行的养老保险基金区域统筹与农民工跨省区流动之间存在尖锐矛盾，从而使农民工在调换工作岗位后难以转移其养老保险关系而最终选择退保。[④]

为解决农民工养老保险关系统筹区间转移接续困难的问题，有学者建议提高基本养老保险基金统筹层次，在统筹区域内实现制度运行的统一和基金的统筹安排使用。具体来说，就是对农民工养老保险实行区域内统筹，其基本养老保险关系可随其工作单位的变化实行跨省市、地区自由转

---

① 唐钧：《转移接续：养老保险适应流动性的重中之重》，《中国社会保障》2013 年第 1 期。

② 参见方江海：《农民工养老保险的接续转移：何以艰难与可能——基于浙粤沪三省市的实证分析》，《云南行政学院学报》2009 年第 4 期。

③ 陶志勇：《我国养老保险制度科学发展的路径探析》，《社会保障研究》2009 年第 4 期。

④ 参见张兴杰、杨慧：《农民工养老保险接续中的问题与对策探讨——以东莞市为例》，《西北人口》2006 年第 3 期。

移和接续。① 另有学者认为，应建立基金积累的个人账户，实行缴费确定型的低待遇享受制度。用人单位和农民工个人缴费全部计入个人账户，不设统筹基金。个人账户应统一为缴费工资的 14%，便于全国范围内农民工转移。② 还有学者提出"分段式"计算方法来解决养老保险关系转移接续难的问题。③ 此外，大多数学者赞成应加快社保信息化建设进程。指出每一个参保人可以凭借身份证在务工所在地或户籍所在地建立个人永久性社会保险账户，并且可随时查询个人缴费和账户信息。

但也有学者认为，从长远来看，应该着眼于养老保险制度的整体设计，转变现阶段养老保险"碎片化"的趋势，构建面向所有劳动者的统一的养老保险制度，从而彻底地解决农民工养老保险关系的转移接续问题。如建立"三维"社会保障模式，该模式分别由"基本保障"、"补充保障"、"附加保障"这三个层次组成。④

除此之外，还有学者从微观层面上来思考解决农民工养老保险关系转移接续难的问题。有学者认为，可以打破现行保险统筹区域的格局，以县（区）为基础重新确定 9 大类别养老保障区域，并根据各县（区）的经济社会发展以及当地人均收入水平，指定统一的指标体系，把全国所有的县（区）分别归入相应类别的养老保障区域。再分别确定这 9 大养老保障区域类别的基础养老金标准，并以确定的这个标准为相应类别保障区域的参保人员提高基础养老金。这样就把原来全国 2000 多个不同的社会统筹以及保障地区缩小到 9 个不同类别的养老保障区域，这不仅方便农民工的养老保险关系的转移接续，也大大方便了社会保障部门对农民工养老保障权益的核算。⑤ 还有学者认为，可以对现在 2000 多个统筹区进行重新整合，

---

① 参见王丹宇：《泛珠三角区域跨省区务工人员基本养老保险关系转移接续问题研究》，《中国就业》2007 年第 7 期。

② 参见徐秋花，侯仲华：《农民工养老保险制度建设初探》，《求实》2007 年第 1 期。

③ 参见杨宜勇：《全国统一社会保险关系接续研究》，《宏观经济研究》2008 年第 4 期。

④ 参见许可：《城乡社会保障制度衔接模式探析》，《理论学刊》2005 年第 9 期。

⑤ 参见林俊荣：《全国统筹分县区类别保障：农民工养老保险关系转入障碍的消除——基于俱乐部理论经济的分析》，《市场与人口分析》2007 年第 13 期。

全国共分 4 个统筹区，最终过渡到全国统筹的目的。

还有学者对农民工养老保险关系统筹区间转移接续中的统筹基金转移比例进行了定量研究，提出农民工所在企业为农民工缴纳的养老保险金社会统筹部分可以考虑在转移个人账户资金的同时，拿出单位缴纳的统筹基金的 80% 随个人账户一起转移，留下 20% 作为当地社保经办机构作征缴养老金成本费。[①] 同时，也有学者提出统筹基金的转移比例依据两地的收支综合能力值（R 值）的差异程度（λ 系数），并选取了"职工平均工资"、"人均财政收入"、"人均财政社会保障补助支出"和"居民消费价格指数"两维四项指标对我国 31 个地区进行四大类的聚类，最终测算出农民工养老保险在各大类地区间迁转时统筹基金转移比例。[②]

2.《转移接续暂行办法》实施后的研究

《转移接续暂行办法》的实施引起了学界的广泛关注。许多专家表示，相对于原来的办法，"部分"转移统筹账户基金体现出一个很大的进步，但也指出，此《转移接续暂行办法》尚不彻底，是目前我国职工基本养老保险尚未实现全国统筹情况下的"权宜之计"。有些专家进一步指出，此政策制定之所以选择"12%"这样一个折衷的比例，主要还是为了考虑到某些农民工流入地的利益。"如果将 20% 的单位缴费部分全部转走，像广东等农民工流入大省很可能会失去继续拓展社保覆盖面的积极性。"

赵坤基于农民工供求均衡原理利用 SIC—GE 模型对《转移接续暂行办法》的相关政策进行政策模拟，指出："虽然政策在短期内加大了对农民工的吸引，但如果这一政策带给农民工的预期收益不够大，政策效果在长期将趋于中性"；《转移接续暂行办法》"在促进劳动力转移和保障农民工的养老权益方面只能起到局限性的作用，还需要其他政策的辅助来

---

① 参见王丹宇：《泛珠三角区域跨省区务工人员基本养老保险关系转移接续问题研究》，《中国就业》2007 年第 7 期。

② 参见米红、方锐帆：《农民工养老保险统筹基金异地转接模式探析》，中国劳动学会劳动科学教育分会 2008 年会论文集（2008 年 8 月）。

完善我国社会保障体系".① 还有学者指出,《转移接续暂行办法》本身存在着一些弊端。罗静、匡敏认为,《转移接续暂行办法》存在容易引发转移接续高峰,不能真正实现对农民工的养老保险进行接续,可能带来转移基金的压力,对于中途中断购买而没有续交的具体规定的缺失等问题。② 陶涛认为,养老保险接续政策在实行过程中存在着一些亟待解决的问题,如国家及有关部分的宣传力度不够,劳动者养老意识薄弱;我国目前的基本养老保险工作统筹层次低下,统筹单位数量大,完成基本养老保险跨省转续成本高;新政策与农民工的实际承受能力相比较仍然存在缺失;等等。③

　　另外一部分学者侧重研究农民工城乡养老保险关系转移接续的问题。谭中和认为,在城保和农保的衔接问题上,国内主要实行五种模式:折算办法、补差办法、封存办法、户籍区别对待办法以及分段计算。为了解决各地政策不一引起的接续难问题,提出了城保向农保转移的三个方案:折算缴费年限,个人账户额转移;转移缴费年限,补缴差额保费;分段计算,不转移账户基金。最后建议国家在社保基金专户里设置转移调剂户,在养老保险财政基金专户设置关系转移调剂基金专户,并给调剂基金的来源提出了建议。④ 李长东认为,城乡养老保险衔接转换难点的突破方式是:解决重复参保问题、化繁为简手段、待遇计发原则、制度设计人性化。⑤ 可以看出,城乡养老保险转移接续研究尚处在起步阶段,目的是为我国农民工城乡转移政策提出相关建议。

　　3. 对国外养老保险关系转移接续问题的研究

　　这一方面的研究主要涉及两个区域:一是作为移民较多的美国,二是

①　赵坤:《农民工养老保险转移接续态势与政策效果评估》,《改革》2010 年第 5 期。

②　参见罗静、匡敏:《国内外养老保险关系转移接续经验借鉴》,《社会保障研究》2011 年第 4 期。

③　参见陶涛:《完善基本养老保险转移接续政策的策略分析》,《现代经济信息》2012 年第 1 期。

④　参见谭中和:《城乡养老保险关系转移接续问题研究》,《社会保障研究》2011 年第 2 期。

⑤　参见李长东:《城乡养老保险衔接转换难亟待解决》,《社会保障》2011 年第 9 期。

流动人口较多的欧盟。胡务认为，"老年保险（OAI）是美国社会养老保险的第一根支柱，经过长达55年的漫漫路程，美国最终确立了包括上至总统、下至一般雇员和任何职业群体在内的覆盖城乡的统一的社会基本养老保险制度，不仅大幅降低了老年救助的开支，还消除了制度分割带来的重叠交叉、留有空白和转移接续问题，直接便利了农村到城市以及城市间人口的自由流动"。[①] 田梦晓认为，"美国养老保险体系中占主要地位的是雇主责任私人养老金计划，基本可分为给付确定型计划和缴费确定型计划，其中缴费确定型计划是具有可携带的便携性。如果一个人更换雇主，他可以有多种选择处理个人账户，可以将账户余额转入个人退休计划，也可以转入新雇主提供的养老金计划，或者提走全部的账户余额。但如果是在59岁半之前提款的话，必须按10%支付额外的税收罚款"。[②] 因此，劳动者养老保险关系能够顺利转移接续得益于美国养老保险制度的统一设计。

欧盟是一个由多个主权独立国家联合的统一体，劳动者在欧盟各国流动而引起的养老保险关系转移接续问题成为部分学者的研究兴趣。关信平、晁伟东认为，欧盟养老保险转移接续的设计思路可以概括为：工作地缴费，参保期累计，退休地发放，整体结算；并详细介绍了欧盟模式中养老保险转移接续的计算方法。[③] 董克用、王丹认为，欧盟流动劳动力养老保险转移接续的主要原则，包括国民待遇、工作地缴费、参保时间累加计算、按比例区别支付等，并对欧盟的养老保险转移接续模式进行了实际评价，指出汇率浮动是构成欧盟模式潜在危机的主要原因。[④] 张伟兵、徐丽敏认为，欧盟通过统一的区域一体化法令，将流动就业者的养老保险关

[①] 胡务：《美国城乡社会养老保险接续模式的演变》《中国社会保障》2011年第4期。

[②] 田梦晓：《美国养老保险制度及其对我国的启示》，《市场经纬》2007年第14期。

[③] 参见关信平、吴伟东：《共同体内劳动力转移就业的社会保障覆盖——欧盟的经验》，《人口与经济》2008年第2期。

[④] 参见董克用、王丹：《欧盟社会保障制度国家间协调机制及其启示》，《经济社会体制比较》2008年第4期。

系进行统一转移接续，在制度和技术手段上运用精巧，很好地实现了养老保险的转移接续，并对我国的养老保险转移接续政策提出了可操作的建议。① 罗静、匡敏认为，欧盟流动就业者养老保险转移接续的政策特点是以统一法令做支撑，保险记录和权益连续累加，按比例分担养老保险待遇，采用 E 表格实现转接技术无障碍；但是由于各国的退休年龄不一致，汇率也在不断的波动，欧盟流动劳动力的养老保险转移接续也存在一定的问题。②

此外，孟繁丽还对韩国、印度和日本等国家的养老保险关系转移接续问题进行了研究。认为这些国家不存在户籍制度的限制，劳动者进入城市之后自由的转化为产业工人，这跟我国的二元经济体制有很大区别，并提出一些可借鉴的做法，如重视教育培训、减少市民化障碍、立法保护劳动力流动等。③

综合而言，上述研究成果为进一步探讨我国养老保险关系转移接续问题提供了有益参考。然而，学者更多的是关注诸如农民工的跨地区转移接续问题，而对于基本保险关系在不同统筹区域间，以及在不同的养老保险制度间的转移接续问题则很少有人触及，即使有也是点到为止，缺少深入研究。

如果将养老保险关系的转移接续问题置于政府与市场机制适度选择的视角下进行重新审视，我们便发现这一领域还留有很大的研究空间。一方面，要加强养老保险理论的研究，结合社会保险学的原理，运用经济学和精算学的工具对养老保险关系的转移接续进行思考，逐渐实现无障碍转移接续；另一方面，要大胆借鉴国外养老保险制度建设与发展的成功经

---

① 参见张伟兵、徐丽敏：《农民工养老保险关系转移机制探索—基于欧盟经验的分析和思考》，《长白学刊》2009 年第 1 期。

② 参见罗静、匡敏：《国内外养老保险关系转移接续经验借鉴》，《社会保障研究》2011 年第 4 期。

③ 参见孟繁丽：《国外"农民工"社会保障制度对我国的启示》，《社会学研究》2011 年第 2 期。

验，重新审视我国养老保险制度的改革与实践，积极探索促进顺利转移接续的政府与市场机制均衡作用的养老保险制度创新。

四、本书的基本研究思路及方法

（一）基本研究思路

本书的研究是按照常用的"提出问题—分析问题—解决问题"的思路进行的。社会养老保险首要目的是为劳动者的老年生活提供基本保障。当劳动者在流动时因养老保险关系难以转移接续而中断保险关系时，这一目标就难以实现。劳动者养老保险关系转移接续，从表面上看它是一个手续操作问题，然而要彻底实现顺利转移接续，其实质就是要重新调整与改革现行养老保险制度。也就是说，只有将我国养老保险关系转移接续难的问题置于整个养老保险制度的改革的背景中进行研究，才能寻找到其根本原因，并探求彻底解决这一问题根本途径。在这改革调整中，政府与市场各应承担怎样的角色、发挥怎样的作用，以及它们之间的界线在哪里，这些问题是解决我国养老保险制度中各种类型的转移接续问题所共同面对的并且必须作出正确选择的。因此，本书从政府与市场机制如何实现适度选择的角度来研究养老保险关系转移接续难的问题。

首先，分析养老保险关系转移接续问题的研究现状，构建研究的理论基础，奠定进一步研究的基石。

其次，从国际比较角度，考察国外养老保险关系转移接续工作的作法，借鉴其成功经验，为解决我国养老保险关系转移接续问题提供启示。

再次，在对养老保险关系转移接续问题的一般性分析基础上，分门别类地对最为突出的四种养老保险关系转移接续类型作具体分析，并运用实证分析的方法加以论证。

最后，从政府与市场机制适度选择的角度，探讨彻底解决养老保险关系转移接续问题的基本思路及路径选择。

本书希望通过以上分析研究，能从政府与市场机制的适度选择角度来寻求劳动者流动时养老保险关系顺利转移接续的解决途径，并为有关部门提供一些建议。

（二）研究角度及方法

养老保险问题涉及经济学、社会学、政治学等学科，是一个多学科交叉的研究领域。本研究则是从经济学的角度研究养老保险关系转移接续问题，尤其侧重从养老保险制度的改革与完善的角度进行研究。因为解决养老保险关系转移接续困难问题的关键是解决养老保险基金的平衡问题，即社会统筹基金如何在不同统筹区转移平衡，个人账户基金如何转移补充等等，而这些问题的彻底解决有赖于构建一个政府与市场机制共同作用的养老保险制度。

运用正确的方法是研究工作取得成果的关键。只有坚持以马克思主义、毛泽东思想、邓小平理论和"三个代表"重要思想为指导，坚持马克思主义唯物辩证法的方法论，树立和落实科学发展观，才能全面地、彻底地解决我国养老保险关系转移接续难的问题。具体来说，在本书写作过程中，主要运用以下几种研究方法：

1. 马克思主义经济学方法论

马克思主义经济学方法论作为一个辩证法体系包含四个层次：唯物史观、辩证方法（由客观辩证法和主观辩证法组成）、形式逻辑方法和数学方法、自然科学方法。[①] 这对研究有中国特色的社会主义市场经济出现的新情况、新问题依然具有很强的指导意义。研究我国养老保险关系转移接续问题，首先必须详细占有国内外养老保险关系转移接续研究和实践情况

---

① 参见李建平、张华荣、黄茂兴：《马克思主义经济学方法论的理论演进与变革趋向》，《当代经济研究》2007 年第 5 期。

的丰富材料，然后，根据这些客观实际的材料，进行分析研究，从现象到本质，从形式到内容，探寻其内在的联系，认真分析影响我国养老保险关系转移接续难的内外因素，从而寻找出导致这一问题的根本原因，提出彻底解决的对策和措施。

2. 理论研究与对策研究相结合的方法

理论研究的目的是指导实践。研究我国养老保险关系转移接续问题，既是一个理论课题，又是一个现实对策的探讨，只有把理论研究与对策研究结合起来，才能从理论和实践结合上提出彻底解决我国养老保险关系转移接续难的对策措施。本书既注重构建养老保险新制度中政府与市场机制适度选择的理论研究，又注重其对养老保险关系转移接续难的现实问题的政策探讨，以实现理论指导实践。

3. 抽象分析与系统分析相结合的方法

研究我国养老保险关系转移接续问题，必须深入调查研究，在掌握当前我国养老保险关系转移接续现状基础上，再运用抽象思维分析，对大量材料进行分析研究，探索出养老保险关系转移接续的实质就是劳动者在流动中养老权利的维护和养老利益的平衡。同时，任何经济社会问题的产生都不是孤立的，解决经济社会的对策也是综合性的。因此，研究我国养老保险关系转移接续问题，寻找对策，也不能孤立进行，而应该运用系统的分析方法，将其放在整个养老保险制度的改革完善的系统中来研究与分析，探索其规律性，寻找其解决的根本途径。

4. 规范分析与实证分析相结合的方法

规范分析与实证分析相结合，是经济学研究的一种重要方法。规范分析是通过对一些基本概念和理论观点进行规范性分析，对社会经济现象存在的合理性作出价值判断。本书主要通过对养老保险关系概念的界定，对建立解决我国养老保险关系转移接续的制度等进行定性分析。实证分析是通过对具体经济现象及其产生过程进行分析研究，以深化对理论观点的认识。因此，对我国养老保险关系转移接续问题的探索，提出解决对策的研究，必须坚持规范分析与实证分析相结合，寻找出养老保险关系转移接续难背后所蕴含的规律，探索解决问题的途径。

5. 定性分析与定量分析相结合的方法

定性分析和定量分析是经济学科中常用的两种相辅相成的研究方法。定性分析是指通过对经济运行过程纷繁复杂的经济现象及其关系进行分析，揭示其一般性的、本质的规律；定量分析是指对经济社会活动进行数量分析，以达到经济活动的量化、精确化。本书坚持定性分析与定量分析的统一，在对养老保险关系以及养老保险新制度等方面进行深入的定性分析，同时采用统计数据、图表等量化工具进行定量分析，以增强定性分析结果的可靠性。

6. 横向比较与纵向比较相结合的方法

一切社会现象都有其产生、发展的历史。"在社会科学问题上有一种最可靠的方法，它是真正养成正确分析这个问题的本领而不致淹没在一大堆细节或大量争执意见之中所必需的，对于用科学眼光分析这个问题来说是最重要的，那就是不要忘记基本的历史联系，考察每个问题都要看某种现象在历史上怎样产生、在发展中经过了哪些主要阶段，并根据它的这种发展去考察这一事物现在是怎样的。"① 本书所运用的养老保险中政府与市场机制理论经历了不同的发展阶段。只有从历史的角度来回顾与分析在养老保险制度建设中政府与市场机制职能定位的不同历史时期的政治、经济、文化及社会背景，才能科学、全面把握政府与市场机制理论的实质。同时，养老保险已经成为当今世界各国共同面对的问题。随着劳动力流动日趋频繁，各国在确保劳动者养老保险关系顺利转移接续上进行了一些有益尝试，取得了宝贵的经验和做法。"它山之石，可以攻玉。"在探讨我国养老保险关系转移接续难的问题时，充分考察、借鉴外国的经验和做法，是大有裨益的。因此，本书采用了纵向与横向比较相结合的分析方法加以探讨。

---

① 《列宁选集》第 4 卷，北京：人民出版社 1995 年版，第 26 页。

第一章　养老保险关系转移接续
制度研究的理论基础

从表面上看，养老保险关系转移接续是一个技术操作问题，但其背后蕴含着现行养老保险制度中政府与市场机制定位上的某些缺陷与不足。要彻底解决养老保险关系转移接续难的问题，就必须寻找政府与市场机制的合理定位，实现两种机制的有效结合。然而，对于社会保险制度中政府与市场机制的定位问题，理论界至今还没有统一定论。回顾国内外学者关于社会保险理论中政府与市场机制的若干观点，会使我们更清楚地把握其中规律，并为我们重新审视与改革我国现行养老保险制度奠定理论基础。

第一节　马克思主义社会保险思想

一、马克思主义经典作家的社会保险思想

(一) 马克思主义人的需要本质论

马克思主义认为，"人们——不是抽象概念，而是作为现实的、活生生的、特殊的个人——就是这种存在物"。[1] 因此，人的存在和发展必须不断从自然界和社会获取各种需要的满足。这种需要是人的本质之一，是一种包括生理需要在内的更为复杂的需要，主要表现为三个方面。

---

[1] 《马克思恩格斯全集》第 42 卷，北京：人民出版社 1979 年版，第 25 页。

一是生存需要。马克思主义认为，"一切人类生存的第一个前提，也就是一切历史的第一个前提，这个前提是：人们为了能够'创造历史'，必须能够生活。但是为了生活，首先就需要吃喝住穿以及其他一些东西。因此第一个历史活动就是生产满足这些需要的资料，即生产物质生活本身，而且，这是人们从几千年前直到今天单是为了维持生活就必须每日每时从事的历史活动，是一切历史的基本条件"。① "历来为繁芜丛杂的意识形态所掩盖着的一个简单事实：人们首先必须吃、喝、住、穿，然后才能从事政治、科学、艺术、宗教等等。"②

然而，与动物本能的、被动的需要相比，"人则从事生产"。③ 人能制造工具，并利用工具，积极、能动地进行劳动生产，有意识、有计划和有目的地改造自然界，获取各种物质资料，以满足人类自己的生存需要。

二是相互需要。马克思主义认为，人是社会性的人，人的生产活动从来不是个人单独进行的。人类要生存和发展，他们相互之间必然要发生广泛的联系，因为"只有在这些社会联系和社会关系的范围内，才会有他们对自然界的关系，才会有生产"。④ 在社会生产过程中，"人们从一开始，从他们存在的时候起，就是彼此需要的，只是由于这一点，他们才能发展自己的需要和能力等等"。⑤ 因此，人的需要包括由人们相互提供满足的社会性需要。

三是多层次需要。马克思主义认为，与动物的需要不同，人的需要是多方面、多层次的。马克思说："动物也生产。动物为自己营造巢穴或住所，如蜜蜂、海狸、蚂蚁等。但是，动物只生产它自己或它的幼仔所直接需要的东西；动物的生产是片面的，而人的生产是全面的；动物只是在直接的肉体需要的支配下生产，而人甚至不受肉体需要的影响也进行

---

① 《马克思恩格斯文集》第 1 卷，北京：人民出版社 2009 年版，第 531 页。

② 《马克思恩格斯文集》第 3 卷，北京：人民出版社 2009 年版，第 601 页。

③ 《马克思恩格斯文集》第 10 卷，北京：人民出版社 2009 年版，第 412 页。

④ 《马克思恩格斯全集》第 6 卷，北京：人民出版社 1961 年版，第 486 页。

⑤ 《马克思恩格斯全集》第 42 卷，北京：人民出版社 1979 年版，第 360 页。

生产，并且只有不受这种需要的影响才进行真正的生产；动物只生产自身，而人再生产整个自然界；动物的产品直接属于它的肉体，而人则自由地面对自己的产品。"① 因此，动物的生产是片面的，需要是简单的；而人的生产的全面性，决定其需要与一般动物有着本质上的差别：一方面，人的需要是全面的、多层次的。这种多层次需要，恩格斯概括为：第一，生活资料的需要，即生存需要，指劳动者为了生存和延续后代而需要满足吃、穿、住、用、行的物质生活资料。这是人类最低层次的需要。第二，享受资料的需要，指劳动者为保持身心健康所需要的物质资料与劳务（如医疗、卫生、体育、文化艺术、休假、旅游等的物质资料与服务）。第三，发展资料的需要，即劳动者为了逐步摆脱旧式分工的束缚和影响，使自己的体力和智力获得充分、自由的发展和运用所需要的物质资料（如教育、科研设施、各种培训机构、图书馆、书籍、报刊，以及为保证人们正常生产生活和自由发展条件的保险保障等）。之后，斯大林又把人的需要分为物质生活和文化生活两种需要。另一方面，人的需要层次是发展的。随着生产水平提高，人们的消费内容和方式必然随之发生变化，呈现出由低需求层次逐渐向高需求层次发展的过程。

总之，马克思主义认为，人的需要具有自然性、多样性和社会性特征，而人的需要的满足不是单独个人的孤立行为和过程，而是需要通过社会活动和社会过程才能实现。当人的需要因遇到如年老、疾病、工伤等风险而无法得到满足时，国家或政府理应为他们提供必要的物质帮助与服务，而建立覆盖所有国民的社会保障制度是确保人的需要在某些特定风险状态下得到满足的最好制度安排。因此，马克思主义的人的需要本质论为建立覆盖全体国民的社会保障制度提供了理论依据。

（二）马克思主义的再生产论②

马克思主义认为，人类社会要生存与发展，就必须连续不断地进行

---

① 《马克思恩格斯文集》第1卷，北京：人民出版社2009年版，第162页。
② 参见邓大松等：《中国社会保障若干重大问题研究》，深圳：海天出版社2000年版，第35页。

生产与再生产，"或者说，必须周而复始地经过同样一些阶段。一个社会不能停止消费，同样，它也不能停止生产。因此，每一个社会生产过程，从经常的联系和它不断更新来看，同时也就是再生产过程"。① 从社会保障的角度来看，马克思主义的再生产论主要包括以下三个方面。

第一，"扣除"理论。马克思主义认为，为了再生产顺利进行，社会总产品不能全部地"不折不扣"地分光、吃光、用光，而必须从中做一些必要的扣除。一部分用于补偿生产消耗和增加生产；一部分用于意外事件发生后进行施救费用；还有一部分用于发展公共事业和公益事业，建立社会保障制度就是其中一项重要内容。

第二，劳动力再生产理论。马克思主义认为，人是生产要素中最基本的，也是最关键的要素，为促进生产的发展、社会的进步，必须保证人口再生产顺利进行。马克思在分析资本主义再生产过程时指出："资本主义生产过程，在联系中加以考察，或作为再生产过程加以考察时，不仅生产商品，不仅生产剩余价值，而且还生产和再生产资本关系本身：一方面是资本家，另一方面是雇佣工人。"② 恩格斯在《家庭、私有制和国家的起源》一书的"序言"中，更明确地强调了社会再生产包括人的再生产观点。他说："根据唯物主义观点，历史中的决定性因素，归根结蒂是直接生活的生产和再生产。但是，生产本身又有两种。一方面是生活资料即食物、衣服、住房以及为此所必需的工具的生产；另一方面是人自身的生产，即种的蕃衍。"③ 然而，为了确保人口再生产顺利进行，就必须有计划地保持或增加对人类再生产的各种投入，使他们幼有所长、长有所教、病有所医、老有所助，保证全体人民素质提高。而建立社会保障制度是保证人类再生产最好的制度投入。

第三，"两大部类"生产理论。马克思主义把物质资料的生产划分为生产资料的生产和消费资料的生产两大部类，并认为生产资料生产的增长

① 《马克思恩格斯文集》第 5 卷，北京：人民出版社 2009 年版，第 653 页。
② 《马克思恩格斯文集》第 5 卷，北京：人民出版社 2009 年版，第 666 页。
③ 《马克思恩格斯选集》第 4 卷，北京：人民出版社 1995 年版，第 2 页。

较快于消费资料生产的增长。正如列宁在《论所谓市场问题》一文中指出的：“增长最快的是制造生产资料的生产资料生产，其次是制造消费资料的生产资料生产，最慢的是消费资料生产。”[①] 但是，生产资料的生产必须与消费资料生产按比例进行，正如马克思在分析扩大再生产时指出，实现扩大再生产必须具备两个前提和一个平衡条件，即两个前提分别是 $I(v+m)>IIc$ 和 $II(c+m-m/x)>I(v+m/x)$；而一个平衡条件是 $I(v+m)=IIc+I\triangle c+II\triangle c$。只有具备了以上三个条件，才能使扩大再生产顺利进行。这就说明两大部类的生产是相互联系、互为条件、相互制约的，必须按比例进行。任何一方都不能离开另一方片面地发展，尤其是生产资料的生产最终是以消费资料的生产和人们的消费为转移的。也就是说，生产的目的不是为了生产而生产，而是为了消费而生产。所以，要使社会生产不断进步、不断发展，必须通过各种方式保持一定的社会消费水平，而为了保证人们一定的社会消费水平，国家或政府必须做某些安排，包括建立强制性的、克服个人短视行为的社会保障基金，以确保人们遇到自然、社会等各种风险时，消费水平不受到大的冲击。

总之，马克思主义关于社会总产品的扣除理论、劳动力再生产理论，以及两大部类之间的关系分析，为建立社会保障基金，实施社会保障制度奠定了理论基础。

（三）马克思主义的社会保障理论

马克思主义有关社会保障思想，虽缺乏系统性论述，但在《哥达纲领批判》和《资本论》等经典著作中均有零星阐述，形成了马克思主义的社会保障基本理论。

1. 强调建立社会保障的必要性

健全的社会保障制度是推动经济增长，维系社会稳定和国家长治久安的重要保证。马克思早期就从社会总产品分配的角度论述了建立社会保障的必要性。他在《哥达纲领批判》中指出：“如果我们把‘劳动所得’

---

① 《列宁全集》第 1 卷，北京：人民出版社 1984 年版，第 66 页。

这个用语首先理解为劳动的产品，那么集体的劳动所得就是社会总产品。现在从它里面应该扣除……用来应付不幸事故、自然灾害等的后备基金或保险基金。"① 在这里，马克思认为在劳动创造的总价值中必须作一定的基金储备，以防范生产过程中的不测风险，维护社会稳定。

马克思还在《资本论》中从不变资本和可变资本的社会再生产角度对建立社会保障的必要性作了分析，指出："这个不变资本在再生产过程中，从物质方面来看，总是处在各种会使它遭到损失的意外和危险中。(此外，从价值方面来看，由于劳动生产力的变化，这个不变资本也可能贬值；但这种情况只与单个资本家有关。) 因此，利润的一部分，即剩余价值的一部分，从而只体现新追加劳动的剩余产品（从价值方面来看）的一部分，必须充当保险基金。"② 在这里，他主要从不变资本再生产角度说明了必须建立社会保险基金。同时，他还从可变资本再生产角度论证了建立基金的必要性。他指出："如果我们再把剩余劳动和剩余产品缩小到社会现有生产条件下一方面为了形成保险基金和准备金，另一方面为了按照社会需要所决定的程度来不断扩大再生产所要求的限度；最后，如果我们把有劳动能力的人必须总是为社会中还不能劳动或已经不能劳动的成员而进行的劳动的量，包括到 1. 必要劳动和 2. 剩余劳动中去"③ 在这里，马克思认为在社会再生产过程中，正在从事劳动生产的劳动者一方面要为自己的养老、疾病和各种福利性质的享受做好物质准备，另一方面要为社会上未来劳动者及目前丧失劳动能力的人做好物质准备，从而为社会再生产所需要的劳动力创造条件。因此，马克思认为要实现社会再生产顺利进行，储备一定的社会保障基金是非常必要的。

对此，恩格斯在《反杜林论》中也作了相应论述，他指出："劳动产品超出维持劳动的费用而形成剩余，以及社会的生产基金和后备基金靠这种剩余而形成和积累，过去和现在都是一切社会的、政治的和智力的发展

① 《马克思恩格斯选集》第 3 卷，北京：人民出版社 1995 年版，第 302 页。
② 《马克思恩格斯文集》第 7 卷，北京：人民出版社 2009 年版，第 959 页。
③ 《马克思恩格斯文集》第 7 卷，北京：人民出版社 2009 年版，第 992 页。

的基础。"① 在这里，恩格斯不仅说明了社会保障基金的来源，而且着重指出社会保障后备基金对未来社会的稳定发展、政治安定、国民教育有基础性的作用，因而必须在社会生产中建立社会保障基金。总之，马克思主义者认为在社会经济运行和社会发展过程中必须建立健全社会保障制度，以保证社会再生产顺利进行和社会稳定发展。

2. 阐明社会保障基金的构成及来源

马克思从社会产品分配原理出发，不仅阐述了建立社会保障基金的必要性，而且进一步分析了社会保障基金的来源。他认为，在国民收入分配和再分配中，必须做必要的扣除，形成社会保障基金，以满足社会生产的顺利进行和社会的稳定。他在《哥达纲领批判》中阐述社会产品分配时指出："在分配之前应作三项扣除：第一，用来补偿消费掉的生产资料部分；第二，用来扩大再生产的追加部分；第三，用来偿付不幸事故、自然灾害等后备基金或保险基金。"同时，他认为，进行个人消费分配之前还必须扣除："第一，和生产没有关系的一般管理费用；第二，用来满足公共需要的部分，如学校、保健设施等；第三，为丧失劳动能力的人设立的基金。总之，就是现在属于所谓官办济贫事业的部分。"② 根据马克思这一思想，在国民收入初次分配中要进行扣除，用来应付不幸事故、自然灾害等的后备基金和保险基金。在再分配过程中，也要进行扣除"为丧失劳动能力的人设立基金"，以满足社会稳定需要。

此外，马克思在《资本论》中，对此也作了阐述，指出："利润的一部分，即剩余价值的一部分，必须充当保险基金。""这种基金是收入中既不作为收入来消费也不必用作积累基金的唯一部分。它是否事实上用作积累基金，或者只是用来补偿再生产上的损失，取决于偶然的情况。这也是在剩余价值和剩余产品、从而剩余劳动中，除了用来积累，即用来扩大再生产过程的部分以外，甚至在资本主义生产方式消灭之后"③ 在这里，马

---

① 《马克思恩格斯文集》第 9 卷，北京：人民出版社 2009 年版，第 202 页。

② 《马克思恩格斯选集》第 3 卷，北京：人民出版社 1995 年版，第 9 页。

③ 《马克思恩格斯文集》第 7 卷，北京：人民出版社 2009 年版，第 960 页。

克思主要说明了社会保障基金在不同生产方式条件下都是存在的，而且这部分基金具有专门的用途。

关于社会保障基金的来源问题，列宁在提出社会主义社会保障应遵循的原则时，指出："对一切被保险者都要按补助全部工资的原则给予补助，同时一切保险费都由企业和国家负担。"①

3. 阐述社会保障的管理

马克思主义关于社会保障的管理的思想，主要体现在注重保障基金规模以及管理者两个方面。马克思认为，社会保障基金规模应取决于社会剩余产品的价值量和社会保障物品的可供量，归根到底是由社会生产力水平决定的。他指出，社会保险基金的扣除，"在经济上是必要的，至于扣除多少，应当根据现有的物资和力量来确定，部分地应当根据概率计算来确定，但是这些扣除无论如何根据公平原则是无法计算的。"② 因此，基金的规模要遵循适度的原则，既要体现社会保障的功能，又不能阻碍生产力的发展。

关于社会保障基金的管理者，列宁指出："各种保险应由统一的保险组织办理，这种组织应按区域和按被保险人完全自行管理的原则建立。"③ 因此，列宁认为应由国家建立统一的保险机构管理各种保险业务，以便各项保险基金的统筹安排，同时，可以防止多头管理、政出多门、互相扯皮的官僚现象，从而减少保险成本。这一思想在后来苏联社会保障实践中得到运用，十月革命后，将最初成立的人民救济委员会改为社会保障人民委员会，并且通过政府立法与政府行为来实施社会保障。

二、马克思主义社会保险思想的中国化成果

(一) 社会保障的规模必须立足中国国情

由于我国当前仍处于并将长期处于社会主义初级阶段，人口多、底

---

① 《列宁全集》第 17 卷，北京：人民出版社 1959 年版，第 449 页。

② 《马克思恩格斯文集》第 3 卷，北京：人民出版社 2009 年版，第 433 页。

③ 《列宁全集》第 21 卷，北京：人民出版社 1990 年版，第 155 页。

子薄、生产力水平不高，经济发展不平衡，因此，社会保障基金的筹集规模等建设要以我国当前国情为依据，不能片面追求过高的社会福利水平。针对有人脱离中国国情而提出在中国也要搞福利国家的观点，邓小平明确指出："我们也要反对现在要去中国实现所谓福利国家的观点，因为这不可能。""我们只能在发展生产的基础上逐步改善生活。发展生产，而不改善生活是不对的；同样，不发展生产，要改善生活也是不对的，而且是不可能的。"① 在这里，邓小平认为我国社会保障制度的建设，包括社会保障基金的规模，必须立足国情，量力而为，否则不益于社会保障制度的改革与发展。

对此，江泽民也有相同的论述，他在党的十六大报告中提出了当前我国建立健全同经济发展水平相适应的社会保障体系的措施，即：多渠道筹集和积累社会保障基金，各地要根据实际情况合理确定社会保障的标准和水平。这实际上阐述了我国在社会主义初级阶段社会保障建设的基本原则，即建立与经济发展水平相适应的社会保障制度。2004 年 3 月十届全国人大二次会议通过了宪法修正案，把"国家建立健全同经济发展水平相适应的社会保障制度"写入宪法，确立了我国社会保障制度建设的基本原则。

（二）丰富并发展了社会保障基金的筹资与管理思想

当代中国，以邓小平理论和"三个代表"重要思想为指导，建立健全适应社会主义市场经济要求的社会保障制度，使马克思主义社会保障基金思想在中国得到了丰富与发展。党的十四届三中全会《关于建立社会主义市场经济体制若干问题的决定》为社会保障规定了三项原则：第一，建立多层次的社会保障体系；第二，城镇职工养老和医疗保险金由单位和个人共同负担，实行社会统筹与个人账户相结合；第三，社会保障行政管理和社会管理经营要分开。对此，国家"十五"计划纲要和国务院《关于完善城镇社会保障体系的试点方案》中明确提出的总体目标是：建立独立于

---

① 《邓小平文选》第二卷，北京：人民出版社 1994 年版，第 257 页。

企事业单位之外，资金来源多样化、保障制度规范化、管理体系社会化的社会保障体系。这表明，我国社会保障基金在资金筹集方面，要建立可靠、稳定的社会保障基金筹措和有效营运，严格管理的机制，实行社会统筹和个人账户相结合的部分积累制模式，国家、单位和个人三方共同负担；在管理体制方面，实行职务机关征收、财政管理，社会保障部门委托银行发放的收支两条线，服务社会化的管理体制。

同时，为了解决我国当前社会保障基金缺口问题，党的十六届三中全会决议提出了省级统筹养老保险，并提出创造条件在全国范围内统筹养老保险的基本部分和采取包括依法划拨国有资产充实社保基金在内的多种方式。这无疑是马克思主义社会保障基金理论与中国具体实际相结合的成果。

三、对解决我国养老保险关系转移接续问题的启示

其一，政府应构建覆盖所有的国民抵御风险的保障制度，使国民在遇到风险时提供物质帮助，满足他们的基本需求。为此，必须保持养老保险关系的连续性，使他们的基本要求得到满足。

其二，社会保障作为一项国民收入再分配的制度安排，国家或政府应在社会保障建设中承担责任主体作用。同样，保险关系转移接续难作为养老保险制度改革与发展中遇到的问题，政府也应当承担主要责任。

其三，一个国家的保障水平取决于该国经济发展水平，任何超越国情的保障制度都是不可行的。因此，我国养老保险制度的改革与调整必须以我国正处于并将长期处于社会主义初级阶段的基本国情为依据。

其四，养老保险制度的建立为个人或家庭防范老年风险提供了劳动力再生产所需基本物质保障，而确保养老保险关系顺利转移接续，才能实现一个家庭乃至一个国家劳动力的再生产。

第二节 福利经济学的社会保障思想

福利经济学是以经济福利和社会保障问题为研究对象，以追求最大社会经济福利为目标的经济理论体系，是社会保障制度建设与发展的重要理论基础。福利经济学包括旧福利经济学和新福利经济学两个阶段。

一、旧福利经济学的养老保险理论

旧福利经济学派的代表人物是英国著名经济学家庇古。1920年，庇古出版了《福利经济学》一书，这标志着福利经济学的诞生。庇古以边沁（J. Bentham）的功利主义哲学及马歇尔等人的一般经济理论为基础，以完全竞争为前提，系统地论述了福利概念及其政策应用，建立起福利经济学的理论体系。

庇古的福利经济学理论包括两个基本命题：一是国民收入量越大，社会经济福利就越大；二是国民收入分配越是均等化，社会经济福利就越大。在第一个基本命题下，庇古主张政府运用经济杠杆，通过财政、税收的调节作用，消除边际私人纯产值和边际社会纯产值的背离，实现生产资料最优配置，使国民收入总量增加，从而增加社会福利。从第二个命题出发，庇古认为，在国民收入一定的情况下，为增加经济福利的一条重要途径是实现收入转移。他主张向富人征税尤其是向富人征收消费税，再以转移支付的方式将这部分收入转移给穷人，如向穷人提供免费教育、社会救济、失业保险、医疗保健等措施，从而实现直接转移支付；由政府对穷人的基本生活必需品和住宅的生产给予补贴以降低这些物品的供给价格，使穷人能够更多地消费这些物品，从而实现间接转移支付；等等。庇古等福利经济学家的收入均等化、国家干预论等观点和主张，成为后来实行普遍福利政策的重要理论基础。

庇古依据边沁"最大多数人的最大福利"的功利主义原则，将福利界定为个人所获得的效用与满足，并分为社会福利和经济福利两种。社会福利是广义的福利，是个人福利的总和，包括由于对财物的占有而产生的满足，也包括由于其他原因，如知识、情感、欲望等而产生的满足；经济福利是狭义的福利，即社会福利中"能够用货币计量的那部分"福利，包括直接的与间接的。

在经济福利的计量上，庇古采用了边际效用分析方法。他认为"一个人的经济福利就是由效用构成的"[1]，而效用可以用一个人为获得某种满足或快乐而愿意支付的货币量来计算。这样，效用就可以用单位商品价格来计量了。

根据边际效用递减规律，最后增加一单位商品所获得的效用是边际效用，商品边际单位得到的效用越来越少。如果一个人的欲望不变，他持有一种商品越多，他从这种商品增加的单位中得到的效用就越少，因而为增加单位商品而愿意支付的货币量也就越少。为实现效用的最大化，需要对各种商品提供的效用进行比较，以便合理地分配货币收入，使所购买各种商品的边际效用同商品的价格成比例。假设人们的全部收入用来购买 A 和 B 两种商品，那么就有如下结果：

$$\frac{A\text{ 边际效用}}{A\text{ 价格}} = \frac{B\text{ 边际效用}}{B\text{ 价格}} \quad \text{即} \quad \frac{MU_A}{P_A} = \frac{MU_B}{P_B}$$

或

$$\frac{A\text{ 边际效用}}{B\text{ 边际效用}} = \frac{A\text{ 价格}}{B\text{ 价格}} \quad \text{即} \quad \frac{MU_A}{MU_B} = \frac{P_A}{P_B}$$

其中，MU_A、MU_B 为 A、B 两种商品的边际效用；P_A、P_B 为 A、B 两种商品的价格。这样，边际单位商品的价格就是消费者愿意支付的价格，也就是消费者购买商品的边际效用计量单位。用这种方式计量效用，意味着经济福利可以用 1、2、3、……基数计量，这就是庇古的边际效用基

---

[1]　庇古：《福利经济学的几个方面》，《美国经济评论》1951 年第 6 期。

数论。①

庇古在计算经济福利时的一个前提是，假设货币的边际效用对不同的人是相同的，同时假定不同的阶层所支出的货币量与所得的满足量是相同的。他说："可以认为，一定量的东西不但在任何一个人与其他一个人之间，而且在不同集团代表成员之间，都得到同量的满足。"② 正因为假定货币的边际效用对于不同的人是相同的，从而满足数量也就与货币数量成比例，也正因为如此，庇古的理论受到了新福利经济学家罗宾斯的质疑。

二、新福利经济学的养老保险理论

新福利经济学派的先驱是意大利经济学家和社会学家帕累托（Vilfredo Pareto）。除此之外，还有英国的卡尔多（Nicholas Kaldor）、希克斯（J. R. Hicks）与美国的勒纳（A. P. Lerner）、萨缪尔森等代表人物。新福利经济学的核心是帕累托标准和瓦尔拉斯的一般均衡论，其对社会保障制度最主要的影响是关于公平与效率的思考。他们认为，公平与效率是两个互相矛盾的政策目标，当两者发生冲突时，应当相互协调，不能顾此失彼。

新福利经济学家在旧福利经济学的基础上，把帕累托提出的边际效用序数原理引入新福利经济学中。帕累托为了避免效用计量和加总的困难，提出了以"偏好顺序"来代替效用的计量，即认为只要根据在市场上观察到的消费者行为——对于不同商品组合的同等、较多或较少的偏好，就可以确定个人在既定的价格和收入条件下所达到的最大偏好状态。这样，就可以应用无差别曲线，以"偏好顺序"来表示个人和全体的最大满足。帕累托给"最大偏好状态"下了一个定义："最大偏好状态就是这样一种状态，它的任何微小的改变，必然使有些人的偏好增多和另一些人的

① 参见刘钧：《社会保障理论与实务》，北京：清华大学出版社 2005 年版，第 33 页。
② 庇古：《福利经济学的几个方面》，《美国经济评论》1951 年第 6 期。

偏好减少。"① 后来，经济学家把以"偏好顺序"表示满足的理论叫作"效用序数论"，即只有次序先后才是表现财富效用的合理方法，效用只能用第一、第二、第三、……顺序数目来表示。比如说，消费者对外衣的偏好胜过对面包的偏好，对面包的偏好胜过对苹果的偏好等。因此，帕累托认为，经济福利是不能相加的，只存在福利水平的高低，不存在福利的多少。

帕累托提出了社会经济福利最大化的新标准，即帕累托最优或帕累托最适度概念。根据帕累托最优原理，在下面两种情形下调整资源的配置可以增进社会福利：一是使得每个社会成员的境况变好；二是在没有使任何一个社会成员变坏的前提下使至少一个社会成员的境况变好。在此基础上，新福利经济学提出的核心观点是，通过虚拟补偿法使受益者的所得大于受损者的所失，实现帕累托最优化所必需的一系列边际条件，从总体上增加社会福利。其中，经济效益（效率）是最大福利的必要条件，合理分配（公平）是最大福利的充分条件，只有在确定合理的收入分配基础上，才能确定社会福利函数和最大社会福利。

新福利经济学家认为，福利本身没有任何客观标准，完全取决于每个人的自我感觉，人与人之间的福利也是不可比的。人们不仅要关系自己的绝对收入水平，而且更要关心他们收入的相对水平。收入增减并不意味着福利增减，收入和福利并不存在绝对的相对关系。同时认为，国家GDP 增长与人民生活水平提高并没有必然的关系，人均 GDP 增加并不等于人民生活水平提高。因此，政府在追求经济增长的同时要注意改善贫富悬殊不平等的现象。②

---

① 转引自厉以宁、吴易风、李懿:《西方福利经济学评述》，北京：商务印书馆1984 年版，第 85 页。

② 参见姜守明、耿亮:《西方社会保障制度概论》，北京：科学出版社 2002 年版，第 10—14 页。

三、对解决我国养老保险关系转移接续问题的启示

旧福利经济学认为，提高国民福利可以通过增加国民收入与国民收入均等化分配来实现，因此，在我国经济快速增长的今天，应该不断建立健全养老保险制度，发挥其再分配功能，以实现国民的养老福利的最优，而劳动者养老保险关系转移接续难必然阻碍这种功能的发挥。

新福利经济学提出了帕累托最优及补偿原理，对完全均等的收入分配提出了质疑，肯定了市场机制的作用，引发了人们对养老保险制度中政府与市场机制均衡的思考。新福利经济学从弥补市场失灵的角度，探究了政府干预养老保险制度的合理性，同时也体现了养老保险制度承担有限收入再分配责任的思想。

另外，新福利经济学增长理论指出分散的经济所积累的存量大于黄金率水平时，如果能够多消费掉部分资本存量，那么每个人的境况会改善，社会福利可继续提高，存在帕累托改进的空间。这为我们从长期动态的角度分析养老保险制度改革效率提供了新的标准。

第三节 国家干预主义理论

尽管福利经济学的相关福利理论为西方国家社会保障制度的建立和发展发挥了直接的政策供给作用，但是，由于养老保险制度强调个人责任与社会共济的特殊性，因此，福利经济学理论对养老保险制度的建构只能发挥基础性和间接性的作用，而国家干预主义理论则对养老保险制度的建构具有直接的现实指导意义。

一、讲坛社会主义

德国是现代社会保险制度的发源地，一个重要原因是其深受德国新

历史学派的影响。德国新历史学派亦称讲坛社会主义学派，主要代表人物有家施莫勒（Gustav Schmoller）、瓦格纳（Wagner）、布伦坦诺（Lyju Brentano）等。这一学派产生于 19 世纪 70 年代到第一次世界大战前夕，这期间正值德国工业革命的成熟时期，资本家与工人的矛盾日益凸显出来。面对当时历史情况，这一学派既反对斯密的自由放任主义，又反对马克思的科学社会主义，主张以改良态度倡导"国家干预主义"来对待资本主义的发展现状，主张国家要积极干预市场和经济生活，不应仅仅充当"守夜人"的角色。这一理论认为，在一个进步的社会文明中，国家的公共职能应不断扩大和增加，凡是个人努力所不能达到或不能顺利达到的目标，都应由国家来负责实现。在政策上主张国家通过立法，实行包括社会保险、孤寡救济、劳资合作及工厂监督在内的一系列措施，自上而下实行经济和社会改革。这一理论对德国社会保障制度的建立与发展产生了深远的影响。①

19 世纪末期，面临国内日益严重劳工矛盾，德国政府正是吸取了这一学派的国家干预主义理论，在世界上第一个创立了具有现代意义的社会保险制度，开创了现代社会保障制度的先河。这一学派的理论后经制度学派的发展，并得到欧洲一些国家的认可与借鉴，成为西方资本主义国家初级社会保障的思想基础。进入 20 世纪以来，市场失灵逐步显现，尤其是在第二次世界大战后大危机时代得到最充分的暴露。经济学家纷纷意识到各国政府等公共部门介入社会保障制度建设已不可缺少，从而形成了政府干预与市场机制相结合的社会保障发展模式。

讲坛社会主义学派提出了公共财政的三大职能及三大原则，即资源配置职能中的效率原则、收入分配职能中的公平原则和稳定经济职能中的稳定原则。这就为社会保障制度的公平与效率原则、促进经济发展原则奠定了理论依据。

---

① 参见邓大松等：《中国社会保障若干重大问题研究》，深圳：海天出版社 2000 年版，第 56 页。

二、凯恩斯主义

凯恩斯主义是英国著名经济学家凯恩斯（John Maynard Keynes）创立的，是 20 世纪西方经济思想中影响最大的一个流派。1936 年，他出版了《就业、利息和货币通论》，抨击了"供给自行创造需求"的萨伊定律，摒弃了资产阶级传统经济学关于资本主义制度可以通过自由的完全的竞争调节，保证资源合理配置、利用和充分就业的教条，提出了"有效需求"理论和"总量分析"方法。

凯恩斯所说的"有效需求"是指预期可以给资本家带来最大利润量的社会总需求，或使商品的总供给和总需求达到均衡状态时的总需求，它决定资本家实际提供的就业量。而"有效需求"的大小是由"消费倾向"①、"对资本资产未来收益的预期"和"流动偏好"三个基本心理因素和货币量决定。其中，心理上的"消费倾向"决定消费需求；心理上"对资本资产未来收益的预期"决定资本边际效率（即增加一笔投资，预期可以得到的利润率）；心理上的"流动偏好"（即人们愿意以货币形式保持自己收入或财富的心理动机）和货币数量决定利息率，资本边际率和利息率决定投资需求。凯恩斯认为，由于消费倾向的心理作用，收入增加或消费增长不成正比例关系，引起消费需求不足，使总供给价格与消费需求价格之间差额增大。这时，如果不增加投资来弥补这个差额，就不能维持一定的就业量。但因那些决定投资心理的作用，使吸引投资的诱力很小，投资需求填补不了总供给价格与总需求价格之间的差额，结果出现有效需求不足，导致经济危机爆发，失业增加。

---

① 按照凯恩斯的分析，是指收入与消费之间的一种函数，即以 Y 表示收入，C 表示消费，则 $C = f(Y)$。消费倾向又分为平均消费倾向和边际消费倾向两种。平均消费倾向是指总消费量和总收入量之比 C/Y；边际消费倾向是消费增量与收入增量之比 $\triangle C/\triangle Y$。他认为当人们收入增加时，消费也同时增加，但不如收入增加那么多，所以，消费的增加总是小于收入的增加。由此，他得出结论，边际消费倾向是正数，但小于 1，而且其趋势是越来越小于 1。

因此，凯恩斯极力主张放弃自由放任原则，扩大政府直接干预经济的权力。他认为，单纯依靠市场自动调节机制难以解决资本主义所面临的困境，必须加强国家干预，由政府对经济进行调节。只有通过国家财政政策或金融政策，实行国家举债支出或财政支出，才能确保充分就业和促进经济增长。一方面，通过扩大财政支出，增加投资，加强基础设施建设，包括各种有关公共福利的建设，从而提高资本的有效需求；另一方面，刺激人口出生率的回升和提高居民的生活水平，从而提高居民的有效需求。只有大幅度提高国民生活福利，包括提高工资标准和扩大社会福利，即采取"普遍福利"的政策，才可能保障社会充分就业，预防经济危机发生。

这一理论为福利国家政策制定和社会保障制度的实施提供了有力的理论支持。第二次世界大战结束前后，西方主要发达资本主义国家在这一理论的指导下，纷纷实施了"充分就业"经济政策，并争先恐后地建立"福利国家"。①

当代西方主流经济学有关养老保险问题的理论，已经完成了从凯恩斯主义到新古典主义的演变。这两者最大的不同点在于：前者强调以税收作为再分配的工具来实现社会保障，为国家干预提供了理论依据，把社会保障当作财政政策的内在稳定器；后者更加强调依靠市场机制本身来实现社会保障的筹资，力图消减政府在社会保障领域的义务，而相应增加个人的责任。但是，由于社会保障制度的本质是国家的再分配制度，因此，这种理论并没有否定国家干预在社会保障制度建设中的基础地位。

三、瑞典学派

瑞典学派形成于 20 世纪 20 年代至 30 年代，主要代表人物有缪尔达尔

---

① 参见姜守明、耿亮：《西方社会保障制度概论》，北京：科学出版社 2002 年版，第 10—14 页。

（G·Myrdal）、林达尔（Lindahl）、俄林（Ohlin）、隆德堡（Lundberg）、弗里希（Frisch）等。这一学派在经济上主张实行"国有化"、"福利国家"、"市场经济"三者结合的制度，其中"福利国家"主要是指收入再分配政策，他们认为，一个思想的社会应当把福利普遍给予社会成员，使个人得到幸福。主张政府应当担负起环境保护、公共物品和劳务的供应、经济稳定、收入和财富的分配等方面的责任。这一学派与凯恩斯主义一样，都否认市场机制可以恢复被破坏的均衡，强调反周期措施的特殊作用。但与凯恩斯主义不同的是，这一学派更加重视市场经济的作用。①

四、对解决我国养老保险关系转移接续问题的启示

无论是德国的讲坛社会主义，还是凯恩斯主义，以及瑞典学派，都强调在养老保险制度改革完善中必须加强政府的职能。养老保险制度的产生原本就是政府行为的产物，直到现在各国的养老保险制度建设也无法完全脱离政府的干预。养老保险关系的转移接续是我国养老保险制度建设中的难题，只有充分发挥政府的职能，建立政府与市场机制适度选择的养老保险制度，才能彻底解决这一问题。因此，上述国家干预理论对解决我国养老保险关系转移接续难的问题依然具有很强的指导价值。

第四节　市场调节理论

一、亚当·斯密的市场调节理论

亚当·斯密的市场调节理论是在批判封建制度和重商主义学说的过

---

① 参见邓大松、林毓铭、谢圣远等：《社会保障理论与实践发展研究》，北京：人民出版社2007年版，第101页。

程中提出的。他认为，"各个人都不断地努力为他自己所能支配的资本找到最有利的用途。固然，他所考虑的不是社会的利益，而是他自身的利益，但他对自身利益的研究自然会或者毋宁说必然会引导他选定最有利于社会的用途。"① "在这场合，象在其他许多场合一样，他受着一只看不见的手的指导，去尽力达到一个并非他想要达到的目的。"② 这就是说，斯密认为，每个人在利己心的支配下从事经济活动，其结果必然提高社会利益，因此，不需要国家对私人经济活动进行干预，而推崇自由主义的经济政策，让经济活动的参与者在不违反正义的法律下自由行事，进而最终促进国家经济发展。

在资本主义发展的初期阶段，资本主义市场经济的发展，还受到封建制度的限制，自由放任的政策符合解放生产力的需要，有利于发挥市场机制对经济效率的巨大作用，因此是符合经济发展规律要求的。但是斯密在国内经济政策上一味强调自由放任则是片面的。因为自由放任的经济政策对经济效率的积极作用是有条件的，自由放任并不等于经济效率，即使在完全竞争的市场经济中，自由竞争也不一定导致最有效率的均衡。斯密自由放任的经济政策思想符合早期私人资本主义发展的需要，长期备受西方各国所推崇，直到资本主义生产过剩的周期危机愈演愈烈，这种经济政策难以为继的时候，其统治地位才受到动摇。尽管这种政策思想有其局限性，但是其强调市场在经济中的作用，尤其是促进效率提高方面依然对当前经济发展具有重要指导意义。

二、布坎南的公共选择理论

第二次世界大战后，一场有关社会福利函数的性质以及市场失灵与政府干预方面的讨论在经济学领域尤其是福利经济学领域展开。美国经济

---

① 亚当·斯密：《国民财富的性质和原因的研究》下卷，商务印书馆1974年版，第25页。
② 亚当·斯密：《国民财富的性质和原因的研究》下卷，商务印书馆1974年版，第27页。

学家詹姆斯·M.布坎南与其他几位开拓者，将经济学分析方法应用到政治决策领域，发展了分析政府行为的工具，为公共选择和非市场决策的经济研究奠定了理论基础，进而创立了公共选择理论。这一理论思想主要体现于布坎南的自选集《自由、市场和国家》当中。

这一理论将新古典经济分析方法引入政治领域，指出在政治市场与经济市场上活动的是同样一个"经济人"。政治行为与经济行为一样，都受自利动机的支配，从而，可以用经济学的方法和基本假设来统一分析人的行为的两个方面。正如布坎南所说："公共选择经济学的基础是一个从根本上说十分简单但却很有争议的思想——即担任政府工作的是有理性的、自私的人，其行为可通过分析这些公职担任者在任期内面临的各种诱因而得到理解。这种思想的主要推论是政府的缺陷和市场一样严重，所以政府不一定能纠正市场错误，事实上反倒可能使之恶化。"这种思想"攻击了势力强大的两大学术集团所珍视的理论：一批经济学家认为政府只要推行'福利经济学'的处方即可实现公众利益；而一批政治学家则认为个别利益集团之间的多元化竞争将会为公众谋取利益"。①

布坎南认为，当人们在若干取舍面前进行选择时，他们将更倾向于选择那种能为他们自己带来较多好处的方法。他提出政府也可能是拥有自己独立利益的主体，它也会追求诸如财政预算收入的最大化等自身利益。同样，就职于政府部门的官员也可能是追寻自我利益最大化的"经济人"。而规范与约束人们这一行为倾向最根本的是宪法，布坎南进而提出了宪法经济学理论。在布坎南看来，根本性规则是越多的人同意制定，就越是有效率，就越能体现自由和公平。人们的经济行为和政治行为，就是在宪法的规则下进行的。政治当事人是在根本规则的约束下，进行公共产品的选择，包括制定、修改规则和政策等。所以经济政策的好坏取决于参与政策制定人的行为，所谓的公共选择就是指一国全体公

---

① 布坎南：《自由、市场和国家：20世纪80年代的政治经济学》，北京：北京经济学院出版社1988年版，第280页。

民或他们的代表通过投票表决来对有关的提案加以挑选，并按多数同意的原则直接产生决定，而且这样选定的结果将适用于每个社会成员与法人。

布坎南的公共选择理论是在资本主义国家通货膨胀加剧和国债倍增的局面下提出的，在西方产生了越来越大的影响，他本人也因此获得了诺贝尔桂冠。但是和当前欧美的其他思潮一样，这一理论也同样是一种服务于资本主义经济学基础的学说。当然，我们在批判其庸俗成分的同时可以借鉴其合理的因素。例如，布坎南提出，政府行为也可能追求自身利益的最大化，为此，必须依靠反映广大民众意愿的根本规则来加以规范与制约，以实现政府以整个社会最大经济利益为追求目标。

三、对解决我国养老保险关系转移接续问题的启示

尽管养老保险制度的产生缘于政府机制的作用，但从至 20 世纪 80 年代世界各国养老保险制度的改革来看，他们在改革中充分发挥政府机制作用的同时，都积极引入市场机制，建立个人账户，逐渐由政府独立承担转向政府与市场机制合理配置的道路上来，一定程度上确保了养老保险制度的可持续发展。这已经成为国际养老保险制度改革的趋势。养老保险关系转移接续困难的彻底解决有赖于我国养老保险制度的改革与完善，这就需要我们重新思考养老保险制度中政府与市场机制的内涵及作用，以建立适应我国国情的政府与市场机制适度选择的养老保险新制度。因而，亚当·斯密的市场调节理论和布坎南的公共选择理论对我国养老保险制度改革具有一定参考价值。

第五节　养老保险的收入的平衡与转移模式

长期以来，人类养老被视为个人或家庭行为，国家和政府对此持不

干预政策。19世纪末期德国为了适应工业化的进程，也为了平衡国内的政治力量，基于其独特的合作主义传统建立了世界上第一个养老保险制度，从而使养老的责任逐渐由个人向社会和国家转移，国家建立的公共养老金就成了老年人重要的收入来源。

养老问题实质既是个人收入在一生消费中的匹配与平衡问题，也是社会产出在在职人员与年老退休人员之间的分配与平衡问题。对这一问题存在着多种学说，其中生命周期学说与世代交替模型的提出，为养老保险的发展奠定了一定的理论基础。

一、生命周期假说

1954和1979年，莫迪利亚尼和布伦伯格合作先后发表了《效用分析与消费函数：对横截面数据的一种解释》与《效用分析和消费函数：统一解释的一个尝试》两篇论文，将养老问题引入经济学研究领域，创立了生命周期假说理论，从而为人们运用经济学方法有效地研究公共养老保险制度提供了理论工具。

生命周期假说"是以人们高度的合理行为和自我控制，能为退休的消费需要做好准备为前提的"。现实中消费者现在和未来的收入与其所期望的消费不完全相符，往往会出现正的或负的储蓄。而一个理性的消费者会将其一生的消费在其整个生命期中均匀地安排，进行匀速消费，这就是"消费的平滑"。

假设老年退休后没有收入，只能靠工作期积累的储蓄维持生活，所有的消费 C 全部来自工作期间的工资收入 Y，则储蓄 $S = Y - C$。从上式可以看出，在其一生中任何一个时期都会有正的或负的储蓄，从而使其消费得到一定程度的平滑，以保证其一生的生活来源。因此，消费者在任何年龄段上的消费支出与其即期收入并非完全一致，而主要取决于其一生的全部收入。

这样，由于一个人在幼年和老年时的收入均低于其青年和中年时期，因此，其消费行为就会导致其储蓄在整个生命周期内的驼峰形分布。如图1-1所示，一个人在其退休时储蓄达到高峰值，随后在其退休期间逐渐将储蓄消费完。

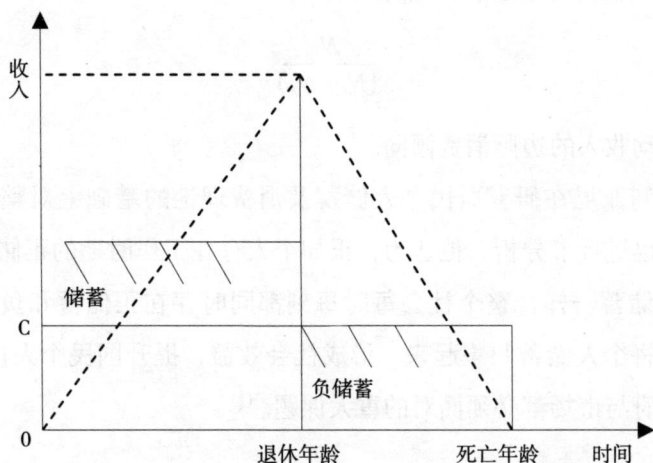

图 1-1 生命周期假说中个人储蓄的驼峰形分布①

莫迪利亚尼的生命周期假说把人的生命分为两个时期——工作时期和退休时期，其模型如下：

（1）在不考虑利率因素的条件下，人的一生消费额为 C_t：

$$C_t = C(W_R, N_l, Y_l) = W_R + N_l \cdot Y_l$$

其中 N_l 为工作期，Y_l 为工作期每年的劳动收入，W_R 为初始财富（遗产或赠予）。

（2）将其一生的消费总额在其工作期间和退休期间进行平均分布，得到每年的消费额为：

$$C = \frac{C_t}{(N_l + N_R)} = \frac{1}{(N_l + N_R)} \cdot W_R + \frac{N_l}{(N_l + N_R)} \cdot Y_l$$

---

① 参见庹国柱、王国军：《中国农业保险与农村社会保障制度研究》，北京：首都经济贸易大学出版社 2002 年版，第 268 页。

其中 N_R 为退休期间，那么

$$\frac{1}{(N_l+N_R)}$$

为财产收入的边际消费倾向；而

$$\frac{N_l}{(N_l+N_R)}$$

为劳动收入的边际消费倾向。

莫迪利亚尼在研究居民个人储蓄及消费理论的基础上对整个社会的总体储蓄也进行了分析。他认为，正如个人存在工作时期的正储蓄和退休时期的负储蓄一样，整个社会每时每刻都同时存在正储蓄和负储蓄，因而，如何将个人储蓄归集起来，形成社会效益，提升国民个人社会福利，就成为政府与市场都必须面对的重大课题。[①]

二、世代交替模型

世代交叠模型最早由萨缪尔森提出，在阿拉斯均衡分析的基础上，由戴尔蒙德完善。生命周期假说把人的生命周期分为储蓄与消费的两个时期，而没有考虑两代人之间的关系。但世代交叠模型认为，不仅人的一生存在两期，而且社会的任何时期都有不同的两代人存在，处于同一时期内的两代人可以进行交换。世代交叠模型基本形式是一个跨时均衡模型，充分考虑代际之间的消费和储蓄关系，这一模型认为储蓄和消费不仅仅涉及家庭的个人行为，而且涉及整个社会的现在和未来。这为证明公共养老保险产生和存在提供了很好的理论支撑。下面介绍一个简单的世代交替模型。

设一个人的一生的效用函数为：

$$U=U\ (C_t,\ C_{t+1},\ \beta)\ =U\ (C_t)\ +\beta U\ (C_{t+1}) \tag{1}$$

[①] 参见段家喜：《养老保险制度中的政府行为》，北京：社会科学文献出版社 2007 年版，第 47 页。

其中 U 表示效用；C_t，C_{t+1} 分别表示第 t 期的青年人和第 $t+1$ 期的老年人的消费，也就是同一个行为人在青年期和老年期的消费；β 表示主观贴现率，$\beta \in (0, 1)$；u' 和 u'' 分别表示效用对于消费的一阶导数和二阶导数。行为人面对的预算约束条件可以被表示为：

$$C_t + S_t = W_t \tag{2}$$

$$C_{t+1} = (1 + r_{t+1}) \cdot S_t \tag{3}$$

其中 S_t、W_t 和 r_{t+1} 分别表示第 t 期的储蓄、工资和第 $t+1$ 期的利率。

根据上述分析，企业面对的生产函数表示为：

$$Y_t = F(K, L_t), \frac{\partial F}{\partial L} > 0, \frac{\partial F}{\partial K} > 0, \frac{\partial^2 F}{\partial L^2} > 0, \frac{\partial^2 F}{\partial K^2} > 0 \tag{4}$$

其中 Y_t，K，L_t 分别表示第 t 期的产出，资本投入和劳动投入。在完全竞争的市场假设条件下，利率和工资将分别取决于资本和劳动的边际生产率，即有：

$$W_t = \frac{\partial F}{\partial L}, \quad r_t = \frac{\partial F}{\partial K}$$

这样，（2）（3）可以被改写为：

$$C_t + S_t = \frac{\partial F}{\partial L} \tag{5}$$

$$C_{t+1} = (1 + \frac{\partial F}{\partial K}) \cdot S_t \tag{6}$$

在（5）（6）的约束下求解（1）的最大值就可以确定行为人的最优消费和最优储蓄。

总体而言，这一模型是通过分析个人工作期间的储蓄与退休期间的消费之间的关系以及代际之间储蓄与福利之间关系，以此来说明怎样安排当前创造的财富才能实现一生消费。因此，这一模型认为，一个人确保在老年时的消费水平，最好的办法是持有资本的最大化。但是对于社会计划者而言，可以通过一定的手段分配年轻与年老时的消费资源，从而确保老年人在退休时的消费；而只有政府才拥有这样强大的权力来实现这一分配。因此,该模型是在强调政府干预对于提高社会福利的重要性。[①]

下面简单分析一下,在这种模型下的现收现付制、基金制以及混合制对社会福利和经济将产生怎样影响。

第一,现收现付制。

在假定技术进步率 $g=0$,不存在储蓄和金融产品的条件下,假设 t 时期的工人数量为 L_t 而工资为 W_t 固定不变,人口增长率为 n,则有:$L_t+1=(1+n)\times L_t$,养老税收比例为 θ,则缴纳税收 $T_t=\theta W_t L_t$,在现收现付制下,这一期工人到退休后的所得为同时期下一代年轻人的缴纳税收,即 $B_{t+1}=\theta W_t L_{t+1}$。由此可见,养老金的报酬率为:

$$B_{t+1}/T_t=T_{t+1}/T_t=1+n \qquad (1)$$

如果假定技术可以不断进步,工资增长等于技术进步率 $g>0$,即:

$$W_{t+1}=W_t(1+g) \qquad (2)$$

将 (2) 代入 (1) 式,则养老金的报酬率为:

$$B_{t+1}/T_t=T_{t+1}/T_t=\theta W_{t+1}\times L_{t+1}/\theta W_t L_t$$

化简为:

$$B_t=W_{t-1}(1+n+g) \qquad (3)$$

从上式可看出,此模型中养老保险缴费(税)报酬的增长率大约为 $n+g$,也就是在现收现付制下,养老保险贡献的报酬由人口增长率 n 和劳动生产率之和决定。萨缪尔森也将 $n+g$ 称为"生物回报率"。

如果假定退休人口的生活来源于养老金收入,并用替代率(RR_t)来衡量其退休后生活状况,则:

$$RR_t=B_t/W_{t-1}=\theta(1+n+g) \quad \theta=RR_t/(1+n+g) \qquad (4)$$

这表明,在经济增长过程中,税率 θ 决定养老金水平的高低,要保持替代率不变在人口增长率不断降低的今天,撇开技术进步的考虑,必须提高纳税比例,这必然使社会负担不断加重。

---

① 参见段家喜:《养老保险制度中的政府行为》,北京:社会科学文献出版社 2007 年版,第 50—52 页。

第二，基金制。

根据上面的前提条件，在基金制的条件下，假设 $t-1$ 期的在职人员，工资为 W，每个人实际上还要按照 θ 的比例缴纳一定的养老金，这笔养老金将被交给一个基金管理机构进行投资。在 t 期退休，个人根据市场利率获得养老金，资本利率为 r，则养老金总额为：

$$P_t = W_{t-1}(1+r) \tag{5}$$

养老金收益取决于资本市场的利率。假设在一个黄金增长路径的封闭经济中，可以将所有的储蓄——黄金资本存量分为两个部分：第一个部分是形成资本，维持整个社会的人均资本存量，第二个部分作为维持现期养老金支付的资金。在积累制中，经过 n 代的积累后整个社会的储蓄与养老金支付处于一个相对稳定的状态。这时第一部分储蓄形成的资本称为 K，那么资本利率等于：

$$(K_t - K_{t-1})/K_{t-1} = n+g \tag{6}$$

从（6）式可得知，处于黄金增长路径的经济中，资本的最优利率等于经济生物回报率。

第三，混合制。

混合制是由现收现付制和基金制两个部分组成。基于上述现收现付的分析，我们知道在理想条件下混合制模式中，社会人口的年龄结构对现收现付制影响最大，养老金的收益水平主要取决于"生物增长率"：$n+g$。而混合制的另一部分则是基金式的积累制。同样根据以上分析可知，在积累制的条件下，养老金受人口增长率影响较小，而主要取决于资本市场的资本利率 r，当经济处于黄金增长时期，无论是基金制还是现收现付制，它们对经济的影响都是中性。正因为如此，采用混合制的养老保险制度成为当前世界各国养老保险制度改革的趋势。①

---

① 参见应江：《养老保险模式与经济发展的探讨》，《文史博览》2007 年第 12 期。

第六节 养老保险制度改革中政府与市场机制分析

纵观国内外养老保险制度的实践，均存在着市场失灵与政府失效的现象。政府与市场机制都不是万能的，有其各自的职能范围，因而，世界各国在养老保险制度的改革中都对政府在养老保险制度中的责任进行了重新思考与定位，同时又注重充分发挥市场机制的作用，以实现公平与效率的统一。

然而只有从理论上明确养老保险制度中政府与市场机制的定位，才能在实践中逐步完善政府职能与市场职能，正确发挥政府与市场两种机制的有效作用。我国养老保险关系转移接续困难的深层次原因就在于，我国养老保险制度未能正确地处理好养老保险制度中政府与市场机制的适度选择问题。因此，研究养老保险制度中政府与市场机制的定位问题，借鉴和吸取别国经验教训，为探索和解决我国养老保险关系转移接续的新途径具有重要意义。

一、养老保险制度改革呼唤政府与市场机制的适度选择

无论经济发达程度与否，任何社会的个人都会面临着风险。在农业社会中，个人的风险及其可能带来的生存危机，主要是指由于收益来源断绝、或收益锐减、或遭受意外打击而导致生活陷入困境的状态。个人风险的来源主要有二：一是家庭内部，如个人或其家庭成员因病、死、伤、残、老等原因而导致陷入生存困境；二是家庭外部，包括各种自然灾害、战乱及其他意外灾祸等，均是危及社会成员生存与发展的重大因素。进入工业社会以后，尽管经济有了更大的发展，但农业社会中导致个人风险的各种因素依然存在，而且增加了诸多新的风险因素，如工伤事故与职业病风险、失业风险，以及因投资失败等原因导致的生活风险，等等。因此，

社会的发展进步并不意味着造成个人风险的因素减少，恰恰相反，致险因素反而在增加。只不过随着社会的发展，社会财富的积聚能为人们抗拒风险提供了日益强大的物质基础，化解风险的办法与措施也在增加。

养老保险的标的是老年风险，尽管这种风险伴随人类始终，但在传统家庭养老功能逐渐弱化的今天，防范老年风险问题日益凸显。劳动者的养老保险关系在流动中难实现"无障碍"转移接续，必然降低他们防范养老风险的能力。

当众多的社会成员遇到同样的个人风险并因某种契机或纽带而联结成一个整体时，个人的风险就完全可能转变成一种群体风险，进而转变为社会风险，而社会风险在某种条件下又可能导致严重社会危机，产生的后果亦有天壤之别。个人风险只影响到个人及家庭，而社会风险却可能影响到整个社会。尽管个人的生存与发展风险是形成社会风险的基础，但当代社会迫切需要讨论的问题并非社会成员的个人风险，而是个人风险转变为社会风险、个人危机转变为社会危机之后所产生社会后果及其对整个社会发展进程的可能影响。

要真正消除社会成员的风险，取决于两个条件：一是个人或其家庭有足够的抗拒各种风险的能力及储备；二是社会上有合理的制度安排能够帮助有需要者化解其个人风险。[①] 对于个人与家庭而言，为防范养老风险，其必要条件包括对未来及周围环境的不确定性的充分认识和理性的消费，但由于个人的短视行为以及行为存在外部性而导致个人对风险防范的投资不足，使得个人不能完全自我防范风险。如果不考虑慈善等利他主义行为，个人也将不会为他人防范风险提供无偿的帮助。

在私人市场上，这个结果是通过交易来实现的。而交易的基础是所有人都面临相同的风险，但概率有所不同。人们在保险市场上进行这种交易，面临相同风险的人们向保险公司投付一定的保费，以补偿一个小概

---

① 参见郑功成：《社会保障学——理念、制度、实践与思辨》，北京：商务印书馆 2000 年版，第 182 页。

率事件带来的巨大损失；保险公司能够将互相独立的风险汇总到一起，通过"大数法则"将有风险的保险合同转化为几乎是确定的事件。能够在保险市场上进行交易的风险都是投保人独立于他人的风险，没有人愿意为风险的外部性投保，个人虽然会受到社会风险的危害，但是也不可能为它投保，这时，市场机制是失效的，因此，需要个人以外的力量比如政府来代替个人进行这类风险的防范。例如，对于处于贫困状态的个人而言，政府可以选择某种社会保障计划安排来转移收入的再分配，以使他们失去劳动能力时获得物质帮助，一定程度上免遭风险的磨难。这往往不是出于经济学上的考虑，而是把再分配的存在看作是社会选择的结果。因为一个严格意义上的社会保障计划往往包含着对穷人的资助计划，收入再分配计划的目的就是为低收入者提供风险防范的能力。

然而，政府在做这一制度安排时，往往以直接供给的方式来代替个人的风险防范，比如构建城镇居民最低生活保障线。其实在个人自我防范风险和政府的收入再分配计划之间，还存在着一个容易被忽视的地带，即政府和市场机制共同作用的地带。如果考虑了这个地带，那么，整个社会保障体系便形成一个政府作用由强到弱而市场作用由弱到强的社会保障谱系（见图1－2）。

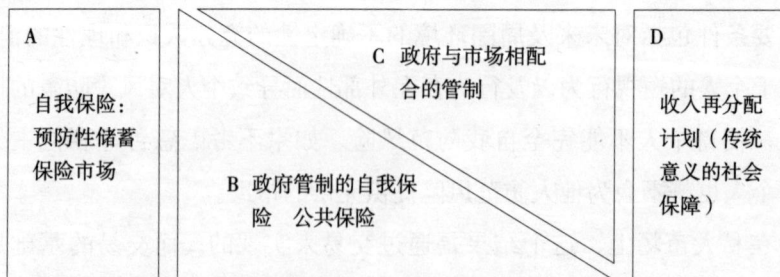

图1－2　政府与市场机制不同选择的社会保障谱系[①]

---

① 参见李绍光：《深化社会保障改革的经济学分析》，北京：中国人民大学出版社2006年版。

在这个社会保障谱系中，A 是由个人（作为消费者个人或家庭，以及作为提供者的个人或企业）组成的自我保险的保险市场。这种保险市场能够防范的风险是零均值风险。个人通过储蓄或保险市场进行的风险防范被赋予了多种称谓。从凯恩斯开始，主流经济学将预防性储蓄视为自我防范风险的主要手段。然而，在即期消费行为中，预防性储蓄显然是一个减少即时效用的因素。在消费者个人层次上，预防性储蓄的效应体现在生命周期的跨时决策中。在即期消费行为中引入不确定性或风险，是分析保险市场的起点。由于零均值风险在同质人群中的遍历性和发生概率的差别化，它可以根据"大数法则"来实现共同保险，所以市场机制可以发挥基础作用。B 和 C 的含义是，保险市场不是一个完全的市场，因此必须有政府的管制。从左到右，市场的作用越来越弱，而政府的作用越来越强。在市场机制能够发挥作用的地方，政府的作用主要体现为外部监管；在市场失灵问题越来越严重时，政府的作用逐步加强，直至推出公共保险，即由政府而不是市场主导的保险计划。在图最右端的 D 是政府的收入再分配计划，它完全不能通过保险市场来起作用。

社会保障制度的这种并非是让每一个人都有均等受益机会的现实，使制度本身的多元化不仅必要，而且可能。① 即使一个全能的政府也不可能建立起一系列让所有人都感到满意的社会保障制度，所以，政府社会保障计划和半政府社会保障计划或私人的社会保障计划应当相互补充。其中，政府提供的是私人不能提供的部分，这与政府的公共职责是相吻合的。因此政府向富人征税并且向穷人提供收入再分配，通常就成为帮助穷人维持一定收入水平的主要方法。这种收入再分配常常会通过某种社会保障计划的渠道分配给穷人。

如果把养老保险制度的建构看成是一个社会选择的过程的话，那么其一个基本的问题是在政府与市场的两极之间划出一个能够被公众接受的

---

① 参见李绍光：《深化社会保障改革的经济学分析》，北京：中国人民大学出版社 2006 年版，第 43 页。

界线。在这个界线内，存在着不同层次的养老保险模式，而每一种模式都有政府作用和市场作用的不同组合。在市场经济的基础上，如果社会选择的目的是为了促进经济增长和效率的提高，那么这条界线将会倾向市场作用，相反，如果社会选择并不在乎经济增长效率，那么这条界线就会倾向政府作用。有效率的选择是，让保险市场来提供独立的个人风险的防范，而政府处理其中的外部性，弥补市场的不足，并提供有节制的收入再分配。因为过度的收入再分配一方面会导致过重的税负，另一方面也未必能完全保证所谓的收入公平。其主要原因是通过社会选择机制进行的收入再分配往往是施惠于最有能力影响社会选择过程的那部分人，而不一定是施惠于最穷的人。

二、政府与市场机制的内涵及其特征

(一) 政府机制的内涵及其特征

在市场经济条件下，由于市场本身及市场机制在实现社会成员收入分配相对公平、化解社会风险方面存在先天性的"市场失灵"，以及社会成员个人的短视原因，作为养老保险责任主体的政府必须承担起国民养老保障的职责，政府机制必须参与养老保险制度的构建、管理、实施和监督。

所谓的政府机制，就是指根据国家法律，以政府作为责任主体或行为主体，在设计、实施与监督养老保险制度过程中所采取的措施。作为养老保险制度实践过程中出现的养老保险关系转移接续问题，政府机制也应当积极介入，主要表现为以下三个方面：① 制度制定。指政府进行养老保险关系转移接续的制度设计与制度革新，如制定流动人员不同统筹区之间养老保险关系转移接续的法律、法规和政策，以及为适应养老保险关系转移接续的需要而调整和改革原有养老保险制度，等等。② 资金投入。指政府在确保养老保险关系顺利转移接续时所要承担的各项资金投入，如政府承担事业单位转制企业部分人员养老保险关系转移接续中的"转制成本"，等等。③ 组织建设。指政府为保证养老保险关系转移接续顺利实现而设置的组织机构，如为了实现不同统筹区劳动力自由流动，中央一级必须设立一个专门协调这一问题的办事机构，等等。

从养老保险关系转移接续的角度来看，政府机制具有以下基本特征：① 强制性。政府通过立法，制定各项法律、法规和相关政策，通过法律手段强制执行，以解决养老保险关系转移接续困难的问题。② 整体性。从表面上看，养老保险关系的转移接续是一个手续操作问题，其实它涉及养老保险制度的改革与调整、地方利益的平衡与协调，乃至整个社会的稳定与否等诸多问题，解决养老保险关系转移接续难的问题是一项系统工程，需要统筹兼顾、系统安排、整体运作。③ 稳定性。政府机制在解决养老保险关系转移接续难的问题时，必须服从于保持社会政治、经济稳定的基本目标，其政策要具有稳定性和连贯性的特征。④ 公平性。实现社会公平是社会保障制度本质要求，政府机制的介入是社会保障实现这一目标的强有力保证。同样，在养老保险关系转移接续中适当引入政府机制，可以有效地保证劳动者变换工作时养老权益能得到公平、公正的实现。⑤ 时效性。政府机制可以通过行政、法律手段，利用全国的人力、物力、财力，在较短的时间内实现养老保险关系的转移接续，体现一定的时效性。

（二）市场机制的内涵及其特征

养老保险作为一种介于公共产品和私人品之间的准公共产品，离不开政府的扶持和投入。从世界各国的做法来看，政府都不同程度地要介入到养老保险领域。但是政府机制的作用不能也不应该是无度的，这是因为政府往往采用简单的、单一的行政手段或政府垄断方法代替市场配置养老保险资源，尽管其强制性与时效性明显，但其运行失效问题也不容忽视，有时甚至出现腐败丛生、寻租活动猖獗等。这就要求市场机制的适度回归，以对其进行补充与修正。

从养老保险关系转移接续的角度来看，所谓的市场机制是指根据法律法规规定，以除政府之外的如企业、个人等其他市场主体作为市场责任或行为主体，通过市场竞争机制和利益机制，实现养老保险关系高效转移接续，促进劳动力资源优化配置，进而推动经济增长而采取的各种措施。主要包括以下三个方面：① 资金投入，即相关责任或行为主体为实现养老保险关系转移接续而承担的各项资金投入；② 机构建设，即通过市场竞争机制选择适当的养老权益管理服务机构；③ 引入市场型的商业养老保险，以弥补政府在养老保险中的失灵。①

与政府机制相比，市场机制具有以下四个特征：① 合法性。市场经济不仅是竞争、开放的经济，而且是法治经济。虽然市场机制是通过市场竞争机制、供求机制和价格机制来调节运作的，但参与市场竞争主体的行为，以及市场运行的整个过程都必须是合法的，否则会导致经济秩序混乱，危害社会。② 多样性。市场机制中的各责任或行为主体是分立的。不同企业在保障项目和水平上有所差别并呈现多样性，同样不同阶层或不同企业的社会成员的社会保障参与程度更是千差万别。③ 变动性。由于受保人的利益处在不断的变动之中，市场机制在运行中需依据受保人的实际情况进行调整和改变，随着经济条件的变化而变化。④ 效率性。与公平性相对，市场机制更讲求效率。在市场机制有效运转的情况下，其经济效率要远远高于保障中的政府机制。

三、政府与市场机制适度选择的必要性分析

国家或政府作为养老保险制度建立与实施的主体，在养老保险关系的转移接续中应发挥重要的作用。但是，政府不是万能的，由于政府与市场各自的缺陷，实现养老保险关系顺利转移接续的过程中，政府机制与市场机制都有强化的必然性。

首先，政府与市场机制优势互补的需求。发挥政府机制在养老保险关系转移接续中的作用，其优势主要有：第一，政府可以利用强制力量有

---

① 参见黄书亭、周宗顺：《社会保障中政府机制与市场机制的适度选择》，《经济纵横》2004 年第 1 期。

效地实现养老保险关系转移接续的制度设计并保证其运行。而通过市场竞争来实现养老保险顺利转移接续所花费的成本要大得多，所需要的时间要长得多，可能所取得效益也要小得多。第二，养老保险关系顺利转移接续需要投入大量资金，如协调地方利益的平衡资金、偿还巨大的转制成本等，在这方面政府可以利用其行政手段、财政手段等调节杠杆，在较短的时间内实现这一资金的筹集与使用，其效率远高于通过市场机制。第三，养老保险关系顺利转移接续需要相应的组织机构建设，如为了平衡因跨统筹区转移接续而出现的地方利益矛盾，有必要在中央一级建立一个协调各方利益的组织机构，在这方面，依赖市场机制是难以实现的，而政府可以在较短的时间内以较小的成本来组建这一组织。

然而，政府机制的作用也存在着一定的劣势：第一，政府机制的运作受官僚与政治的影响较大；第二，政府在解决转移接续难的问题时，缺少由市场机制调节的收益与成本的精确计算；第三，政府的垄断性往往会阻碍其提高服务质量、降低成本的内在动力。因此，在实现养老保险顺利转移接续中，相对于市场机制而言，政府机制有自己的优势，也有自己的劣势。

同样，市场机制有其高效率的优势，但也存在引发收入分配差距的问题。在市场经济条件下，市场资源配置和收入分配更注重效率，抑制分配中的平均主义。但由于不同社会成员所拥有的生产要素的数量和质量不同，以及机会和支配地位的不同，再加上各地区环境的影响，收入出现了明显差异。单纯依靠市场机制的作用只会使这种差异越拉越大，导致穷者越穷，富者越富。这种现象不加以防范，不仅会破坏宏观经济良性运行的条件，而且会带来一些不良的社会后果，进而阻碍经济社会的持续健康发展。政府可以发挥社会保障制度的收入再分配功能，一定程度上"平滑收入差距"，实现扰危济贫。[①]

---

① 参见段家喜：《养老保险制度中的政府行为》，北京：社会科学文献出版社 2007 年版，第 229 页。

因此，只有将政府与市场机制有机结合，实现优势互补，相辅相成，才能以更小的成本，获得最大的效益。

其次，当前养老保险制度中政府与市场机制归位的要求。当前，我国养老保险制度中政府与市场机制的责任不清，政府与市场机制存在着一定的错位，导致当前劳动者养老保险关系转移接续困难重重，转移成本过大，进而阻碍养老保险制度的可持续发展。这种错位主要表现为以下四个方面：一是在制度设计与提供上缺乏对养老保险制度的统筹规划。比如政府机制理应在加强基本养老保险层次的建设与完善方面发挥主要作用，但却对补充养老保险领域介入过深，从而一定程度上阻碍了市场机制在这一领域的作用，大大地限制了商业养老保险的发展。二是在农村养老保险制度建设中政府在制度提供与财政支持等方面承担的责任和发挥的作用不足，然而在利益驱动下对管理费的提取却表现出很高的经营积极性。三是社会养老保险制度的立法方面，政府作用表现出较大的随意性，缺乏有效的约束。四是在配套改革上，机关政策与制度缺乏，限制了养老保险制度整体作用的发挥，最突出地表现为在补充商业养老保险发展中缺乏应有的政策支持。

同时，当前我国养老保险制度中中央政府与地方政府角色冲突严重。在我国养老保险领域，中央政府与地方政府各自应承担责任不明晰，尤其是对因转制成本而导致的基金缺口的责任承担上表现出很大的随意性与临时性，往往形成"人人靠社保、社保靠财政、财政靠中央"的局面。再如在养老保险制度改革的初期，部分地方政府为提取更多的管理费，盲目地扩大制度覆盖面，而对因此而留下的历史包袱并没有做好长远的妥善安排，最后将责任留给中央政府。另外，各级政府财政给予养老保险制度财政支持的方式、项目、标准和原则等方面责任不清。因此，在养老保险制度的改革与建设中必须对政府与市场机制作适度选择，以保障劳动者的养老权益。

最后，保障居民老有所养的需要。改革开放以来，我国经济发展较快，人民生活水平日渐提高，绝大多数居民进入了小康生活状态，但贫困现象仍未消除，贫富分化加剧。尤其是农村绝对贫困人口还未真正解决温饱问题。他们年老时生活必然受到很大的影响。因此，在传统的家庭养老保障的功能逐渐弱化的情况下，政府理所应当承担起他们的养老责任。而养老保险关系转移接续困难必然影响劳动者退休后的老年生活。为了使劳动者退休后能真正享受相应的养老权益，政府应承担起应有的责任，妥善地解决劳动者因工作变换而出现的养老保险关系转移接续困难的问题。

同时，政府的介入还可以克服养老保险关系转移接续中个人短视行为。这种短视行为主要表现为：一方面，一旦出现转移接续困难时，劳动者出于眼前的利益考虑，宁愿选择退保也不愿意保留养老保险关系在原养老保险制度中，待条件具备时重新续保，以保证年老时的养老权益。另一方面，为了促进养老保险关系顺利转移接续而进行养老保险制度的改革与完善，需要个人相应承担一定责任时，劳动者出于暂时利益考虑，往往有意地阻碍改革的进行，从而使转移接续难以彻底解决。因此，只有充分发挥政府的作用，从宏观上加强养老保险关系转移接续的制度建设，用具有强制力的法律制度才能克服个人这一市场主体的短视行为。

四、政府与市场机制适度选择的要求

(一) 政府与市场机制适度选择的内涵

养老保险制度的建设与发展必须充分发挥政府与市场机制的作用，但如何实现两者的有机结合，以实现适度选择呢？适度选择，以何为标准呢？笔者认为，所谓适度选择就是指政府机制与市场机制作用养老资源的效益最大化。如果在养老资源配置上市场机制作用比政府干预成本更低，绩效更高，就由市场调节；如果政府干预比市场机制作用成本更低、绩效更高，则由政府干预。当然，这里所指的效益不仅包括经济效益，而且包括社会效益。根据边际递减规律，随着政府干预的不断扩大，其收益可能会递减，即通过政府多组织一项交易活动的成本可能会上升。同样，随着市场机制作用的不断扩大，其收益也可能会递减。当政府再干预的成本等于通过市场机制进行这项活动的成本时，政府机制与市场机制在养老资源配置上才达到最理想的适度选择要求，即实现帕累托最优。判断政府与市场机制是否达到适度要求，主要有以下三个标准。

其一，以公平与效率的统一为标准。经济学家一般认为，所谓"公平"是指收入均等和机会均等两个层次，其中机会均等通常指起点、过程和结果的均等。所谓"效率"是指资源有效配置，即一定条件下的投入与产出或成本与收益之间的比率。应该说，效率是市场机制追求的目标，同样，效率也是政府机制的生命，但由于政府服务的公共性，决定了它除了要追求企业所追求的经济效益，即投入与产出的比值这种量化指标外，还要顾及社会效益，即社会的公正与公平问题。养老保险制度是以保障国民基本生活需求为目标，政府与市场机制的适度选择不仅要实现以最少的养老资源成本实现较高的经济效益，而且要注重维护社会公平。

其二，以经济发展水平为标准。经济发展水平直接制约着养老保险制度中政府与市场机制的选择。不同地区、不同时期，由于生产力水平及经济发展水平等因素的制约，政府与市场机制的选择也各不相同。如英国与瑞典等高福利国家是以生产力发达、国民收入水平高为物质基础的，由于政府的公平取向实行了高福利的政府机制为主的保障政策，20世纪70年代西方国家出现了经济"滞胀"现象，它们为减少政府社会保障开支，开始实行福利私人化和市场化的改革，市场机制的作用逐渐增强。① 与发达国家相比，我国目前生产力总体水平低，且地区发展不平衡，市场体系发育不成熟，尤其是资本市场、保险市场和社会保障服务市场等都严重欠缺，市场机制还不能全面有效运转，因此，养老保险制度中政府与市场机制的适度选择必须以政府机制为主导作用。随着我国经济发展水平的不断提高，以及市场体系不断完善，政府与市场机制作用也应作相应调整，实

---

① 参见任保平：《世界各国社会保障模式的比较及其启示》，《税务与经济》2003年第1期。

现动态平衡，以实现真正意义上的适度选择目标。

其三，以养老保险制度不同内容为标准。对于养老保险体系中的不同层次，政府与市场机制的选择不能一概而论。某些层次可能更适合采用政府机制，而另一些层次可能更适合采用市场机制。在世界上大多数国家中养老保险制度一般都是由三个层次构成，第一层次是以普遍性为原则的基本养老保险，侧重于政府机制作用为主；第二是以非强制性为原则的企业年金或职业年金，强调政府与市场机制的共同作用；第三层次是自愿性为原则的个人养老保险储蓄，侧重于市场机制作用为主。因而，政府与市场机制的作用要依养老保险制度的不同层次而有所区别。

对于养老保险制度建设中的不同内容，政府与市场机制的选择也应区别对待。政府是社会的代表，能够对社会资源进行控制，并通过经济、法律、行政等手段提取社会资源，同时政府对全体社会成员具有强制力，因而，政府机制在养老保险制度建设中的某些作用是市场机制不可比拟的。比如，在养老保险制度的制度建设、法律制定和强制推行等方面，市场机制就很难发挥作用。因此，政府与市场机制的适度选择应以养老保险制度的不同内容而有所侧重，不能一概而论。

（二）政府与市场机制适度选择的最优点

既然政府与市场机制都是养老资源的有效配置方式，那么，这两者适度选择的最优点在哪里呢？也就是说，政府与市场机制发挥作用的限度到底在哪里呢？为此，笔者首先借用无差异曲线工具来帮助说明。在经济学领域，无差异曲线通常被用来分析两种商品或两组商品不同数量的组合对消费者所提供的效用问题。它具有如下特征：[1]

第一，无差异曲线是一条向右下方倾斜的曲线，其斜率为负值。

第二，在同一坐标平面上存在着无数条无差异曲线。或者说，可以有无数条无差异曲线覆盖整个坐标平面图。离原点越近的无差异曲线代表的效用水平越低，离原点越远的无差异曲线代表的效用水平越高。

---

[1]　参见侯锡林等：《当代微观经济学原理》，北京：中国经济出版社 2002 年版，第 56 页。

第三，同一平面上不同的无差异曲线不相交。即两条无差异曲线的距离可以是一个变量。

第四，无差异曲线是凸向原点。

根据无差异曲线原理，养老保险制度中政府与市场机制的相互关系与两种商品或两组商品的不同数量的组合对消费者所提供的效用问题是相似的。政府与市场机制在养老资源配置中的不同取值将形成表示不同养老资源效率的无差异曲线族。因此，为了实现养老资源配置效率保持在最佳状态，我们可以通过加强政府机制的作用，以弥补市场机制的不足，或者通过市场机制的作用，以弥补政府机制的缺陷。

由于政府与市场机制在实现养老保险顺利转移接续问题上可供选择，所以我们可以利用社会无差异曲线来表示在一定时期一定的社会经济资源条件下，能给公众带来同等效用水平或满足程度的两种方式选择的各种组合，如图1-3所示。

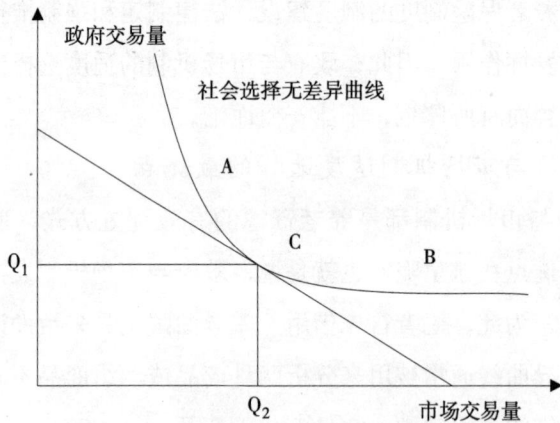

图1-3 政府交易量与市场交易量的选择①

如图1-3所示，由于资源约束线代表一定时期社会经济条件对选择的约束，无差异曲线上的任意两点A和B给公众所带来的效用是无差异

---

① 参见段家喜：《养老保险制度中的政府行为》，北京：社会科学文献出版社2007年版。

的，因此，根据经济学原理，C点将成为该时期公众对这两种方式选择的均衡点，此时，政府提供的交易量为Q_1，市场组织的交易量为Q_2。这就是政府与市场机制发挥作用的最佳结合点。

下面我们再用边际替代方法分析养老保险中政府与市场机制适度选择的最佳点。要实现养老保险关系顺利转移接续，无论是依靠政府机制，还是依靠市场机制，均要花费一定成本，两者发挥作用的最佳结合点，就取决于各自行为的成本与绩效的比较，也取决于各自行为净收益的比较。判断这一结合的原则是，政府机制发挥作用到一定范围和规模以至于政府在组织一项行为所引起的成本等于市场机制阻止这项行为的成本，如图1-4所示。

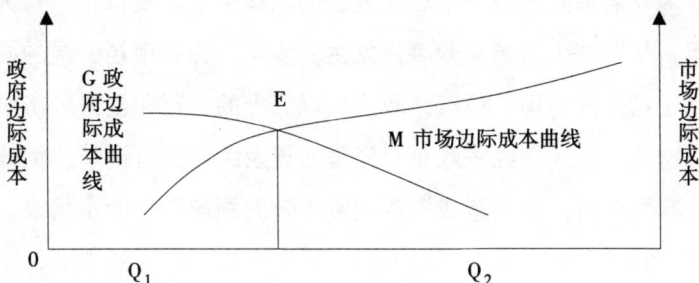

图1-4　政府与市场的协调①

图1-4所示，左纵轴表示政府行为的边际成本，即交易行为由政府实施时所增加的成本，右纵轴代表市场边际成果，即该交易行为由市场执行时所增加的成本。横轴表示所有交易活动，从左到右表示政府行为量，正点为政府与市场的分界点，向右表示政府行为的成本将大于市场行为的成本，因此政府干预是不经济的，向左表示市场交易的成本大于政府干预的成本，因此市场可能不介入，此时需要政府干预。因而政府干预的适度规模为完成Q_1，交易所对应的规模，此时政府的遍及成本等于市场的边际成本。

----

① 参见段家喜：《养老保险制度中的政府行为》，北京：社会科学文献出版社2007年版。

总之，政府与市场机制之间的界限取决于各种实现资源配置的制度安排的边际成本及其相互间的替代状况。如果有市场的调节比政府干预成本更低，绩效更高，就由市场调节，否则就由政府干预。只有这样，才能达到养老资源配置的帕累托最优。

（三）政府与市场机制适度选择的总体要求

由于政府与市场机制均存在失灵现象，因此在养老保险制度的革新中要做好二者共同发挥作用、互相弥补缺陷的机制选择。

总体上而言，政府在养老保险领域尤其是强制性养老保险项目中应该发挥主导作用，而市场机制应该起到辅助作用。具体而言，要处理好两者的关系，把握适度选择的原则，必须做到：第一，政府机制应当利用其强制权为养老保险提供一个相对完备的法律框架，规范市场行为，改善市场作用，从而减少市场失效事件发生的概率，弥补市场失灵的同时保证市场机制正常发挥作用。第二，政府应以分配的公正和促进经济增长为目的，通过财政、收入等经济政策对经济总量及结构进行调节。但政府的作用范围应有所限制，对其造成资源配置失效的领域则交给市场来调节。如由政府实施的社会基本养老保险不能满足不同收入阶层的需要，则可以在养老保险领域引入市场型的商业养老保险，建立多层次养老保险体系，弥补政府在养老保险中的失灵，使得政府和市场机制共同发挥作用，从而充分体现养老保险中的公平与效率。第三，政府应在加强养老保险运作监督的同时，引入市场机制，提高养老保险基金的回报率，最大限度地实现基金的保值增值。①

总之，作为一项现代人类社会防范老年风险的制度安排，养老保险制度通过代内与代际收入的平衡与转移，确保了劳动者退休后的基本生活所需。根据现代养老保险制度权利与义务相对应的原则，要实现退休后养老权益，必须履行一定的缴费义务，这就要求劳动者的养老保险关系保持

---

① 参见段家喜：《养老保险制度的政府行为》，北京：社会科学文献出版社 2007 年版，第 86 页。

连续性。但是，现行的养老保险制度缺乏确保劳动者养老保险关系连续性的设计安排，尤其是在政府与市场机制的选择上有所欠缺。

因此，在我国养老保险制度的改革与完善过程中，必须以马克思主义经济学理论为指导，借鉴和吸收西方经济学关于政府与市场机制的理论成果，建立政府与市场机制适度选择的养老保险制度，使之真正成为防范老年经济风险的制度保证。

第二章 养老保险关系转移接续研究的一般分析

社会养老保险关系转移接续的实质是劳动者养老权益维护与平衡，而这种权益有赖于养老保险制度的保障。为使流动人口的养老权益不因养老保险关系转移接续而受到损害，客观上需要改革和调整我国当前养老保险制度，建立政府与市场机制适度选择的新模式。

第一节 养老保险关系转移接续的基本理论

一、养老保险与风险防范

人必须要经历老年阶段，而由于年老便将失去依靠自身的劳动来获得生活来源的能力，因此，老年人如何防范这种老年风险便成了人类必须面对的一个基本问题。从人类社会发展的角度上看，人类养老主要经历了群体养老、家庭养老和社会养老三个阶段。

群体养老主要存在于生产力水平十分低下的原始社会。由于生产力水平极低，人们只能依靠群体的力量共同生产与消费，个人的生产能力十分有限，那些因年龄渐长而逐渐退出生产的老人只能由群体共同赡养。随着人类生产力的提高，并出现了私有产品时，家庭逐渐取代了部落等群体而成为基本生产和消费单位。这时人们的养老责任自然而然地由群体赡养过渡到家庭内部赡养。从经济学的角度来看，一旦采取了家庭养老制度安排，家庭中的子女就被视为一种养老"金融资产"，① 即传统意义上的"养儿防老"。这是因为在以自给自足的家庭小生产为主的社会里，人们在其生命周期中所面临的基本问题是：在青壮年时，生产能力很大，其生产的产品消费不了，同时假定这些产品无法储存；因此，当人们进入老年时，他们的生产能力逐渐丧失，就没有产品可供他们消费。如果每个家庭都养育一些孩子，将那些青壮年时消费不了的产品"投资"在孩子身上，当他们的孩子成至青壮年时，他们的养老就由他们的孩子来承担，投资于孩子这一特殊"金融产品"，老年时获得生活所必需的回报，这种回报依赖于当时社会的伦理道德来维系。这种以家庭养老为主的制度安排一直延续到工业革命时代才被打破。

工业革命之后，家庭作为人类基本生产单位逐渐被机器大生产所代替。人们失去了原有的生产资料，只能依靠出卖自己劳动力获得工资来维持生存。当他们因年老丧失劳动力而失去经济来源时，如何养老成了当时一个普遍的社会问题。19 世纪 80 年代，为了确保因工业革命带来的众多工人年老后的基本生活，维护社会稳定，德国政府颁布并实施了《老年与残疾保险法》，开启了社会养老保险模式的先河。从此，人类社会的养老方式也逐渐由传统的家庭养老模式过渡到社会养老保险模式，人类防范老年风险的方式也逐渐由各个家庭中的晚辈赡养家庭中的长辈过渡到由全社会年轻劳动力群体共同赡养全社会退休老人的生活，大大增强了防范老年风险的能力。

这种现代养老保险制度是社会化大生产的产物，自德国颁布了《老年与残疾保险法》之后，法国政府与 1894 年颁布了《强制退休法》，英国政府与 1911 年颁布了《国民保障法》，瑞典于 1913 年通过了合同养老金法案，开始建立养老保险制度。十月革命后，苏联第一次将"公民在年老、丧失劳动能力和患病时享有物质保障的权利"写入宪法，并在劳动法中对此项权利作了较为详细的规定。这一时期已有 30 多个国家建立了养

---

① 参见袁志刚主编：《养老保险经济学》，上海：上海人民出版社 2005 年版，第 1 页。

老保险制度。

20 世纪 30 年代开始，尤其是第二次世界大战后，人口老龄化成为西方工业化国家一个共同的社会问题，引起各国政府的普遍关注与重视，纷纷成立专门的老年人口管理机构，普及老年保险法，制定国家干预方针与特殊政策。这一境况大致延续到 70 年代中期。这一时期称为"退休制度的黄金时代"。期间，美国罗斯福政府于 1935 年颁布了《社会保障法》，第一次启用"社会保障"这个名词。英国于 1942 年发表了著名的《贝弗里奇报告》，对第二次世界大战后西方国家社会保险体系的形成产生了广泛的社会影响。1952 年，在总结各国社会保险立法经验的基础上，国际劳工组织制订了第 102 号《社会保险（最低标准）公约》。

1994 年，世界银行在《防止老年危机》（*Averting the Old Age Crisis*）的报告中批判了 70 年代后西方国家因面临经济"滞涨"而进行的"修补"式公共养老保险制度的改革，提出了著名的三支柱模型：第一支柱由国家依法强制建立，通过税收或缴费筹资的，现收现付确定给付的，广覆盖（全体就业人员或全体公民）、低水平（工资的 15%—25%）的基本养老保险制度。第二支柱国家依法强制推行，依靠企业和个人缴费筹资，采用个人账户管理的、待遇与缴费挂钩（工资的 40%—50%）、完全积累的补充养老保险制度。第三支柱是个人自愿购买的、商业性的养老保险，用以改善老年生活。

2005 年，世界银行又提出将三支柱扩展为五支柱的政策建议：一是非缴费型的"零支柱"；二是缴费与收入挂钩的第一支柱；三是强制性的第二支柱即个人储蓄账户式的企业年金；四是自愿型的可采取多种形式的"第三支柱"（既可以是 DC，也可以是 DB）；五是非正规保障形式的第四支柱。同时建议各国政府可根据各自情况在各支柱之间保持适当平衡，各支柱的构成要根据实际的需要予以确定，甚至支柱的数量也可以视情况而定，不必千篇一律。

在当前我国工业化发展的进程中，面对家庭养老功能逐渐弱化的情况下，建立健全覆盖所有劳动者的养老保险制度是防范劳动者在退出劳动力队伍后所面临着老年风险的重要保障。

二、养老保险与公平

1. 公平的内涵

《辞海》中对"公平"一词作了这样的解释：公平作为一种道德要求和品质，是指按照一定的社会标准，如法律、道德、政策等，按照正当的秩序合理地待人处事，是制度、系统、重要活动的重要道德性质。1971年，美国著名学者罗尔斯在其《正义论》中阐述了自己的公平观，认为社会公平是社会制度的首要美德，"一种理论，无论它多么精致和简洁，只要它不真实，就必须加以拒绝或修正；同样，某些法律和制度，不管它们如何有效率和有条理，只要它们不正义，就必须加以改造或废除。每个人都拥有一种基于正义的不可侵犯性，这种不可侵犯性即使以社会整体利益之名也不能逾越"。① 同时，提出了正义的两个原则，即平等自由原则和机会的公平原则与差别原则。所谓机会公平原则就是要求国家设计一种保障公平的制度，以使人们不因某种特权而得益或受害，不因社会分工所形成的社会地位不同而变得高贵或卑贱，也不因先天素质或后天能力的差异而导致富有或贫穷。

可见，公平理念从普遍意义说是道德层面的价值判断，是人们的一种生存理念，包括了惩恶扬善、是非分明、处事公道、态度公允、利益平衡等内容，是调节人们之间社会关系的一种价值评价标准，属于社会价值评价体系，是利益关系的衡量标准。

而如果从制度意义上研究公平问题，那么公平应作为人们的一种执政理念、制度设计和社会产品分配的利益尺码，是一种社会各阶级、阶层在国家中地位的表现方式。具体而言，主要有以下几层含义：

首先，权利公平。主要体现在对所有社会成员的"一视同仁、不偏

---

① 罗尔斯：《正义论》，北京：中国社会科学出版社1988年版，第1页。

不倚"，即不论社会成员所属阶级、阶层、社会地位、家庭背景、种族、性别及资本占有状况等方面不同，社会应赋予他们在享有参与各项社会活动方面平等的权利，使他们在平等的起点上融入社会。因此，社会公平内在地要求并首先体现在人们各项权利的公平上，包括政治权利、劳动权利和分配权利等。总之，权利公平体现在各社会成员具有平等的生存权和发展权上，并通过法律、制度以及社会运行机制等方面的安排及调整来予以体现。

其次，机会公平。也就是要求社会提供的生存、发展、享受机会对于每一个社会成员都始终均等。它在实际社会生活中主要表现为两个方面：一方面，都有平等的参与机会，主要体现在自由选择、职务升迁、资源利用等方面的机会平等；另一方面，都有获得平等的发展潜力、施展才干的机会，主要体现在接受教育和培训、获得信息等方面的机会平等。机会公平具有多方面的内容和要求，最基本的是起点的机会公平和发展的机会公平。

最后，分配公平。其实质是指每个劳动者都有获得正当利益和社会保障的权利，不因素质、知识、能力、性别等的差异而使其政治地位、经济地位、生活享受等方面产生巨大的或本质上的差异。分配公平体现着社会财富分配的合理性和平等性，是人们评判社会公平与否及公平程度的直接和主要依据，因此，分配公平是社会公平的实际体现和最终归宿。[①]

2. 社会保障制度与公平的内在一致性

公平是社会保障制度遵循的首要原则。从社会保障发展的角度来看，制度的安排以维护社会公平为目标。19 世纪 80 年代，德国现代社会保障制度建立的初衷就是保障老年人、失业者、工伤者等社会成员的生活，以维护社会稳定。随后，社会保障制度在西方各国得到推广与实施，尤其是以英国、瑞典为代表的福利制度国家的建立与发展，坚持了以福利制度覆盖所有国民的普遍性为原则，更是以追求公平性为宗旨。尽管到了 20 世纪 70 年代以后，西方各国掀起了社会保障制度改革，也没有改变追求公

---

① 参见陈家付：《现阶段我国社会公平保障问题研究》，山东师范大学博士论文（2009 年）。

平的初衷。

就社会保障制度本身性质来说，社会保障制度的实施可以实现起点公平、过程公平机会公平与结果公平。首先，社会保障通过其补偿功能为社会成员提供基本生活保障，从而在一定程度上促进起点公平与过程公平。其次，依据社会保障制度设计，任何社会成员只要达到法律法规的条件时，均可以享受相应的社会保障，这是公民的一项权利，因此从这个意义上说，每一项社会保障项目都适用符合条件的每一社会成员，他们的机会是均等的。最后，社会保障通过再分配机制，"平滑"收入差距，从而在一定程度上促进结果的公平。当然，世界上不可能有绝对公平，而只有相对公平或尽可能公平。在现代社会中，要实现社会成员的结果公平是不切实际的，但可以谋求起点与过程的公平。然而，这并不意味着社会可以放弃对公平的追求和政府可以放弃对不公平进行调控的责任。为此，阿瑟·奥肯主张的"在平等中注入一些合理性，在效率中注入一些人道"，[①]这可能是一种符合理性的政策选择。

因此，无论是从社会保障发展的历程来看，还是从社会保障本质来说，追求公平是现代社会保障制度的本质与核心，也是其首要问题。社会保障正是一种国家所设计的通过国民收入再分配实现社会公平的基本制度。而公平与效率的博弈是涉及社会保障深层次的焦点问题，也是社会保障改革无法回避的问题。西方发达国家是由国家承担的高福利制度，由此带来的社会保障财政危机和劳动者的福利依靠性增强，其主要原因是过分注重公平而损失效率，而我国现在社会保障制度改革面临的主要问题是社会公平化程度不够，必须将公平放到优先位置。

3. 我国养老保险制度与公平

养老保险是社会保障制度的内容之一，以追求社会公平、保障国民基本生活需求为目标。它主要通过以下三种方式实现其目标，一是强调社会成员参与的机会公平，即任何社会成员凡符合养老保险制度规定的条

---

① 阿瑟·奥肯：《平等与效率》，北京：华夏出版社 1999 年版，第 116 页。

件，不论其地位、职业、贫富等均被强制性纳入社会养老保险范围。而且，社会养老保险的社会化程度越高，这种机会的公平性就越充分。二是通过提供年老后的基本生活保障而解除后顾之忧，以维护社会成员参与社会公平竞争，起到维护社会成员起点与过程公平的作用。三是通过养老保险社会统筹，在一定程度上缩小社会成员发展结果的不公平。

激烈的市场竞争，使一些社会成员年老后可能陷入生活困境，进而可能威胁社会稳定。而健全的养老保险制度则保障社会成员年老时的基本生活不受影响，起到市场经济不可或缺的润滑作用，从而为提高经济效率创造一个良好的社会环境。因此，完善的养老保险制度是维护社会公平与促进经济效率的和谐统一。

就养老保险制度的公平性而言，就是要求所有的参保人员无论身处何处均应平等地享受同样水平的养老待遇，不应出现身份差异、地区差异和城乡差异。2005 年，国务院颁布了《关于完善企业职工基本养老保险制度的决定》，实现了养老保险覆盖范围由职工向城镇灵活就业人员的拓展，改革了养老金的计发办法，强化了激励约束机制，建立了长效机制，凸显了养老保险制度更加朝着公平性的方向推进。2009 年，全国参加城镇基本养老保险人数为 23550 万人，比上年末增加 1659 万人。其中，参加基本养老保险的农民工人数为 2647 万人，比上年末增加 231 万人。全国城镇基本养老保险基金总收入 11491 亿元，比上年增长 18.0%，基金总支出 8894 亿元，比上年增长 20.4%，年末基金累积结存 12528 亿元。同时，截至 2009 年底，全国 31 个省份和新疆生产建设兵团全部出台了实施养老保险省级统筹办法，如期完成了在全国建立养老保险省级统筹的目标。2010 年 10 月 28 日，全国人大常委会通过了《社会保险法》，将实现养老保险全国统筹作为既定的目标。

然而，尽管当前我国养老保险制度的改革已取得显著成效，但与我国社会经济科学发展的要求还有一定的差距，尤其是在维持社会公平与促进经济效率上还存在一些不和谐因素亟待解决。突出表现为城乡养老保险制度的二元结构、城镇养老保险制度的"碎片化"等方面。

三、养老保险是准公共物品

在市场经济体系中，人们需要的物品可分为私人物品、自然垄断物品和公共物品。相对私人物品而言，公共物品是指增加一个人对它消费时，并不导致成本的增加，而排除任何个人对他的消费却要花费巨大的成本。公共物品具有消费上的非排他性，取得方式上的非竞争性等六大典型特征。[①] 对此，萨缪尔森在其著作《公共支出的纯理论》中用严格的数学公式将纯粹的公共物品定义为 $X = xi$。也就是说，任何一个消费者为了消费而实际可支配的公共物品数量（xi）就是该公共物品的总量（X）。若具备公共物品的某一特征或某些特征，那么我们就称其为自然垄断产品。

就养老保险的性质而言，它具备了公共物品的部分特征：首先，建立成本及经营规模巨大。建立一项公共养老保险制度需要投入大量的前期成本，比如要付出制度研究设计成本、制度变迁成本等。同时，要将养老保险的覆盖尽可能扩大，以实现规模经营效益。一般来说，防范养老风险的分散程度越高，其平均单位成本就越小，因而必须讲究规模经济。其次，利益外部性明显。外部利益是指私人成本或利益与社会成本或利益的不一致性。公共养老保险具有外部性的内在规定及特征，公共养老保险制度的

[①]　公共物品的六大典型特征分别是：第一，消费上的非排他性。指某个人或团体在对一种公共物品消费使用的同时，不妨碍其他人或团体对这种物品的使用价值，也不会减少其他个人或团体使用该物品的数量或质量。第二，取得方式上的非竞争性。指独立的生产者之间不可能展开充分的竞争，如果竞争就必然导致低效率和资源浪费。正因为这一点，公共物品通常是由国家政府统一经营和提供的。第三，效用上的不可分割性。指诸如国防设施、铁路等公共物品用在不同消费者之间不能分割。第四，生产经营上的规模性。指公共物品的生产经营规模都比较大，只有当生产经营规模达到一定程度时，公共物品才能提供成本较低的服务。第五，成本或利益上的外部性。指公共物品投资所创造的收益不是直接回到投资者手里，而是以间接的渠道渗透到整个区域和社会，或者说受益者是广大的消费者而非仅仅其投资者。第六，利益计算上的模糊性。指诸如一切新技术的发明创造等公共物品对社会和其他人利益是长期性的，而且很难确切地计算出这些公共物品项目到底产生了多少收益。参见戚聿东：《中国经济运行中的垄断与竞争》，北京：人民出版社 2003 年版，第 33 页。

目的在于保障居民的基本老年生活，但同时也促进了社会稳定和经济发展，这部分收益是建立公共养老保险制度外溢的。最后，利益测算模糊。一项公共养老保险制度的建立与完善，不仅有利于参保人抵抗风险，而且有利于于促进社会稳定和经济发展，这是毋庸置疑的。但究竟有多少人从中受益，收益的份额到底有多少等方面是难以测算的，是模糊的。因此，从以上三个特征来看，它应属于自然垄断产品，而非属于公共物品。

养老保险在消费上具有排他性和竞争性。各国养老保险制度一般都要求受保人要缴纳一定的费用，尽管这些费用远远低于其退休后所能领取的养老金，但这也说明养老保险制度并不具备非排他性的特征。同时从竞争性的角度来看，养老保险制度规定，参保人员只要承担缴费义务和一定时间的缴费年限等法定条件，达到退休年龄时就可以享受养老金待遇。增加一个人参保并不会减少其他人的收益，每一个参保人员均无法调节养老保险的参加数量和质量。一般而言，一个国家在经济发展的一定阶段，其所提供的养老金的数量是有限的，当一份养老金被一个人取走了，则另一个人就无法享受了，这种在消费上的排他性与竞争性不符合公共物品的特征。总之，养老金并不完全具备公共物品的所有特征，但又具有公共物品的某些特征，因此，养老保险是一项准公共产品，所有的社会成员都有权享有，从而保证公平。这也就意味着，无论是城市就业群体还是农村就业群体，具有同样资格享受，这是确保劳动者流动就业时养老保险关系随之转移接续的根源所在。

从供给的角度来看，公共养老保险制度是国家以再分配为手段，通过正式的和非正式的制度安排为其国民提供养老保障，以实现社会安定目标。其实质是一种收入转移与再分配制度，主要表现为：第一，代内收入转移。这包括两层含义。一是指公共养老保险将具有生产能力的工作时期的收入向退休后生活来源转移与再分配，如完全积累制。二是指公共保险实现同一时期的高收入者的收入向低收入者转移与再分配，充分体现养老保险公平目标及互济功能。第二，代际收入转移，就是指享受养老金的老年一代所需的收入与消费均来自青年一代所创造的价值与产品，实现代际

的转移与再分配，如现收现付制度。① 因此，从这个角度来看，国家应该
公平地对待所有社会成员，为他们防范老年风险提供保障。

四、养老保险关系要求连续性

社会保险的一个基本特征是养老保险关系的连续性。② 养老保险是社
会保障的重要组成部分，具有应对社会风险、保障公民基本生活以及维护
社会安全的重大功能。然而包括生、老、病、残、失业等的社会风险，可
能发生在人一生的任何时期，即使可以相对预期的老年风险也需要长期积
累资金作准备，因此，社会保险关系必须保持连续性，以应对随时可能发
生的社会风险。为此，在制定社会保险计划、政策和法律时必须充分反映
这个特征，在社会保险管理与服务时也应当服从这个特征。

社会保险关系的连续性主要体现在长期的、准确的和安全的账户记
录，包括权益记录和相应的财务记录。例如，中国养老保险政策规定，达
到退休年龄和参保缴费 15 年才可以领取基本养老金。因此，一些社会保
障体系相对成熟的西方国家，将管理权益记录的组织和系统称为账户管理
人，甚至称其为"社会保障银行"，因为这些记录是计发社会保障待遇的
依据。养老保险关系的连续性涉及参保人的基本权益。

第二节　社会养老保险关系的实质

一、养老保险关系的实质：养老权益

随着我国经济社会的发展，建立社会养老保险制度是一种必然的选择。

---

① 参见段家喜：《养老保险制度中的政府行为》，北京：社会科学文献出版社 2007 年版，
　　第 41 页。

② 参见杨燕绥：《社会保险关系的接续与携带》，《中国劳动保障》2005 年第 10 期。

国家或社会通过立法，制定养老保险制度，为解决劳动者在达到国家规定的解除劳动义务的劳动年龄界限，或因年老丧失劳动能力退出劳动岗位以后的基本生活提供保障。因此，养老保险关系就是指劳动者根据国家或社会制定的养老保险制度安排，在劳动关系基础上履行相应的缴费（税）义务而享有在退休后从国家或社会获得一定的经济补偿和服务，以保障老年基本生活的养老权益。其实质就是与国家或社会因劳动关系而建立起来一项养老权益关系，即年老者依法享有获得物质帮助的权利及其相应利益。

这种养老权益既有质的规定，又有量的规定。从质的角度来看，它是指公民在年老而没有劳动收入时从国家或社会获得物质帮助的权利，即养老权利，这是宪法赋予每个公民的基本权利，即公民生存权。从量的角度来看，它是指公民在年老而没有劳动收入时从国家或社会获得多少的物质帮助，即养老金的量。当然，这个量还应有名义养老金与实际养老金之分，所谓的名义养老金是指劳动者退休时所获得以一定数量的货币来表现的养老金；而实际养老金是指用货币养老金实际能够换取到的生活资料和服务数量。

养老权益中的权利与利益是对立统一的，一方面两者相互依存，互为条件。养老权利是养老利益的基础，没有无权利的利益，权利丧失则利益也就无从谈起。同样，没有利益的权利是空洞的，是毫无意义的。另一方面两者又是矛盾的，同样的养老权利，但其相对的养老利益并非一致，有时甚至相差甚远。

从养老保险发展的历程来看，劳动者获得享有的养老权利在不同时期表现是不同的。在传统家庭养老模式下，劳动者的养老权利由其家庭子女来提供，是父母与子女的一项权利与义务关系，这更多地依靠伦理道德来维持；在商业养老保险模式下，商业保险公司根据与劳动者在自愿、互惠基础上契约关系而承担劳动者一定养老金的责任，更多地依靠市场机制来建立；在社会养老保险模式下，由国家、企业、个人共同承担，更多地依靠国家立法的制度建设来维系。同时，即使在社会养老保险制度下，不同的筹资模式，所形成的权利关系也有所不同。在传统的现收现付模式下，当前在岗工作的一代劳动者为已退休的一代劳动者贡献养老金而与国家或社会建立一项其养老金应由下一代劳动者来承担的权利关系。在完全积累模式下，国家或社会通过制度安排，建立个人账户，将劳动者自身不同时期收入转移而实现其养老权利。

养老权益从其量的角度来看，其受影响因素就更多了。以城镇职工养老金的计算为例，根据《国务院关于建立统一的企业职工基本养老保险制度的决定》（国发〔1997〕26号）文件精神，1997年后参加工作、缴费年限（含视同缴费年限）累计满15年的人员，退休后按月发给基本养老金。基本养老金由基础养老金和个人账户养老金组成。其中，退休时的基础养老金月标准以当地上年度在岗职工月平均工资和本人指数化月平均缴费工资的平均值为基数，缴费每满1年发给1%。个人账户养老金月标准为个人账户储存额除以计发月数，计发月数根据职工退休时城镇人口平均预期寿命、本人退休年龄、利息等因素确定。同时规定，文件实施后到达退休年龄但缴费年限累计不满15年的人员，不发给基础养老金；个人账户储存额一次性支付给本人，终止基本养老保险关系。而对于文件实施前参加工作，实施后退休且缴费年限累计满15年的人员，在发给基础养老金和个人账户养老金的基础上，再发给过渡性养老金，因此，其要考虑的因素更为复杂。具体计算方法如下：

第一，新办法中的基础养老金的计算方法。

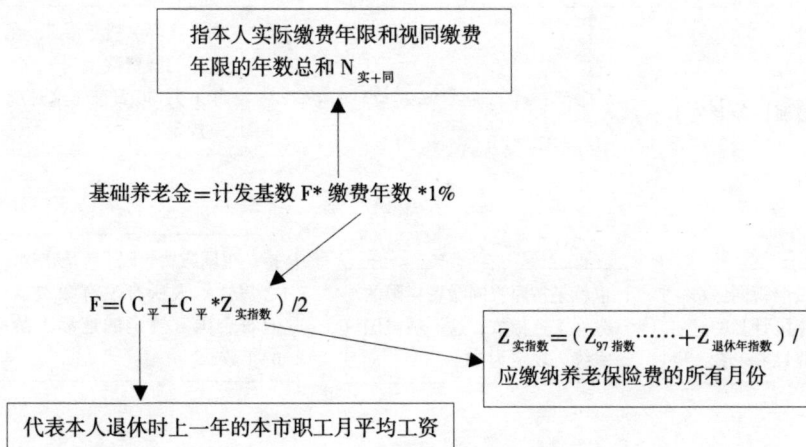

指本人实际缴费年限和视同缴费年限的年数总和 $N_{实+同}$

基础养老金＝计发基数 F* 缴费年数 *1%

$F=(C_{平}+C_{平}*Z_{实指数})/2$

$Z_{实指数}=(Z_{97指数}……+Z_{退休年指数})/$ 应缴纳养老保险费的所有月份

代表本人退休时上一年的本市职工月平均工资

其中，一个人的 $Z_{实指数}$ 是指参保人工资缴费指数之和的平均值。例如，参保人 1997 年退休，本人的 $Z_{实指数}$ 这可以这样计算：$Z_{97实指数} = 1997$ 年本人缴纳工资基数 /1996 年本市职工平均工资。

因此，基础养老金高低取决于两大部分：$Z_{实指数}$ 和 $N_{实+同}$。$Z_{实指数}$ 高代表本人的工资高；$N_{实+同}$ 高代表缴费年限长。

第二，个人账户养老金的计算方法。

根据《国务院关于完善企业职工基本养老保险制度的决定》（国发〔2005〕38 号令），国家统一规定了个人账户养老金的计发月数。其计算方法是：个人账户养老金＝全部个人账户储存额 / 计发月数。在这公式中，全部个人账户储存额＝上年底止个人账户累计储存额（1＋本年储存额计账率）＋当年存入个人账户金额＋当年存入个人账户金额的利息。其中，当年存入个人账户金额的利息＝当年存入个人账户金额月积数—当年存入个人账户金额计账利率 1/12；当年存入个人账户金额月积数＝$\sum$〔n 月份存入金额（12—n＋1）〕(n 为本年度存入个人账户金额的月份，且 $1 \leqslant n \leqslant 12$)。因此，个人账户养老金最大的特点是，退休年龄越大，所得养老金越多。

第三，过渡性养老金的计算方法。

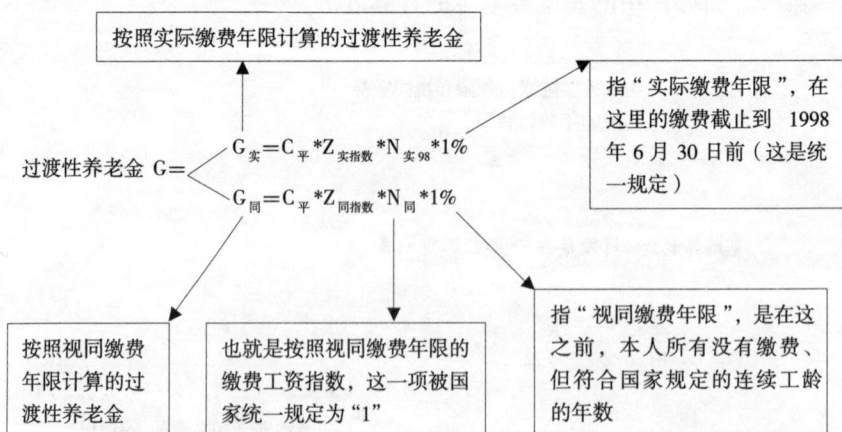

以北京为例。据专家介绍，北京统一从 1992 年开始实行养老保险个

人缴费，针对《北京市企业城镇劳动者养老保险规定》（北京市人民政府令 1998 年 2 号）实施前参加工作，到 2006 年 1 月 1 日之后退休的被保险人，也就是"中人"的基本养老保险金中，增加了"过渡性养老金"G。

示例分析：假定一位 2006 年 12 月退休的齐海军大爷，他当时 60 周岁，1977 年 1 月参加工作。那么，他的缴费年限总共是 30 年。其中实际缴费年限 $N_{实}$ 是从统一规定的"界限"1992 年 10 月起，至 2006 年 12 月止，共 14 年零 3 个月，即 14.25 年；而视同缴费年限 $N_{同}$ 是从 1977 年工作起至 1992 年 10 月的工龄，总共 15 年零 9 个月，即 15.75 年。

而用来算"过渡性养老金"的 $N_{实98}$，是齐大爷截止到 1998 年 6 月 30 日前的实际缴费年限，共 5.75。经过计算后，齐大爷的 $Z_{实指数}$ 是 0.9146（该指数统一保留到小数点后四位）。

齐大爷的缴费基数 $C_{平}$ 是 2005 年北京职工月平均工资，即 32808/12 ＝2734。截止到 1998 年 6 月 30 日前的全部缴费年限（含实际缴费）21.5 年。则

基础性养老金＝（$C_{平}$＋$C_{平}$*$Z_{实指数}$）/2*$N_{实+同}$*1%

＝（2734＋2734*0.9146/2*30*1%

＝785.17（元）

个人账户养老金＝全部个人账户储存额/60 岁计发月数

＝12926/139

＝92.99（元）

养老金合计＝基础性养老金＋个人账户养老金＋过渡性养老金

＝785.17＋92.99＋574.39

＝1452.55（元）

二、养老权益的基本特征

这种通过国家或社会制度安排而建立的养老权益关系具有显著特征，主要表现为以下几个方面。

其一，普遍性。在失业、医疗、工伤和生育保险中，只有参保者发生失业、患病、工伤和生育时才能享受相应的保险待遇。从风险发生的角度来看，这些保险项目具有普遍性需求，但从保险待遇实现的角度来看，并非是普遍性需求。只有养老保险既具有老年风险的普遍性，又具有享受待遇的普遍需求。因为人人都会进入老年，都需要养老，都有获得养老待遇的需求。因此，人们只要参加了养老保险，在达到法定退休年龄时，都应享受相应的养老权益。

其二，长期性。养老权益通常是劳动者在年轻时参保而在达到法定退休年龄时开始享受，直至死亡时终止。所以因养老保险而享受的养老权益具有长期性特征，除了为养老权益而缴费时间长达数十年之外，劳动者在退休后享受养老权益将长达十多年，甚至数十年。一般而言，劳动者二十多岁参加工作，参保缴费达三四十年，60岁左右退休开始享受养老权益。随着人均寿命的延长，劳动者退休后所享受的养老权益将更长，男性享受养老权益的时间平均十几年，女性达二十多年，最长者可能达四十多年。

其三，适度性。由于养老保险是保障劳动者退休后基本生活，所以其养老权益既不能过低也不能过高。过低不能保障老年基本生活，过高则会加大社会保障基金的支付压力。一般来说，养老权益待遇的整体水平要高于贫困救济线和失业保险金水平，低于社会平均工资和个人在职时的收入水平。

其四，多层次性。从世界各国的养老保险制度来看，大多数国家或地区采取多层次体系，包括基本养老保险——保障老年基本生活；补充养老保险（企业年金）——提高老年生活水平；自愿参加的储蓄性养老保险——满足个人需求的个性保险，从而使劳动者退休时所能享受的养老权益也呈现多层次性，这是国际养老保险制度改革的一种趋势。

三、影响养老权益的因素分析

通过对养老金计算公式的分析，影响养老权益的因素主要有以下几个方面。

第一，国家经济发展水平。社会养老保险是属于国民收入再分配领域，因而分配比例不变的情况下国民收入的多少直接影响着劳动者的养老保险权益。而一国国民收入的多少很大程度上取决于该国经济发展水平。一般而言，一国经济发展水平越高，其所可用于养老保险的基金就越多，反之就越少。

第二，养老保险制度。社会养老保险其实质是政府为全体国民因年老而确保其基本生活的制度安排，因而，国家采用什么样的制度必然影响劳动者所能获得的养老金数量。从养老保险筹集模式来看，如果国家实行现收现付制，则劳动者的养老金就取决于当代在岗劳动者所创造的价值，如果实行完全积累制，则劳动者的养老金就取决于自身在工作期间所积累的养老金数量及其增值额。

第三，地方利益。在没有实现全国统筹的情况下，养老权利与当地经济利益紧密相关，因为养老金是按照上年度在岗职工月平均工资为基数计算的。因此，当地居民的工资水平及当地的财政状况影响着当地职工的养老金。一般而言，经济发展水平高的地区的居民的工资水平相应高，财政负担能力也相对强，因而当地职工养老权益越能得到保障，其养老金也相对高些。

第四，个人缴费及年限。养老保险作为社会保险的一部分，根据权利与义务相对应的原则，个人承担缴费义务是其享受养老金权益的条件，而且遵循多缴多得、少缴少得的原则。一般地说，如果个人缴费及其年限达到规定按月领取养老金的最低年限，就不能按规定的替代率按月领取养老金。如果达到规定年限后，缴费及年限越长，领取养老金的比例就越高。在正常情况下，职工的工作年限和缴费年限应当是一致的。但在转制国家或养老保险制度改革的社会中，有可能出现个人工作年限与缴费年限不一致的情况；也有因个人失业、缴费中断或企业参加养老保险时间早晚不同，而出现工作年限与缴费年限不一致的情况。

第五，养老金替代率。养老金替代率是指退休人员基本养老金平均水平与在职职工工资平均水平的比率，它直接反映着退休人员老年收入水平。一般来说，社会工资总体水平低、社会福利项目少，养老金替代率相对较高，反之就相对较低；社会发展快，退休金调整机制健全，替代率就相对稳定，反之，替代率就会不断下降。

第六，退休年龄。法定退休年龄是退休人员按照养老金替代率领取养老金的基本条件。当劳动者工作年限和缴费年限达到最低规定年限而提前退休的，则其养老金的替代率就相对较低；超过退休年龄继续工作和缴费的，养老金替代率就会相对较高。退休年龄直接影响着一个国家或地区的养老金的收支平衡，退休年龄越大，一个国家或地区的养老金收入就越多，而支出也就相对减少，反之则收入减少、支出增加。随着人口老龄化加剧，世界各国普遍采取延长退休年龄，以减少国家和社会的负担。

第三节　养老保险关系转移接续的障碍分析

一、养老保险关系转移接续的实质

基于劳动关系而建立的养老保险关系，当劳动者因变换工作而使其劳动关系发生变化，则其养老保险关系也应随之转移接续。从表面上看，养老保险关系转移接续好像就是办办转移手续而已。其实不然，养老保险关系转移接续表面上是资金和信息的转移，而其真正内容则是劳动者养老权益保障。也就是说，养老保险关系转移接续的实质就是劳动者原有的养老权利得到保护及其养老利益得以平衡，不因工作变动而损害其退休时所能享受的养老权益。

二、养老保险关系转移接续的必然性

劳动力资源的合理流动是市场经济的内在要求，也是保持经济持续

增长的客观需要。伴随我国经济体制改革不断深化，市场化水平越来越高，劳动力资源跨地区、跨行业的流动的趋势势不可挡，而且其规模必将越来越大。社会养老保险制度作为化解劳动力年老时生活风险的一项制度安排，应该适应劳动力流动的需要，确保其养老保险关系实现跨地区、跨行业的顺利转移接续。这不仅有利于保障劳动者的养老权益，而且有利于劳动力正常流动，确保劳动力资源优化配置，具有很强现实必然性。具体而言，主要体现在以下三个方面。

其一，市场经济开放性的必然结果。市场经济是一种开放性经济，要求构建一个各种生产要素能自由流动、优化配置的统一、开放的市场体系，尤其需要建立统一开放的劳动力市场。这就要求打破地区之间的分割和部门所有制的封锁，打破城乡隔绝的户籍管理制度，废除干部终身制，做到劳动力在全国范围内实现无障碍流动，使劳动资源能随市场经济的发展实现顺畅有序地优化配置。因此，作为化解劳动力年老时生活风险的养老保险制度，也应该适应市场经济开放性的需要，确保劳动者养老权益不因工作变换而受到损害，从而促进劳动力资源的合理流动。

其二，市场经济风险性的必然要求。在市场经济条件下，劳动者和企业在利益最大化的驱动下，努力生产和经营。企业为自己的产品占领市场、扩大市场展开激烈的竞争，劳动者为职业和岗位进行竞争，竞争的结果必然是优胜劣汰。企业有亏损、破产的风险，劳动者有下岗、失业和贫困的风险。这就意味着劳动力会因市场竞争而在不同部门、不同地区之间流动，也意味着每一劳动者年老生活都面临着各种市场风险，这就要求在社会主义市场经济条件下劳动者的养老保险关系必须保持流动性与连续性，以增强抵御社会风险和老年风险的能力。

其三，劳动者防范老年风险的必然要求。在现代社会里，传统家庭养老功能逐渐弱化，大多数劳动者退休后的基本生活主要是依靠国家依法建立的社会养老保险制度来保障。而养老保险关系转移接续受阻，必然会出现两种结果，一是劳动者所享有的养老权益受损，使其应有养老利益不能得到充分享受；二是劳动者终止养老保险关系，使其应有的养老权利不能得到充分保障。无论何种结果都意味着劳动者防范老年生活风险的能力受到影响，老年生活质量受到挑战。因此，从劳动者防范老年风险的角度来看，必然需要一种机制确保劳动者的养老保险关系不因工作变换而受到影响。

三、养老保险关系转移接续难的症结

根据社会保险的基本原理，养老保险的权益是参保者及其单位依法履行缴纳养老保险费义务后形成的。而这种权益的实现，则要等到退休时根据退休地的工资水平测算所领取的养老金才得以实现。正是由于养老保险权益的形成与实现在时间与空间上存在错位，这可能引发养老保险关系难以转移接续问题。转移接续困难之处就是对需要转移的内容作出正确抉择，困难的原因在于劳动者因流动而面临着养老权利的丧失与利益的失衡。

下面以城镇企业职工养老保险制度为例进行分析。对于"新人"而言，其养老金由个人账户基金与基础养老金两部分组成，其中个人基金由其工作期间所缴费用（年均工资的8%）形成。其所有权完全由参保个人所有，可随着自身流动而自由转移。因此，其转移与实现并不存在问题。而对其基础养老金是由其所在单位所缴纳的社会统筹基金中支付实行现收现付制，没有严格的一一对应关系，因而这部分基金要到退休时根据退休地的工资水平来实现。对于"中人"而言，除了个人账户基金和基础养老金外，还存在其1997年6月前工作的视同缴费年限相应的过渡性养老金。这部分养老金与基础养老金一样都到退休时根据退休地的工资水平来实现。对于"老人"而言，其养老金权益完全由历史贡献形成，并由退休地的统筹基金来支付。因此，这部分人群的流动不存在养老保险关系的转移接续问题。

综合上述分析，养老保险关系转移接续难的症结，主要是由于"新人"的基础养老金与"中人"的基础养老金和过渡性基金因流动而无法到退休时兑现以及兑现量的大小失当造成的。因而出现转移接续难的障碍就在于以下两个方面：一方面，对参保者来说，养老金权益的形成及其实现的错位，就可能使其在跨统筹区流动时造成养老金权益损失，或者出现投机养老行为。另一方面，对于地方财政来说，在"分灶吃饭"的财政体制下，当养老保险关系在统筹区间发生转移时，各地的利益关系也就发生了变化，各地政府对参保者的养老保险责任也随之发生变化，接收转入参保者越多，其财政承担的责任越大，而转出地转出的参保者越多，则截留的统筹基金就越多。因而，各地纷纷采取措施来维护本地的利益，进而阻碍养老保险关系转移接续。

四、养老保险关系转移接续的障碍分析

（一）我国"碎片化"的养老保险制度阻碍了养老保险关系顺利转移接续

我国养老保险制度从建立以来就是针对不同群体而设立不同的养老保险模式，至今仍呈现出"碎片化"的格局，这种"碎片化"首先表现为养老保险制度层面上的复杂性。纵观我国现行的养老保险制度，不难看出其几乎涵盖了当今世界所有的养老保险模式。从资金的筹集角度来看，既有现收现付制的机关事业单位养老保险制度、完全积累制农村养老保险制度，又有部分积累制的城镇企业职工养老保险制度；从资金的支付角度来看，既有普惠支付的社会统筹账户模式，又有收入关联支付的个人账户模式，等等。如此复杂的养老保险制度现状大大增加了养老保险关系转移接续的难度。具体表现为以下几方面。

1. 多种筹资模式并存的养老保险制度阻碍着养老保险关系顺利转移接续

养老保险的筹资模式，也叫社会保障资金的财务模式，它是依据一定的收支平衡规则，以确定一定的收费率，形成一定的资金收入，用以满足社会养老保险事业的稳定发展需要的一项财务制度。拥有强有力的资金的支持是确保养老保险制度改革与发展的关键。目前世界各国采取各种方

式筹集资金，现行的筹资模式主要有现收现付制、完全积累制和部分积累制三种，而选择不同的筹资模式将对参保者的养老权益产生不同的影响。

（1）现收现付制模式

它是以近期内横向收支平衡为规则，对一年内养老保险需支出的费用进行测算，然后按照一定的比例分摊到参加养老保险的所有单位和个人，实行当年提取当年支付。其实质是代际之间经济利益的转移，即由在职职工一代承担已退休职工一代的养老权益，在职职工本人的养老权益则由下一代负担，从而实现养老权益的保护。在职职工的缴费只是体现其未来拥有享受养老金权益，但这种权益在确定其基本养老金数额时并不是一一对应的关系，与其在岗时对当地统筹账户的贡献大小没有直接关系。

因此，在这种模式下，劳动者养老权益主要受参保人数与退休人数的比例、收费率与替代率的比例等因素影响。在这种模式所覆盖的范围内，当参保者的收费率与替代率确定时，退休人员的养老权益主要取决于当年参保人数，而参保人数是相对于一定的筹资范围而言的，当一定筹资范围内的参保人数越多，则退休人员的养老权益就越好得到保障；反之，则受到影响。当参保人数与退休人数一定时，退休人员的养老权益主要取决于参保的收费率和退休人员的养老金替代率，收费率越高，替代率越低，退休人员的养老权益就越好得到保障；反之，则受到影响。

在同一统筹范围内，全体参保者所缴费（税）而形成这一统筹区的养老保险统筹基金，参保者退休时从这一统筹基金中获得养老金，具有很好的社会共济性，因而，同一统筹范围内的参保者自由流动并不会影响养老权益的获得，养老保险关系转移接续不存在障碍。但是一旦出现跨统筹范围的劳动力流动，就必然会影响这一范围统筹基金的得失，以及影响参保者所享受统筹基金权益计算并实现充分转移，养老保险关系转移接续就面临着很大障碍。

（2）完全积累制模式

它是指以远期收支平衡为原则，在预测未来社会保障支出需求的基础上，确定一个可以保证在相当长的时期内收支平衡的总平均收费率，并将其分摊到保障对象的整个投保期。其实质是一种代内经济收入的转移，与其在岗时的缴费密切相关，其在退休时所获得的养老金权益很大程度上取决于其在岗时的缴费。收费率越高，则其养老金就越多，反之，则越少。同时，积累基金的保值增值率也是影响养老金权益的一个重要因素。由于这种模式下的养老金由缴费基金和投资的增值额构成，在缴费基数一定的情况下，养老金的数额主要取决于基金的保值增值额。因此，这种模式不仅要求善于管理养老保险基金，而且要善于投资，以争取有较好的回报。一般而言，国家或社会为这种模式下的每个参保者建立个人账户，其缴费资金及其投资收益全部记入这一账户，其退休后的养老金取决于个人账户基金总额，具有完全的便携性。因此，这种模式下的养老保险关系转移接续并不存在障碍。

（3）部分积累制模式

它是指一种把近期横向收支平衡原则与远期纵向收支平衡原则结合起来的筹资模式。在满足一定支出需要的前提下，留出一定的储备适应未来的支出需求。这种筹资方式兼有现收现付制统筹基金范围内养老保险关系自由转移和完全积累制个人账户完全便携性的优势，又有现收现付制下跨统筹范围养老保险关系转移接续困难的劣势。

从我国的现实情况来看，我国机关事业单位主要实行现收现付制养老保险制度，缺乏完全积累制的个人账户模式，因而，机关事业单位工作人员在机关事业单位之间流动，并不影响其养老权益，养老保险关系可以顺利实现转移接续。但如果机关事业单位工作人员流动到实行部分积累制养老保险制度的企业，那么，就会面临着不同筹集模式的衔接问题，养老保险关系转移接续就会遇到障碍。当前，我国城镇企业实行部分积累制的养老保险制度，既有现收现付制，又有完全积累制。参加这种部分积累模式养老保险制度的劳动者，不仅面临同一养老保险制度中不同统筹区养老保险关系转移接续难的问题，而且还会遇到不同养老保险制度之间转移接续难的问题，因此，在这种筹资模式中养老保险关系转移接续更为复杂。

2.多种养老保险基金的管理模式并存阻碍着养老保险关系的顺利转移接续

养老保险基金的管理涉及政府管理、政府监管以及基金投资运营管理等方面，基于研究的需要，这里所涉及的管理模式主要从基金的投资运营角度来考察。在养老保险制度的建设与完善中，无论是采取现收现付制模式，还是完全积累制模式，都存在部分养老保险基金，尤其在完全积累制模式下存在着大量的积累基金。而这些基金要在相当长时间后才支付，为了避免基金贬值，确保劳动者的养老权益，必须对积累基金进行有效的投资运营，实现保值增值。目前，国内外现行的养老保险基金投资管理模式主要有以下两种。

(1) 公共管理模式

该模式是指由政府通过立法的形式对因年老退出劳动领域而失去收入来源的人给予经济补偿，并且由政府直接参与管理的一种社会保险制度。从国际上看，这种管理模式又可细分为完全的政府集中管理模式与松散管理模式。其中，完全的政府集中管理模式是指中央政府通过强制手段，将参保人的部分收入以费或税的方式集中到一家公共管理的中央基金，政府社保部门直接负责这部分资金的投资运营，从而实现社保基金的保值增值。这种模式的一个重要特点是国家建立一个专门的机构来代表国家管理养老保险，其他任何机构都不能参与。采取这种模式最典型国家是新加坡，按照新加坡相关规定，养老保险基金的投资运作应全部交给中央公积金局来管理。

而松散管理模式是指养老保险基金由政府和社会团体管理的模式，其重要特点就是由国家的专门机构负责养老保障的一般监督，由政府、雇主和雇员三方或雇主和雇员两方组成一个委员会对养老保险基金实施具体监督，由公共的、少数私营的、公共私营合作的机构实施养老保险基金投资的操作和服务，实行管理和监督分离，基金的收与支分离。采取这种模式最为典型的代表是德国、法国、西班牙等一些欧盟国家。

（2）私营管理模式

该模式是指将所有缴费交给政府认可的私营机构投资运营，政府只负责政策法规的制定以及养老保险基金动作的监管。这种模式一般用于职业年金或部分公共养老保险基金的管理。目前世界上将该模式分完全私有化模式和部分私有化模式两种。采取完全私有化模式的典型代表国家就是智利，强制建立养老保险个人账户，交由政府认可的私营机构运营管理。而部分私有化模式的代表国家之一就是哈萨克斯坦。

从各国养老保险基金管理模式的运行情况看，这两种模式各有优劣。直接管理模式侧重于政府机制作用为主导，具有较高的安全性，但其运行效率较低。而间接管理模式则侧重于市场机制作用为主导，有较高的运作效率，从而使劳动者养老权益得到较好的保障。但无论采取哪一种模式，都要发挥政府在保证基金安全及投资收益率方面监督作用，又要充分发挥市场在基金投资运营中的主导作用。

从我国养老保险基金的运作情况来看，既有直接管理模式又有间接管理模式。当劳动者的养老保险关系从直接管理模式向间接管理模式转移时，由于后者的养老保险基金有较好的回报率，劳动者的养老权益可以得到较好地保障，转移接续较为容易实现。但是，当劳动者的养老保险关系从间接管理向直接管理模式转移时，由于后者的投资回报率较低，劳动者的养老权益可能受到损害，因此转移接续就较为困难。

3. 多种养老金的支付模式并存阻碍着养老保险关系顺利转移接续

目前，各国由于建立养老保险制度的理念及具体国情不同，养老金的支付方式也各不相同，主流的公共养老金支付模式主要有以下三种。

（1）普惠支付模式

它是指无论劳动者个人的缴费情况如何，政府都会按统一的数额发放养老金，其支付标准以满足老年人的基本生活需要为主要依据。这支付标准主要取决于该国家经济发展水平，充分体现了所有国民共享经济发展成果。一般而言，一国经济发展水平越高，则其养老金水平也就越高。以英国为例，1945年，英国开始采取普惠制养老金支付模式，直到现在，普惠制的基本养老保险依然是英国国民养老的主体。1997年，英国受保人定额养老金支付标准为每周61.15英镑，个人缴费设低限规定，每周收入低于一定数量的员工可以不缴费而同样享受待遇，对于高收入者，计算收入关联的待遇则不得超过一定的限额。[①]

在这种模式下，由于各地的养老金支付标准均相等，使得劳动者的养老权益不因工作的变换而受到损失，养老保险关系转移接续仅是履行手续而已。

（2）收入关联支付模式

在这种模式下，国家或社会为每个劳动者建立个人账户，劳动者的养老金权益取决于职工在岗时工资及其缴费情况。这种支付模式在制度设计上呈现出四方面的特点：首先，基本养老金的给付数额以过去工资收入为基础，依据不同的收入水平，采取不同的计发比例；其次，在收入调查后，对收入超过一定额度的受保人扣减养老金；第三，保险给付金随物价和工资指数的变动自动调整；最后，对超过一定额度的保险收入征税。美国、德国等传统型社会保险模式的国家采取的就是这种支付方式。

由于它采用了缴费（税）与养老金待遇一一对应关系的个人账户形式，权责明确，当养老保险关系转移时，则个人账户也随之转移，具有很好的便携性，劳动者的养老保险关系可以自由转移且养老权益不受损失。

（3）救济支付模式

这种模式特点是，受保人无需缴费，只需要经家庭收入及财产调查，受保人的经济状况确实较差时就能享受政府的养老金，这部分养老金支付主要由政府财政承担。目前澳大利亚和加拿大的养老计划中有采用此种模式。

在这种模式下，劳动者的养老权益不受统筹区及个人缴费等因素的影响，仅与受保者年老后的经济收入相关，只要劳动者退休后的基本生活水平低于国家规定的标准，就能享受相应的养老金，因此劳动者的养老保

---

① 参见刘俊霞：《收入分配与我国养老保险制度改革》，北京：中国财政经济出版社2004年版，第182页。

险关系的转移接续不存在任何阻碍。

从我国养老保险制度的养老金支付情况来看，主要运用普惠支付模式和收入关联模式。其中，机关事业单位与城镇企业职工养老保险制度的统筹基金部分采用普惠支付模式，城镇企业职工养老保险制度的个人账户运用收入关联模式。在同一统筹区范围内，这种支付模式可以良好运行。但当劳动者跨统筹区流动时，这种支付模式就会影响劳动者的养老权益。因为，普惠支付模式是按照统筹区的工资水平来确定支付标准的，当一个劳动者由经济水平较高的统筹区转移到经济发展水平较低的统筹区时，其养老金必然会减少（这里暂不考虑物价水平的因素），劳动者的养老权益也就受到影响；相反，劳动者所获得的养老金就多。

（二）地区经济发展水平差异阻碍了养老保险关系顺利转移接续

养老保险关系转移接续难的核心问题就是地方责任与利益不平衡问题。在现收现付制下，参保人缴纳的进入统筹账户的养老金被用于当年当地（指统一统筹地区）退休人员的养老金支付，而对于缴费人而言，他们的基础养老金权益将由未来退休地的年轻人的统筹账户支付，是以当地上一年在岗职工月平均工资为基数确定的，与之前职工对当地统筹账户的贡献大小无关。这就意味着，在每一层次的"统筹范围"内，政府运用本地的统筹基金负责该地养老金的支付，而不足部分则由当地政府财政承担。

同时，各养老统筹区的养老保险基金实行独立核算，基金的收支平衡以及确保养老金按时足额发放的任务主要由当地政府负担。按我国目前相关规定，在同一统筹区内，当地政府承担本地基础养老金和过渡性养老金的支付，并承担按照计发办法所计算养老金低于最低养老金的那部分差额的补差任务。如果统筹基金入不敷出，则由统筹地区同级政府财政兜底。也就是说，统筹地区同级政府对基本养老保险基金负最后的责任。因此，不同地区经济发展水平及其经济利益直接关系到退休人员的养老金权益。一般来说，经济发展水平高、职工收入高、地方利益雄厚，那么退休人员的养老金也就高；否则，养老金就低。这样，当养老保险关系在统筹地区之间发生转移的时候，各地区的利益关系就发生了变化，各地政府对养老保险基金的责任也随之发生变化。

1.《转移接续暂行办法》颁布实施以前的情况分析

在《转移接续暂行办法》颁布实施之前，对于劳动力迁出地而言，一旦劳动者转移了养老保险关系或者退保，他们的统筹基金就留在了当地，这在一定程度上缓解了该地未来养老的负担。但对于劳动力迁入地而言，政府则不愿轻易接纳一个未曾对当地统筹基金做过太多贡献却要当地来承担养老责任的劳动者，因为转入一个劳动者就意味着当地政府财政必须为之承担今后的养老责任。例如：某君，男，45 岁，其基本养老保险关系将由甲地转移至乙地。按现行政策，如果此君在乙地退休，则乙地将要承担起基础养老金（现值之和为 A）、过渡性养老及（现值之和为 B）、可能的养老保险金标准提高（现值为 C），以及可能的与最低养老金差额补差（现值之和为 D）。

设 H 为此君对乙地可能有净贡献在退休时的终值，E 为随机变量求数等期望。则如果 $EH \geq E(A+B+C+D)$，则乙地愿意接纳此君，否则，将设限转入。

由于从这几年的实践看，H 是一个很不确定的值，而 A 是对工资水平提高不断增长的一个值（其在甲地或更浅的参保帝所缴纳的统筹基金并没有因流动而转移到乙地）；B 是对初始参保地（甲地或更前的参保地）的贡献，并没有相应地转到退休地；C 是一个具有一定概率的可能支付的数值，尤其是大量的农民工缴费时间短、缴费水平低，按照制度计算的养老保险金一般较低。综合考虑以上各因素，乙地很不愿意其他统筹区的参保者养老保险关系转入，除非是足够年轻，或者是本地需要引进的稀缺人才。

而对甲地来说，如果参保人转到乙地，则甲地的负担明显减轻，而且还保留住了参保人员在转入乙地前至其在甲地开始参保缴费的基金，从而减轻了当地财政负担，所以甲地总是乐于办理转出手续。

正因如此，国家同样的政策，在经济发展水平不同的统筹地区却出现截然不同的做法就不足为奇了。根据政策，只要是经本人城镇户口所在地转移养老保险关系，全国各地都能办理。但这一政策在实际执行当中却出现了两种截然不同的情况。

在北京、上海等大城市和沿海发达省市经常以是否拥有本地户籍为转移的唯一条件，如果没有当地户口，即使在当地已经建立劳动关系，并参保缴费了，也绝对不能转入当地。就是本省内各统筹区之间的转移接续也是以此限制的。而在四川、安徽等中西部地区和欠发达省份，尽管没有当地户口，但只要在当地工作并参保缴费了，均可以将外地养老保险关系转移过来。

出现这两种情况的根本原因就在于各地方的利益保护。因为根据当时的政策，劳动者养老保险关系转移时，只能转移个人账户基金，而社会统筹基金只能留在各统筹区内，可是当这一劳动者在转入地退休时，所领取的基础养老金部分是按照当地上年度在岗职工平均工资的20%支取。这部分基金主要来自当地劳动者所缴纳的统筹基金，不足部分由当地政府财政负担。因此，转入的劳动者越多，其财政负担的规模将可能越大。正如一位研究户籍问题的专家指出的：实际上，这与户籍制度没有必然的关系，不论教育、住房还是社保，出现的一些问题，首先应该是他们自身制度的不完善造成的，而不是户籍制度。户籍制度在这里只不过是和其他某些情况一样，被用来做了挡风墙，成了一些不公正的社会制度的替罪羊。养老保险转移难，最关键的是地方利益保护的问题。

2.《转移接续暂行办法》颁布实施以后的情况分析

按照原有政策规定，参保人员跨地区转移接续养老保险关系，只转移个人账户储存额，不转移单位缴纳的部分。2010年颁布实施的《转移接续暂行办法》对此作了相应调整，规定参保人员除了转移个人账户存储额外，还要按各年度实际缴费工资为基数的12%的总和转移养老保险资金（相当于单位全部缴费的60%），8%留在转出地。社会各界对这一标准反应褒贬不一，有关学者就转出地和转入地的权益作了一定分析，认为这一比例既考虑了转出地的当期支付负担，也兼顾了转入地上期支付压力。显然，这种部分转移的制度设计，有利于缓解转出地与转入地转移成本对统筹基金的压力，充分调动两地执行力的积极性。

但是，笔者认为，公平的天平是倾向转出地一方的，而转入地虽有接收到 12% 的统筹资金，但其始终是有缺口的资金，其长期支付的压力也会随着转入人口的增加而不断增大。对于转入地而言，虽然参保人员的单位缴费的大部分随之转入，但是，假如它成为转入者的退休地，那么，不但 8% 的转型成本得不到解决，统筹基金又额外少了 8%，因此，转入地的统筹基金将面临着难以支付的缺口，尤其是转入地往往是劳动力人口转出地，而且大多数为欠发达地区。因此，从长远来看，势必给其未来养老金的支付带来巨大压力。随着转入的人数不断增加，在转入地退休领取养老金待遇的人也会相应增多，只转移 12% 的统筹基金也许远远不够未来的支付。资金缺口的扩大，转入地一样担负着沉重的财政压力。同时，随着劳动者平均寿命的延长，领取养老金平均时间也相应延长，这必然使转入地的财政压力进一步增大。

对于转出地而言，同样也存在着财政压力。8% 的留存恰好等于个人账户的规模，也等于隐性转型成本，这事实上就是对转出地转移成本的一种变相补偿。但是，转移走 8% 的个人缴费部分和 12% 的用人单位缴费部分，必将影响着该地当期的基本养老金支付能力。尤其是现在城镇职工养老基金在多数地区都处于"空账"① 运行，但转移关系时却要求基金实

---

① 所谓"空账"是指在我国社会保障体制改革进程中，在 1997 年城镇企业职业养老保险制度改革前已退休的职工（老人）和在实施个人账户制度以前较早参加工作的在职职工、即将退休的职工（中人），个人账户没有积累养老基金或积累的养老基金很少，而改革后国家和企业未能对已经退休和即将退休职工的个人账户作出补偿，因此无力支付老职工的养老金，这样为了应付老职工的养老保险费，便挪用现职职工个人账户基金，从而使现职职工的个人账户只有记账额，没有资金额或没有完全的资金额。个人账户记账额是职工退休后领取个人账户养老金的依据，而个人账户养老金发放的资金来源主要依靠未来在职职工的"现收"缴费来负担。而所谓"实账"指个人账户不仅有记账额，而且有十足的基金积累（比如体现在记账额相等数额的存款或国债上）。职工退休后个人账户养老金从个人账户基金发放，不形成对未来在职职工的负担。

账转移，如果一个时间段内，一个地区转出人数过多，转入人数较少，就会对该地区当期养老金的支付造成压力。

因此，在现行的"分灶吃饭"的财政体制下，劳动者在跨统筹区域转移基本养老保险关系已经不再是一次简单的政策性转移，原先不同统筹区域间既得利益格局会因为这一转移带来的养老责任的转嫁而被打破。在《转移接续暂行办法》实施之后，虽然能在一定程度上平衡不同地区养老金支付压力，但是，从长期财政支付压力来看，各地依然会因为劳动者养老保险关系的转移接续而出现养老金支付压力不平衡。如果没有有效的调整机制，养老保险关系的转移就会因为统筹基金责任的变化而演变成各级政府、财政之间计较既得利益得失的较量。因此，各地政府出于当地经济利益的考虑，往往采取理性的做法，如出台一系列基本养老保险关系转移方面的限制性政策，尽可能地阻碍劳动者养老保险关系的转入。

当然，这地方利益保护的背后是中国经济社会发展不平衡的客观因素和财政体制以及社会保险制度本身。但是，导致养老保险关系转移难的原因，与其说是地方利益保护引起的，还不如说是我国当前养老保险制度统筹层次偏低造成的。因为正是由于统筹层次低，从而使养老保险统筹基金分割在诸多统筹区范围内封闭运行，各统筹区基金都独立核算，统筹区的基金多少直接关系其财政所要承担的份额，这样，各统筹区政府出于当地利益考虑，必然会采取各种措施阻碍会影响其利益的劳动者养老保险关系的转入，而欢迎能给予带来经济利益的劳动者养老保险关系的转出。所以，导致劳动者养老保险关系转移接续难的根本原因还是在于现行养老保险制度的统筹层次较低的缺陷。

（三）养老保险统筹层次偏低阻碍了养老保险关系顺利转移接续

当前，我国养老保险制度的"碎片化"除了表现为纵向的制度分割之外，还突出表现为横向的地区分割，即各地养老保险制度封闭运行、各自为阵，形成全国众多养老保险统筹区。这方面的"碎片化"，也成为我国劳动者养老保险关系转移接续的一大障碍。

一般而言，养老保险的统筹层次与抗风险能力紧密相关，统筹层次越高，抗风险能力越强。同时，养老保险统筹层次还与劳动力流动性高度相关，统筹层次越高，流动性也就越强。因此，统筹层次越高，不仅可以增强养老保险基金调剂能力，减少结构性资金缺口，适应劳动力市场的流动性，而且可以确保养老保险基金可持续发展。显然，如果养老保险基金实现了全国统筹，那么养老保险关系转移接续问题也就迎刃而解了。

我国政府早已认识到，统筹层次决定社会保障制度的质量。在 20 世纪 90 年代，我国政府就多次颁布规范性文件强调提高统筹层次的重要性。在 1991 年发布的《国务院关于企业职工养老保险制度改革的决定》（国发〔33〕号）指出，"尚未实行基本养老保险基金省级统筹的地区，要积极创造条件，由目前的市、县统筹逐步过渡到省级统筹"；在 1997 年颁布的《国务院关于建立统一的企业职工基本养老保险制度的决定》（国发〔11〕号）中进一步指出，"为有利于提高基本养老保险基金的统筹层次和加强宏观调控，要逐步由县级统筹向省或省授权的地区统筹过渡"；在 2005 年颁布的《国务院关于完善企业职工基本养老保险制度的决定》（国发〔38〕号）中指出，"在卫生市级统筹的基础上，尽快提高统筹层次，实现省级统筹，为构建全国统一的劳动力市场和促进人员合理流动创造条件"。但是，二十多年过去了，目前城镇基本养老保险统筹层次与 1991 年颁布的〔33〕号文时的统筹层次基本一样，还是以市、县统筹为主。①

在目前统筹层次情况下，在同一个统筹范围内，参保者共同缴纳和使用统筹基金，政府部门对本统筹范围内的养老保险基金承担最后责任。各统筹区域内的养老保险基金采用的是一种相对独立、封闭的运作模式——统筹基金负责该地退休人员公共养老金的支付，不足部分由统筹区

---

① 参见郑秉文主编：《中国养老金发展报告 2012》，北京：经济管理出版社 2012 年版，第110 页。

的地方财政兜底。当养老保险关系在同一统筹范围内转移时，统筹基金以及当地财政不受影响，养老保险关系转移接续比较容易，而养老保险关系在统筹地区之间发生转移的时候，各统筹区的基金就会发生变化，各地政府对养老保险基金的责任也随之发生了变化。

由于养老保险关系的转移接续涉及统筹基金的转移与否以及转移多少的问题，转移接续就变得复杂、困难了。因此，统筹层次的高低直接关系着养老保险关系能在多大范围内自由转移接续。一般来说，统筹层次越高，劳动者的养老保险关系可以自由转移接续的范围就越广；反之，则越窄。目前，我国养老保险制度的统筹层次偏低，这必然成为制约着我国劳动者养老保险关系的顺利转移接续的一个重要障碍。

（四）劳动者逆向选择的道德风险阻碍了养老保险关系顺利转移接续

逆向选择是指合同一方利用其所拥有的信息优势，在订立合同前（时）作出对己方有利而于对方不利的选择。基于对拥有信息的优劣不同，逆向选择在保险市场上主要有两方面表现：一方面，对于被保险一方而言，风险较小的人往往存在着甘冒一定风险而不愿购买保险的倾向，而只有具有高风险的人才迫切需要购买保险。例如，一个身体有病的人很愿意购买健康保险，老年人会切身感受到养老保险的实际意义；相反，一个身体强壮的年轻人很少考虑到更远期的生活。另一方面，对于保险一方而言，保险公司出于追求利润的目的，一般不愿意为濒临死亡的人提供人寿保险，也不愿意为身体健康的人提供年金保险，如果保险公司拥有这方面信息，它将会对这类人收取高额保费。

就养老保险关系转移接续而言，同样存在着这种"逆向选择"问题。根据目前的政策规定，退休人员的养老金的基础部分是按上一年度当地职工平均工资的一定比例发放。退休地的社会平均工资对养老金的多寡具有重要影响。这就意味着，统筹区的工资水平越高，当地退休人员的基础养老金水平就越高。一般而言，一个劳动者在经济发达地区退休时会领取比欠发达地区更高的养老金。如果转移完全遵循市场规则，允许自由转移接续的话，必然会出现众多人将其养老保险关系转移到经济发达地区的现象。这种"趋富"现象必然导致不同地区养老负担不平衡的问题，进而反过来阻碍养老保险关系的顺利转移接续。因此，养老保险关系转移接续机制的设立必须克服这种道德风险。一个好的制度要充分有效地保护个人权利，但也不能过度增进个人利益，否则必然出现道德选择，产生趋富效应，导致制度无法实施。

第四节　养老保险关系顺利转移接续呼唤构建政府与市场机制适度选择的新制度

综合以上障碍分析，导致养老保险关系转移接续难的根源归结为一点，那就是我国现行的养老保险制度本身的缺陷造成的。当前我国"碎片化"的养老保险制度人为地阻碍了不同制度下的劳动者养老保险关系转移接续。地区经济发展水平的差异以及统筹层次偏低从表面上看是地方利益保护阻碍养老保险关系转移接续，但其深层次的原因则是养老保险制度设计上的缺陷。同样，劳动者逆向选择的道德风险似乎是劳动者个人道德败坏造成的，其根源是现行养老保险制度不够完善，存在着一些漏洞而导致的。因此，要实现养老保险关系的顺利转移接续就必须重新审视现行养老保险制度，也必然要求从根本上对我国原有养老保险制度进行改革与调整。

在这一改革和调整过程中，必然要解决养老保险制度建设中一个无法回避的问题：政府与市场的角色的界限。也就是说，政府与市场机制各应承担怎样的角色，发挥怎样的作用，两者的界限如何确定，怎样的限度才是两者最佳的选择，如何实现新制度中养老保险关系"无障碍"转移接续，这一系列问题是养老保险制度改革中值得重新思考的核心问题。

从社会保险产生与发展的角度来看，社会保险的诞生从某种意义上说就是为了弥补市场本身的缺陷而出现的，即为了解决由于完全自由竞争所带来贫富差距、贫困、失业等社会问题而由政府出面实施的。尤其是凯恩斯提出有效需求不足，政府应该适当地干预经济理论，从而使政府在社会保障中的主导作用更加得到强化，政府在社会保障建设与发展中的主体地位得到提升。第二次世界大战后，西方发达国家纷纷实施高福利的福利政策，政府的作用得以充分发挥。然而，随着社会经济的发展变化，这种制度设计日益显现出它的缺陷与不足。特别是在 20 世纪 70 年代，西方经济发展出现严重"滞胀"现象的情况下，普惠式的高福利制度给国家财政带来了沉重的负担，致使人们开始重新审视这种几乎完全由政府承担责任的高福利制度模式，纷纷采取措施，积极引入市场机制，以实现社会保障制度的良性发展。

在这场市场化改革中，智利的做法是最为典型的。20 世纪 80 年代，智利对传统养老保险模式进行改革，变现收现付制为完全积累式的个人账户模式，推行市场化管理，将政府责任缩小到最小限度，而将个人责任扩大到最大限度，把市场的作用发挥到了极点，这种被称作"智利模式"的私有化改革不仅震惊了世界，而且被许多国家不同程度地借鉴，改革取得了很大成就。但这种模式缺乏社会保险应有的互济功能，并未减少新制度运行成本，更易受经济危机冲击等缺陷也越来越被人们所认识。①

因而，从国外社会保险制度发展的历程来看，一个值得人们进一步研究的问题是：在社会保险制度的改革与发展中，政府应承担怎样的责任，市场化的水平应以什么标准为宜。若政府承担过多，犹如发达国家实施的高福利制度一样，必然带来财政支出增大、运行效率过低等负面影响，甚至危及社会经济的持续发展；但若市场机制发挥作用过大，犹如智利的养老保险制度私有化改革，尽管取得了一定成绩，其负面影响也越来越显现出来，所以至今没有任何一个国家完全借用这种模式。因此，如何适度地发挥政府与市场机制在养老保险制度改革与建设中的作用，成了各

---

① 1980 年，智利建立新养老保险制度，实行私营化的养老保险计划。此项改革得到了世界银行的大力资助，但国际劳工组织却认为这种模式背离了社会保险的社会共济的宗旨。

国政府实施养老保险制度中必须抉择的问题。

当前，我国要彻底解决我国养老保险关系转移接续难的问题，就必然要求从根本上对我国原有养老保险制度进行改革与调整，必然要求明确政府与市场机制的定位、权限及两者的界限，以构建一个统一的政府与市场机制适度选择的新制度。

第三章　养老保险关系转移接续
制度的国际借鉴

　　世界各国由于经济发展水平、经济政策、历史条件和社会保障目标等方面的不同，普遍采用了适合本国国情的养老保险制度。从政府与市场机制选择的角度上看，有的侧重于政府机制的作用，有的侧重于市场机制的作用。归纳而言，目前主要有三种典型模式：政府管制的自我保障模式、政府管制的自保公助模式和国家福利型模式。这三种模式中市场机制的作用依次越来越弱，而政府机制的作用依次越来越强，这是研究养老保险制度中政府与市场机制适度选择问题的国际素材。通过考察这些国家在养老保险制度建设中解决养老保险关系转移接续的做法，对探讨我国转移接续问题具有很好的国际借鉴意义。

第一节　自我保障模式中养老保险
关系转移接续问题分析

一、自我保障模式中养老保险关系转移接续的一般性分析

　　政府管制的自我保障模式也称为强制"储蓄型"养老保险模式，它是国家依法要求雇员或雇主和雇员缴纳定额保险费，建立特别基金，专款专用，分别计入每个雇员的个人账户，并由国家设立的基金会或私

人机构专门运作管理。当雇员年老时，政府把其全部储蓄及利息分期返还给受保人或一次性返还给受保人。这笔基金在积累期间除了支付投保者利息和行政费用之外，还要进行有效地投资，以实现基金的保值增值。

实际上，这种模式是一种国家强制劳动者进行养老储蓄的制度，政府机制的作用非常有限，基金主要由雇员或雇主与雇员共同缴纳形成，政府没有给予资金上的支持，仅提供一定的优惠政策，而市场机制的作用却得以充分发挥。在这种养老保险模式中，劳动者的养老权益主要通过所有权完全归劳动者自己的个人账户制度来保障，不会因为劳动者工作地点的变化而丧失，具有很好的便携性。目前，这种模式以新加坡的中央公积金和智利的个人账户制度为代表。

二、新加坡中央公积金制度中政府与市场机制的选择

1955年，新加坡政府为确保劳动者在其退休或不能工作时提供经济收入上的稳定来源而建立了中央公积金制度，其初衷为雇员提供足够的养老储蓄，以便他们退休后有所依靠。它侧重于个人与用人单位等市场主体在养老保险制度中的作用。

(一) 市场化的个人账户制度

个人账户是一种强制性的个人储蓄方式，缴费者在年轻时将自己的一部分收入存入到个人账户，退休后根据精算平衡从个人账户按月支取年金。新加坡一开始就建立国家管理的个人账户制，并把它分为普通账户、特殊账户和保健账户三种。其中，普通账户是用来购买房屋、投资、购买公积金规定的保险和用于教育信贷；特殊账户用于养老和紧急情况的支付；而保健账户用于医院账单和被批准的医疗保险。新加坡政府规定公共和私人部门的雇员都要加入中央公积金。

新加坡的个人账户基金是由雇主与雇员共同缴费筹集的，政府财政没有拨款，仅仅提供担保和政策优惠。而且缴费率经常进行调整，不同

年龄段的职工不仅缴费率不同，而且划入普通账户、特别账户和保健账户的比例也不同。在会员到退休年龄时，个人账户就变成了退休账户和保健账户。基金完全属于雇员个人所有，并且可以继承，具有很好的便携性。①

（二）准政府性质的基金投资管理

新加坡的中央公积金管理是由政府成立的中央公积金局来承担的。它是一个独立的、半官方性质的管理机构，隶属于新加坡的劳工部。主要承担着老年社会保险方针政策的制定、具体实施强制性储蓄的业务和确保老年社会保险基金保值增值等任务。

在投资管理方面，虽然投资的主体主要是政府，但个人在个人账户投资方式上具有一定的选择权。政府规定个人缴费必须存入中央公积金，由中央公积金委员会存入银行或购买国债，但个人为了获得更高的回报率，可以在政府规定的投资工具内，通过银行自行投资。中央公积金局向会员提出了四项投资计划，分别是中央公积金投资计划、新加坡巴士有限公司股票计划、非住宅产业计划与教育计划。个人可以在这些投资计划内自由选择，因此，虽然新加坡的公积金是政府管理，但是个人仍然有许多投资工具可以选择，体现了投资管理中一定的灵活性。

（三）个人账户中政府的有限责任

在新加坡中央公积金制度中，尽管个人账户的基金是由雇员或雇主与雇员共同缴纳的，其所有权完全归雇员个人，但政府承担着制度的制定、组织的建设、公积金的监管，在投资收益担保等方面也承担着有限责任。比如，新加坡政府在个人账户基金投资中承担着最低回报率的担保责任。新加坡对存入公积金的存款率有最低受益的规定。一般来说，中央公积金的利率是按照四大本地银行 12 个月的定期存款利率（80% 的权重）

① 参见陈正光、胡永国：《智利和新加坡养老个人账户的比较分析》，《华中科技大学学报》（社会科学版）2003 年第 6 期。

和活期存款利率（20%的权重）进行加权求和，但必须保证会员获得的利率不低于25%。

此外，新加坡还对政府债券的投资承担最低回报率的担保，保证率不低于25%。同时，新加坡政府还有最低养老金保证，也就是说，如果个人在达到领取养老金年龄时，退休账户仍然没有达到最低存款要求，养老金数量要依退休账户的实际存款额相应地减少，但是不能低于国家规定的最低生存线，也就是不能少于297美元。因此，在新加坡的中央公积金制度中政府起了最后担保责任，而主要的责任是由企业和个人等市场主体来承担。

三、智利养老保险制度中政府与市场机制的选择

（一）市场化的个人账户制度

1981年，智利彻底改变原有的现收现付制的养老保险制度，建立了强制性的个人账户养老金制度。智利政府规定，凡是1981年5月以后参加工作的企、事业单位、政府部门的职工都必须加入个人账户。在此之前工作的职工可以在5年内决定自己是继续留在原有的公共养老金计划内，还是参加新的私营养老保险计划。凡是参加新制度的职工，自己可以选择一家养老基金管理公司（PFA），但每月必须向账户缴纳工资的10%，形成个人账户基金，雇主与国家没有为个人账户出资。而对于自雇者来说，他们可以自愿加入个人账户。

智利个人养老金的领取方式比较灵活，主要有三种方式可供选择：第一种是计划提款，缴费者将个人账户积累的资金继续留在PFA，由PFA制定年金计划。如果账户基金用完了，个人依然健在，由政府支付法定最低养老金。如果个人死亡时，账户还有余额，则余额继承。同时，个人还有权变更领取养老金方式。第二种是终身年金。个人可以将个人账户的资金转入一家人寿保险公司购买终身年金，一直到退休者死亡。第三种是临时提款加终身年金。如果个人账户的基金超过国家担保的最低养老金的

120%，或者超过他们在过去 10 年累计缴费的 70%，就可以领取超出的部分，用于各种用途。其余的部分则留在 PFA 或者购买年金保险。总之，智利个人账户制度实行较高的市场化。[①]

(二) 有限的政府管理机制

在智利养老保险制度建设中，政府的行为主要表现为：政府对养老保险模式进行统一规划，并授权一些私人养老金管理公司对基金进行市场化运作。智利个人账户的运作方式是政府承办，PFA 管理和经营，养老基金管理公司总监署负责监管。私人基金公司负责承担收缴保费、管理个人账户、基金投资营运、发放养老金等一些具体的管理工作。基金管理公司并非国家所有，它是在国家监督控制下，依法自主经营、自负盈亏，在优胜劣汰的基础上生存发展。国家对管理公司不直接干预，但国家负责宏观调控，对各管理公司进行监督协调。监管的职能主要由总监署负责，具体职能为：批准基金管理公司的成立及其章程和存续，监督基金管理公司的运作，确保基金管理公司满足基金资本和储蓄的最低限制，等等。此外，政府还承担最低回报率和最低养老金的担保责任。总体而言，政府在个人账户制度中的作用是非常有限的。

综合上述分析，无论是新加坡的中央公积金制度，还是智利的完全积累式的个人账户制度，都侧重于市场机制作用的发挥，建立完全个人缴费的个人账户制度，并辅之以政府管理。在这种模式下，由于个人账户的所有权归劳动者个人所有，劳动者的养老权益不会因工作地的转移而受到损害，具有很好的便携性，因此劳动者的养老保险关系可以实现"无障碍"转移接续。

---

① 参见陈正光、胡永国：《智利和新加坡养老个人账户的比较分析》，《华中科技大学学报》（社会科学版）2003 年第 6 期。

第二节　自保公助模式中养老保险
关系转移接续问题分析

一、自保公助模式中养老保险关系转移接续的一般性分析

自保公助养老保险模式强调被保险人自保为主，国家适当予以资助，政府通过有关法律强制实施，实现社会共同负担和社会共享。这种模式的主要特点有：① 保障对象覆盖每一个工薪劳动者和未在职的普通公民；② 保障基金由个人、企业或单位、国家三方共同承担；③ 老年人所得到的养老保障水平按其投保情况分为高低三个层次：第一层次是普遍养老金，属于人人有份的养老金，享受的条件是达到国家规定的退休年龄并曾向社会保险机构缴纳过一定的养老保险费。第二个层次是雇员退休金，享受的对象只限于企业雇员，而企业主或政府在职人员不参加此项保险项目。第三个层次是企业补充退休金，这是企业根据自身效益在雇员退休保险的基础上附加的保险项目，一般由企业单独投保。企业在不违背大原则的前提下，可自行规定投保和领取的办法。

在这种养老保险模式中，注重政府与市场机制的共同作用。一方面强调政府在构建基本养老保险层次的责任，实行了针对所有居民的普遍养老金，这使得无论他们的工作地点如何变化，均可以享受一致的养老权益，不存在养老保险关系转移的阻碍问题。另一方面则强调市场机制在第二、三层次的养老金领域的作用，实行完全积累的个人账户基金模式，这使得劳动者的养老权益也不会因为劳动者流动而受到损失，也具有很好的便携性。总之，这种政府与市场机制共同作用的养老保险模式能够实现劳动者养老保险关系的无障碍转移接续。这种养老保险模式的主要代表有德国、瑞士、荷兰等国。

二、德国养老保险制度中政府与市场机制的选择

德国养老保险制度的历史是世界各国中最长的。受历史学派理论的影响，德国养老保险制度侧重于政府干预，建立了以政府主导的公共养老保障体制为基础的养老保障体系。

（一）德国政府主导的法定公共养老保障体制

法定公共养老保障体制是德国养老保障体系中最重要的一个支柱。设立的宗旨就是保障老年人的基本生存需要，使领取养老金者能分享生活水平的普遍提高。依据法律规定，德国所有国民都可参加该国养老保险制度中的公共养老保障支柱，其中雇员都必须参加，自由职业者和家庭妇女可在自愿基础上选择参加。一般人们把前者称为法定的（义务）保险者，而把后者称为自愿保险者。这个支柱所覆盖范围较大，除了由政府预算直接支付养老金的政府机关公务员外，还包括企业雇员、农民和艺术工作者，以及公共部门的雇员。除此之外，这一支柱还包括9.3%的外国工作者，因此，这一支柱的覆盖率是相当高的（见表3－1）。

表3－1　德国不同年度法定公共养老金体制所覆盖的工作者份额[①]

（单位：%）

1960 年	1965 年	1970 年	1980 年	1985 年	1990 年	1994 年
77	80.8	83.4	86.4	88.6	89.4	89

从资金筹集来看，德国法定公共养老保障的缴费实行雇主和雇员平均分摊。而管理则由养老金受益者和雇主共同参与管理，通常会设立一个双方平等参与的委员会，但政府不会介入委员会的管理事务。当然，这些管理机构的权限是相对有限的，主要涉及日常运作管理方面，而收益水平、缴纳率以及其他一些关键的制度因素都是通过有关法律法规加以明确和界定的。

---

① 参见于洪：《外国养老保障制度》，上海：上海财经大学出版社 2005 年版，第 23 页。

此外，德国公共养老保障体系还对所有年龄的工作者支付伤残收益，并且对配偶及孩子提供家庭收益补贴。其中，家庭补贴保障也是德国的公共养老保障体系中的一个重要组成部分，德国政府还对其进行了"大额家属补贴"和"小额家属补贴"的区分。这样，一个德国退休人员公共养老保障收益就相当高了（见表 3－2）。

表 3－2　德国 55 岁及以上的老年人所享受的相关公共养老保障收益情况[1]

（单位：%）

项目 \ 年份	1960年	1965年	1970年	1975年	1980年	1985年	1990年	1995年
老年保障	20.9	23.4	27.9	34	37.6	40.6	47.3	54.8
伤残保障	9.4	8.5	8.1	8.5	9.6	12	8.7	6
家庭补贴保障	20.2	20.6	21.5	22.6	24.3	25.4	24.7	23.9
合计	50.5	52.5	57.5	65.1	71.5	78	80.7	84.7

（二）德国市场主导的补充职业养老保险计划及老年储蓄

在德国的补充养老保障制度中最为重要的组成部分就是职业养老金计划。1974 年，德国颁布了《职业养老金法》，所有职业养老金计划都必须遵循这部法律。

根据所属行业和企业规模的不同，在德国雇员中约有 50% 被职业养老金的有关制度所覆盖。这些补充职业养老金计划主要采取固定收益制，并且由雇主承担融资义务。根据统计数据，在 1990 年，德国共有 1/3 的企业为其雇员提供了补充职业养老金体系。而签订补充养老金计划主要是通过个人的就业合同、企业对所有员工的承诺协议或者集体就业协议来实现的。对于在公共部门依靠工资薪金收入的工作者来说，补充职业养老金计划通常采用集体协议的形式。

同时，德国的补充养老金计划还具有便携性的特点。按照《职业养

---

[1]　参见于洪：《外国养老保障制度》，上海：上海财经大学出版社 2005 年版，第 32 页。

老金法》规定，雇员在未达退休年龄时离职后仍享有的既定退休收益的最低水平且具有可转移性，但其条件是他们离职时至少年满 35 岁，或者允诺已满 10 年，或者他们在该企业工作满 12 年且允诺 3 年。[①]

德国通过建立公共养老保障体系和补充养老金计划两支柱，使大多数居民被纳入其覆盖范围中（见表 3-3）。

表 3-3　德国目前养老保障体系中第一支柱及第二支柱覆盖情况一览表[②]

养老计划	在第一、第二支柱中所占的百分比（%）
强制性的第一支柱	68.0
法定养老金总数	92.9
白领工人和蓝领工人	89.8
矿工	0.4
自主就业者	2.1
艺术家	0.38
工匠	0.3
公务员养老保障计划	4.3
专业联合会	1.6
农民养老保障计划	1.2
第一支柱总计	100
第二支柱：	32.0
私人部门	71.2
公共部门	28.8
第二支柱总计	100

---

① 参见丁易：《德国社会保障制度及其改革》，《中国工业经济》1998 年第 6 期。

② 参见于洪：《外国养老保障制度》，上海：上海财经大学出版社 2005 年版，第 28 页。

另外，德国还积极发展以老年储蓄为主的第三支柱，这一支柱主要体现在自愿参加的老年储蓄以及资本积累型的老年储蓄两种。这其中有一部分具有风险共担的特点（例如寿险），而另一些则可以享受税收优惠条件。但是，这两种家庭储蓄形式哪一种专门用于为今后退休生活提供保障，这是很难确定的，即使是享受税收优惠条件的寿险收益也可以被用作其他用途。此外，要想获得税收优惠政策，寿险合同必须至少为2年，而且对不同类型的自愿储蓄税收优惠措施也有所差异。

总之，相对于德国法定的公共养老保险而言，德国的补充职业养老保险计划及老年储蓄更侧重于市场机制的作用，政府没有资金投入和财政支持，仅提供一定的优惠政策，而资金的承担及管理任务主要是由市场主体来完成。

三、瑞士养老保险制度中政府与市场机制的选择

瑞士是第一个公开宣扬多支柱养老金体系优点的国家。至今，瑞士已经建立了政府主导的基本养老保险，以及在此基础上引入市场机制，建立了企业职工养老金制度及个人储蓄。

（一）瑞士政府主导的基本养老保险

1948年，瑞士政府就建立了政府主导的基本养老保障金，目的是保障老人的最低生活需要，其保障的对象较多。按瑞士宪法规定，所有20岁以上的居民和年满18岁的在职者都必须向国家缴纳养老保障金，而无工作的家庭妇女可以由其有工作的丈夫为她缴纳最低的养老保障金而参保。除此之外，瑞士养老保险的第一支柱中还有属于基本社会福利保障的养老保障和遗嘱保障项目，这是所有在瑞士居住或工作的人必须参加的保障。尤其是在1997年修订之后，所有的瑞士居民（包括不工作的家庭主妇、失业者及伤残者、自主就业者等在内）都被要求加入公共养老体制，并实行缴费，从而形成了瑞士较高的覆盖率（见表3-4）。

表 3－4　瑞士公共养老支柱的覆盖率情况①

年份	缴纳者（百万）（1）	劳动力总人数（百万）（2）	(1)/(2)（%）	经济性活跃人口（百万）（3）	(1)/(3)（%）
1950	2.16	2.30	93.9	2.65	81.5
1960	2.73	2.72	100.4	3.13	87.2
1970	3.16	3.14	100.6	3.59	88.0
1980	3.25	3.17	102.5	3.61	90.0
1990	3.77	3.82	98.7	4.07	92.6
1995	3.78	3.80	99.5	4.25	88.9
1996	3.82	3.81	100.3	4.25	89.9
1997	3.80	3.80	100.0	4.25	89.4
1998	3.80	3.85	98.7	4.29	88.6

　　这一支柱的资金来自居民上缴给国家的义务保险费。在职者应缴纳占其收入 10% 的义务养老保险费，费用由雇主和职工各承担一半，上缴的这部分可免税。无职业者和无财产者每年也必须缴纳 390 瑞士法郎。为支付这种义务保险费，他们可运用财产、失业金甚至社会救济金。而从支付水平来看，目前这一支柱每月的最低金额为 1000 瑞士法郎，而一般人每月可领到 2000 多瑞士法郎。

　　这一支柱有一个显著的特点，就是它具有很强的再分配性，充分体现了公平的特征。例如，瑞士的养老保障和遗嘱保障基金采用现收现付制的社会统筹的管理方式，即保费征缴只讲收入比例，不设绝对数额上下限（见表 3－5）；领取养老金时，养老金存在上下限，即每个退休者每月养老金最低 1030 瑞士法郎，最高为 2060 瑞士法郎；夫妇俩都已退休时，两人的养老金和最高不可超过养老金上限（即 2060 瑞士法郎）的 150%，即

---

① 参见于洪：《外国养老保障制度》，上海：上海财经大学出版社 2005 年版，第 78 页。

每月不能超出 3090 瑞士法郎。这种管理模式的实质就是：高收入者按比例缴的保费较多，为养老保障和遗嘱保障基金所作的贡献较大，低收入缴费较少，负担相对减轻；到了领取养老金时，原来低收入的退休人员有下限来做依托，高收入退休人员则有上限来封顶，这充分体现了高度再分配性。

表 3-5　瑞士养老保障及遗嘱保障的资金缴纳及负担情况

资金来源负担方	缴纳方式及负担情况
雇员	缴纳工资收入的 4.2%（绝对金额不设上下限）
雇主	缴纳雇员工资的 4.2%（绝对金额不设上下限）
个体劳动者	工资收入的 7.8%（年收入 4830 瑞士法郎以下时比例酌情下调）
非劳动者	根据本人经济状况，年缴费在 324—8400 瑞士法郎之间浮动
联邦政府	年支出的 16.36%
州政府	年支出的 3.64%
增值税	每年增值税收入的 13.33% 专门提供给养老和遗嘱保障

数据来源：瑞士联邦社会保障局，2001 年。

　　如果从收益的角度来看，其再分配性也是非常明显的。瑞士的养老金收益计算公式是按照提供最低养老金（按照缴纳年限事先计算得到）的80%，再加上应缴养老金收益基数的 20%，同时实行最高养老金收益水平封顶的形式来计算的。在这个公式条件下，对于一个收入所得相当于平均工薪水平 20% 的工作者而言，其替代率会达到 100%；而对于收入所得处于平均工薪水平的人来说，替代率仅为 36%。更有甚者，如果个人工薪水平为平均工资 5 倍，替代率将低至 8%。

　　针对这种情况，瑞士政府于 1993 年实行两步骤的收益计算公式，其目的主要在于提高低于平均收入水平的工作者在公共养老支柱中的收益水平。具体情况如表 3-6 所示。

表 3－6　新收益计算公式对比情况①

工薪水平 (%)	年工资薪金水平（法郎）	原有公式计算收益（法郎）	替代率 (%)	新公式计算收益（法郎）	替代率 (%)
20	11880	11940	100.5	11940	100.5
40	23760	14304	60.2	15013	63.2
50	29700	15492	52.2	16558	55.7
60	35640	16680	46.8	18102	50.8
100	59400	21432	36.1	21922	36.9
120	71280	23880	33.5	23822	33.4
150	89100	23880	26.8	23880	26.8
200	118800	23880	20.1	23880	20.1
500	297000	23880	8.0	23880	8.0

正因如此，很多研究者在对瑞士公共养老及社会保障第一支柱进行研究时指出，其成功之处就在于将社会的一致性和公正性作为该体制的建立基础。这种一致性和公正性包括很多方面，例如代际之间的、不同收入群体之间的、不同性别之间的、不同婚姻状况之间的以及不同地区乃至城乡之间的一致性和公正性。

（二）瑞士市场主导的企业职工养老金制度及个人储蓄

瑞士除了由政府对老人、遗嘱和伤残人支付基本养老金的第一个支柱外，还积极引入市场机制，大力发展企业职工养老保障基金和个人投资养老保障二、三支柱。这三者互相补充，共同形成了瑞士由国家、企业和个人共同分担年养老保障体系。

瑞士的企业职工养老金制度于 1985 年正式由原来的自愿缴纳计划转变为强制性义务缴纳方式，使其覆盖面迅速扩大。按照原先的自愿缴纳计划，除了那部分收入所得低水平和年龄不满 24 岁的个人之外，自主就业者、失业者、伤残者以及工作时间未满 3 个月者都可以自愿加入该支柱。显然，

① 参见于洪：《外国养老保障制度》，上海：上海财经大学出版社 2005 年版，第 80 页。

从符合相关资格条件的雇员情况来看，其所覆盖的范围在整个劳动力群体中要小很多。但是，强制性体制的引入使第二支柱的覆盖率出现了明显增长。在1985年之前，瑞士的劳动力中只有大约50%参与职业养老保障计划，覆盖人数年均增长速度仅为3%左右。而在1984—1987年间，投保的工作者人数就增长了约67%。这种强制性的手段大大提高了这一支柱的覆盖面。

在企业职工养老金的管理上，则更多地采用市场化运作。大企业的养老基金管理一般由自己组织的养老基金组织来承担，而小企业则大多数通过建立跨企业联合养老金组织来管理。此外，企业也可委托保险公司等第三者来履行这种任务。政府没有直接管理经营这一养老基金。

这一支柱的资金主要由企业与职工共同承担。瑞士政府明文规定，每个企业和职工都必须按工资的一定比例缴纳企业职工养老金，费用由雇主与职工各付一半。目前，瑞士企业职工养老保障基金大约拥有4000亿瑞士法郎的准备金，实力相当雄厚，已经超过了瑞士每年的国民总收入。作为第二大支柱的企业职工养老基金，对老人在退休后维持基本的生活水准、保证养老质量起着越来越重要的作用。

瑞士的第三支柱是建立在自愿缴纳基础上的个人储蓄，其覆盖对象主要是自主就业的工作者以及没有被第二支柱覆盖的工作者。除此之外，已经被第二支柱覆盖的工作者也可以通过这一制度安排来为自己将来的退休养老保障部分进行额外的储蓄。第三支柱具有以下两个特征：一是包括所有规定储蓄项目，享受税收优惠，并与退休储蓄相联系；二是享受税收优惠，可以自由使用。

总体而言，瑞士社会保障体系经过不断地修正、扩充和发展，已建立起一张政府与市场机制共同作用的且覆盖面广、种类齐全的多支柱社会福利网。

四、荷兰养老保险制度中政府与市场机制的选择

荷兰在养老保险制度改革中，建立了政府主导的一般老年保障机制，

并以此为基础，构建了市场主导的养老保险的第二、三支柱。同时，荷兰对养老保险第二支柱的便携性还做了一些有益尝试。

（一）荷兰政府主导的一般老年保障法

在荷兰的养老保险制度中，首先构建了由政府主导的针对所有国民的一般老年保障。1957 年，荷兰颁布了强制性缴纳的老年保障法（The General Old Age Act），这部法律也被称为是"针对整个荷兰人口的通过预算来融资的养老金收益项目"。资金来源于国家财政预算，实行现收现付体制模式，每个年龄超过 65 岁的国民都有资格申请全额的养老金，为所有国民建立起了一条标准统一的防范老年风险的保障线。

这一条老年保障线还有一个特点：统一比率的 AOW 收益实行指数化调整，体现了共享经济成果的公平性。1976 年，统一比率是与法定的最低工薪收入（为平均净收入的 55%）相联系的，而从 1979 年起正式建立指数变动关系。在 1979 年之前，收益也根据工资指数变动，但实际上增长率超过了集体谈判的协议工资水平。然而，1997 年随着《调整机制法》（WAM）的出台，规定根据协议工资水平的提高，每半年对社会保障收益进行调整。

（二）荷兰市场主导的养老保障体系的第二、三支柱

荷兰养老保障体系的第二支柱是以企业作为基础或是在产业或行业范围内的强制性体制。其资金主要来自企业与职工个人，实行完全积累制，市场化运作。

尽管荷兰政府没有强制雇主都提供职业养老金的相关制度安排，但是这一支柱在荷兰的覆盖率很高。荷兰政府规定，一旦企业提供此类制度安排，所有的雇员都必须加入。因此，许多雇员都被纳入此类补充养老金体制所覆盖的范围。从 1985—2001 年，对此类制度安排的参与率由全部雇员数的82%上升到91%，[①] 其中约有 77% 的参与者都加入了具有强制性特征的部门或者产业范围的养老基金（见表 3－7）。

---

① 　参见于洪：《外国养老保障制度》，上海：上海财经大学出版社 2005 年版，第 123 页。

表3-7　荷兰养老保障体制中第二支柱结构[①]

荷兰养老金市场	资金/计划总数	参与者人数	总资产量（百万欧元）
产业/部门范围内养老基金	86	4 300 000	300 000 000 000
企业养老基金	812	80 000	90 000 000 000
直接投保的养老计划	+/-4000	350 000	30 000 000 000

正是因为荷兰的养老保障中第一、二支柱均有很高的覆盖率，使其养老保障的总体覆盖率在整个欧洲，乃至世界范围内，都属于最高的国家之一。

另外，荷兰还积极发展以个人退休储蓄计划为主的第三支柱。政府在这一支柱中的作用仅在于提供相关税收优惠，对第三支柱体系内养老保障进行缴纳形成的总养老金权益是可以进行税收抵扣的，这一部分的总额大致相当于最终工薪收入的70%。但是，市场机制的作用在荷兰也得到充分发挥，该计划的主要特征在于由个人自行主动将部分资金划出专门用于将来退休方面的考虑，所形成的基金通常是通过某保险公司来进行管理的。其制度安排主要有两种形式：一是个人可以选择购买年金，从其退休之时开始进行支付；二是个人可以选择资本保险投资，这与对整个家庭的融资情况相联系。

（三）荷兰第二支柱的可转移性

荷兰第二支柱体系所具有的一个重要特征是易于转移的便携性。直到20世纪90年代中期之前，都没有相关的法律条文说明，当个人改变雇主的时候，其养老基金是否可以随之转移。显然，这种制度缺少对激励劳动力的流动性。到了1994年，荷兰的社会事务及就业部明文规定，每个雇员在进行雇主转换时，有权利将其在以前雇主的养老金计划下积累的养老基金部分转移至新的雇主及新的养老基金之内。如果该基金属于固定缴纳体制，实施起来十分简单，因为每个工作者都根据其缴纳的多少形成了

---

① 参见于洪：《外国养老保障制度》，上海：上海财经大学出版社2005年版，第101页。

一定积累额，在此基础上加上其养老基金的投资回报即可。

但是对于荷兰比较困难的情况是，大部分基金都属于固定收益性质。这也就意味着，如果在对此类养老基金实施不同雇主之间的转移，相关计算必须对养老金收益权利实际等价提供保证。显而易见，要达到这一要求，计算工作将会是十分复杂的。

然而，即使雇员不能将其过去的养老金权益进行转移或者说是没有要求这样做，从法律意义上来说，相关的养老基金并没有失去。这些基金被视作是"已缴收益"将不会被终止，而是仍然放置在原有的雇主处。而当该雇员退休时，它们将会被提取用于他的养老金支付。不仅如此，这些"已缴收益"与正常养老金同样必须进行指数调整。

综合德国、瑞士和荷兰等三国养老保险制度的分析，不难看出，它们有一个共同的特点：构建一个针对所有国民由政府主导的基本养老保险层次，其宗旨是提供最基本的养老生活保障，实现劳动者养老保险关系的无障碍转移；在此基础上建立市场机制主导的多支柱模式，为每个雇员建立完全积累式的个人账户制度，且具有很好的便携性，也不会影响劳动者在流动中的养老权益保护。因此，在这种政府与市场机制共同作用的多支柱养老保险模式中，劳动者的养老保险关系可以顺利地实现转移接续。

第三节　福利型养老保险模式中养老
保险关系转移接续问题分析

一、福利型养老保险模式中养老保险关系转移接续一般性分析

福利型养老保险模式是在经济发达、整个社会物质生活水平有较大提高的基础上实行的。它贯彻"普遍性"原则，保障内容包括"从摇篮到坟墓"的各种生活需要。其特点是：① 养老保险是社会福利的一项主要内

容，由政府依法管理，由主管法院监督执行。② 强调养老金待遇享受的普遍性，发放对象为所有老年人，同时退休人员还享受与收入有关的年金。③ 养老金主要来源于一般税收，基本由国家和企业解决，个人不缴纳或缴纳低标准的养老保险费。

由于这种养老保险模式遵循"普遍性"原则而建立针对所有国民均等的养老权益，使得流动中劳动者的养老权益可以得到有效的保护，不会因为劳动者工作地的变化而受到损害。英国和瑞典是这种养老保险模式的典型代表。

二、英国养老保险制度中政府与市场机制的选择

在英国，除了建立面向所有国民的基本养老保障层次外，面对日益膨胀的财政负担，20 世纪 80 年代以来，英国养老保险制度进行了较大的改革与调整。在这改革中，英国一直贯彻着"普遍性"原则、"最低"原则和"个人责任"原则，以相对减少政府在养老保险中所承担的责任，强调个人在养老保险中的职责，根据当时的经济发展状况对政府与市场机制作出了适度选择，确保了养老保险制度的可持续发展。其中一些做法值得我们研究与借鉴，特别是对我们经济不发达、老龄化形势严峻、追求社会经济和谐统一的发展中国家，有深远的参考价值。

(一) 英国政府主导的基本国家养老保障

在英国的养老保障体系中，国家基本养老保障是其联邦政府提供的第一层面制度安排，目的在于提供一个最基本的养老保障。这一层面是通过国家保险（National Insurance，NI）和税收进行运作的，以现收现付制作为基础。其中，国家保险的缴纳是以工作者的劳动所得为依据征收，并且该部分专门用于支付基本养老收益，而税收收入主要是为超过国家养老金受益年龄（State Pension Age，SPA）的老年人提供的。

这一层面是所有人都可以拥有受益的权利，获得最低水平的退休收入保障，主要包括基本政府养老金、养老信用额度以及其他广泛统一保障

收益三项内容。这一层面的养老保险具有以下两个方面的特点：一是普遍性，即与就业无关，面向所有满足规定年龄和资格标准的国民；二是同一性，即在收费标准和津贴标准上采用同一标准，不因个人收入差异、政治地位等而有所区别。这样，劳动者变换工作地点，但只要在本国范围内，他都能享受到这一份由政府主导的统一基本养老金，所以，其养老权益不会因工作流动而受到影响，具有很好的便携性。

（二）英国市场机制倾向的多支柱模式

相对其他主要欧洲国家的社会养老制度体系而言，改革后的英国社会养老制度体系结构有其独特的"复杂性"，构建起了多支柱的养老模式。第一养老支柱是有着统一缴费率的国家基本养老金计划提供的国家基本养老金；第二养老支柱是各种与工薪收入相关联的养老金计划；第三支柱是个人自愿养老储蓄。其中，第二支柱养老金计划是其最具特色和"复杂性"之处。

从第二支柱养老金计划的发起人来说，它可以是国家发起的国家收入关联计划；也可以由雇员的雇主单位发起的职业养老金计划；还可以是由社会商业机构或社团发起设立的个人养老金计划等类型的"积累制"（Funded）计划。[①] 英国的国家基本养老金计划和国家收入关联计划属于社会公共养老金计划，它由国家发起设立并由公共部门机构管理，采取"现收现付制"的筹资方式；职业养老金计划和个人养老金计划，是由私人机构发起设立，根据英国信托法的规则建立养老金信托，由社会私人机构管理、采取完全"积累制"的养老金计划，[②] 市场化倾向明显。

在这一改革与调整过程中，有两个具有转折意义的社会保障法案丰富并改变了英国社会养老制度的体系结构。一是 1975 年的社会保障法（1975 Social Security Act，简称 1975 SSA），推出了国家收入关联养老金

[①] 参见胡云超：《英国社会养老制度改革研究》，北京：法律出版社 2005 年版，第 13 页。

[②] 当然公共部门的职业养老金计划发起人为公共部门，如英国的地方政府雇员养老金计划等，但公共部门的职业养老金计划管理也基本采取私人部门养老金计划的管理方式，同时也有极少数公共部门职业养老金计划采取现收现付制。而个人养老金计划是普遍的基金制。

计划 (State Earning Related Pension Schene，简称 SERPS)。二是 1986 年的社会保障法 (1986 SSA)，推出了个人养老金计划和简便的"协议退出"职业养老金计划，从而开始了社会养老责任从公共部门转向私人部门的进程。

相比较而言，1986 年的社会保障法更加具有转折意义。因为在英国养老制度发展历史上，无论是最早自发形成起来的"济贫"机制，后来建立的国家基本养老金，还是发展到国家强制性的收入关联计划，包括对发展职业养老金计划的激励和监管，都体现了一个共同的理念：国家在保障老年人福利方面承担的责任，随着经济发展和社会进步逐步增强。但1986 年社会养老制度改革在基本保持国家基本养老金计划的基础上，逐渐减少政府承担的职责，积极引入市场机制，对第二支柱的社会养老体系进行了全面的重构。主要表现为：① 修订国家的 SERPS 计划，降低国家养老金计划的支付水平，减轻政府的负担；② 改革职业养老金计划，政府鼓励雇员退出国家体制；③ 引入市场机制，建立个人养老金计划。

综上所述，英国 1986 年的社会养老政策改革基本上解决了为老年人口提供福利而给国家财政造成过重负担的问题（如通过降低国家基本养老金和 SERPS 养老金福利水平），实现了把养老责任从国家和政府转向社会私人部门的任务（如通过协议退出职业养老金计划和建立个人养老金计划），达到了政府与市场机制的有机结合，确保了养老制度的可持续发展。从国际比较来看，1986 年社会养老制度改革后，英国政府未来养老支付成本保持在国际较低水平（见表 3-8）。从现状来看，英国养老金福利中国家与私人部门分别承担的比例为 60：40，按照英国政府设定的目标，政府和私人部门养老金负担率在 2025 年达到 50：50，到 2050 年为40：60。也就是说，私人部门将承担养老福利的主要责任，私人部门提供雇员退休后全部养老金收入的 60%，而国家只承担 40%。①20 世纪 90 年

---

① 参见胡云超：《英国社会养老制度改革研究：历史进程与经济效果》，北京：法律出版社 2005 年版，第 38 页。

代英国的社会养老制度改革基本上坚持了 80 年代中期改革的既定方针，即采取一切可能措施，严格福利申领条件，降低政府养老金开支。具体来说，就是逐步又坚定不移地增强私人部门的作用，贯彻个人责任原则，从而使英国的国家基本养老金在发达国家中负担最轻，有力地促进了政府财政预算的平衡。

表 3-8　西方发达国家政府未来养老金支付成本比较①

（单位：%）

国别	1995 年	2000 年	2010 年	2020 年	2030 年	2040 年	2050 年	2060 年
法国	10.6	9.8	9.7	11.6	13.5	14.3	14.5	14.2
德国	11.1	11.5	11.8	12.3	16.5	18.4	17.5	16.5
瑞典	11.8	11.1	12.4	13.9	15.0	14.9	14.5	14.8
瑞士	6.8	7.1	8.4	9.0	11.7	12.0	N/A	N/A
美国	4.5	4.5	2.5	2.1	5.5	5.0	4.1	3.6
英国	4.1	4.2	4.5	5.2	6.6	7.1	7.0	7.4

（三）英国的养老保险关系转移接续的政策

在英国养老制度的设计之初，社会雇主与雇员间的雇佣关系结构是比较稳定的。但是，随着社会经济的发展，特别是 20 世纪 70 年代以后，劳动力的高度流动逐渐取代了长期稳定的雇佣关系。1983 年《经济学家》估计，有 95% 的雇员在一生工作中至少"跳槽"一次。这就使英国的社会养老计划体系面临着一个如何适应劳动力市场的新趋势的问题，即当劳动力要离开原供职的雇主机构时，如何处理他们在原雇主机构设立职业养老金计划中积累的养老金权益？

1973 的英国社会保障法提出了三种可供选择的办法。第一，"跳槽"雇员可以把自己应得的养老金权益转移到新雇主单位的养老金计划中，前

---

① 参见胡云超：《英国社会养老制度改革研究：历史进程与经济效果》，北京：法律出版社 2005 年版，第 38 页。

提是原养老金计划与新的养老金计划就养老金权益转移问题达成一致。但在现实中，养老金转移涉及的问题并不简单，因此很难达成一致。第二，雇员可以把养老金权益保留在原职业养老金计划里，到退休后根据他离职前所做的缴费情况领取养老金。但其养老金价值重估只计算到他离职时为止，离职后到退休前这段时间不再重估其保留的养老金价值。第三，返还雇员的捐费，但不计息。在这三种选择中，第一种选择对离职雇员最有利，但据《经济学家》估计，只有 5% 的离职雇员养老金转移采取这种办法。对雇员最不利的是第三种选择，但有 75% 的离职雇员不得不采取这一种办法来处理自己积累的养老金权益。①

个人养老金权益转移的限制影响了英国劳动力市场的自由流动，扭曲了劳动力市场信息传递的效率，也影响了经济效率的提高。1985 年的英国社会保障法引入了"转移价值"的概念，从而有效地解决了这一问题。所谓"转移价值"是指雇员在养老金计划中积累的、退休时有权领取的养老金"现金等价"（Cash Epuivalent）。法律虽然确定了法定的养老金转移权利，却对如何计算养老金转移价值没有具体规定。在离职人员办理养老金转移时，原养老金计划一般根据该离职雇员在职时的收入计算其"延迟养老金"（Deferred Pension）；新的养老金计划相应要计算该转入雇员的"预计养老金"（Projected Pension）。由于雇员的流动通常是从收入低的地方流动到收入高的地方，使得雇员在原养老金计划服务一年的价值并不等于在新的养老金计划服务一年的价值。因此，法律上要求的"现金等价"实际上很难完全相等。原养老金计划总是倾向于少转移"现金等价"，而新养老金计划总是希望能够多收到"现金等价"。

养老金计划的精算师在计算"转移价值"时，通常考虑以下三个因素：一是离职雇员缴费的价值；二是考虑到未来工资增长和补贴因素后，离职雇员"延迟养老金"临转移时的资本价值；三是如果养老基金是亏损的，"转移价值"只能是养老基金中该雇员所占的份额。

---

① 参见 *The Economist*，June 11，1983。

在上述三个因素中，第二个因素较难确定。大部分精算师在确定养老金转移价值时一般就考虑预期的工资收入增长率和预期投资回报率两个因素。通常假定雇员工资收入每年复合增长率为 8.5%，投资收益的复合增长率为 9%。要转入和转出的两种养老金计划假设的投资收益率可能不同，因此会造成养老金实际转移价值的增减。养老金计划工资收入增长率与投资收益率增长率的差距越大，转移价值越低。雇员要转入的新养老金计划通常要求转入雇员扣减一定的服务年限，即当雇员在原养老金计划中服务了 10 年，在转入新养老金计划中只能算作 9 年。与在原养老金计划相比，如果其他一切条件不变，该离职雇员的养老金可能会减少，但由于雇员新工作的收入一般比以前的工作收入高，所以按最后收入计算的养老金增加可以弥补服务年限的减少。

为了避免养老金计划间、养老金计划与雇员间的矛盾或争议，现在越来越多的养老金计划把从外部转来的新雇员养老金的"转移价值"投入到一种单一保费的货币购买计划中去（即"积累制"计划），而不将其纳入到自己的养老金计划之中。英国社会养老制度根据离职雇员各自不同的情况，"转移价值"可以有多种处理方式。具体来说，就是根据雇员已经缴付的捐费计算养老金的转移价值，按转移价值金额把离职雇员的养老金权益转移到新的雇主机构设立的职业养老金计划。该法案同时规定，职业养老金计划的养老基金有责任向计划成员披露他们已积累的缴费情况；保留在原职业养老金计划中的延迟养老金必须根据通货膨胀率调增；保留养老金权益要求的最低年限从 5 年降到 2 年，① 增加雇员养老金权益的便携性等。这些措施有力地解决了劳动力流动与其养老权益保护之间的冲突问题。

---

① 保留养老金权益年限指雇员在雇主单位工作多长时间才能获得养老金权益。如果在某雇主单位工作时间很短，其养老金可能没法积累起来。该时限越长，对雇员流动越不利。

第四节　欧盟成员国间的养老保险
关系转移接续问题分析[①]

　　欧盟作为一个集政治与经济实体于一身的区域一体化组织，目前已有 28 个成员国，人口总数达 5 亿多。在欧盟内部，由于各成员国的社会保险立法与制度各有差异，所以在经济一体化的过程中需要应对成员国之间劳动力的养老保险关系的转移接续，以保障劳动者的养老权益。

　　对于跨国的养老保险关系转移接续问题，仅靠单个国家是无法解决的，并且也难以靠个别国家间的协商来解决，而是需要欧盟作为一个超国家组织出面来解决经济一体化而带来的各国制度存在矛盾的问题，建立一种成员国之间的协调机制以合理地解决跨国流动劳动者的养老保险关系转移接续问题。[②]

　　为此，欧盟提出了公民资格制度，即将劳动者归属于一个由多个民族国家组成的国际机构而非单一、特定的民族国家。这种公民资格不属于传统意义上的公民资格，而是一种在更广范围内建立的公民资格，它超越了传统的民族框架，使公民资格的参照系从单一民族国家延伸至超民族国家的国际共同体。[③]

　　欧盟公民资格制度是在 1991 年的欧洲联盟条约中正式建立的，其规定具有欧盟成员国国籍的每一个人都是欧盟的公民，所有成员国的国民同时也是欧盟的公民，欧盟公民资格是补充而非替代国家公民资格。在此基础上，欧盟先后通过了面向成员国劳动者养老保险关系转移接续问题等社

---

① 参见关信平、吴伟东：《共同体内劳动力转移就业的社会保障覆盖——欧盟的经验》，《人口与经济》2008 年第 2 期。

② 参见迟福林：《门槛——政府转型与改革攻坚》，北京：中国经济出版社 2005 年版，第 263—276 页。

③ 参见于建嵘：《农民土地维权抗争的调查》，《中国经济时报》2005 年 6 月 21 日。

会政策，如《关于适用于薪金雇员的自由职业者及其家属在共同体内流动的社会保障制度条例》（1971 年 6 月 14 日，第 1408/71 号），《关于上述条例的适用方法条例的修正案》（1983 年 6 月 2 日，第 2001/83 号）。① 然而最为主要是体现在联盟条约的第 42 条以及理事会规章 1408/71 上。欧洲联盟条约的第 42 条条款指出，欧盟理事会应当在按程序运作的前提下，在社会保障领域采纳必要的措施为劳动者提供转移自由的保障，制定措施保护转移劳动者及其家属：① 累计措施，促使社会保障的参保时期能在多个相关国家的法律框架内累加；② 社会保障将给予在成员国领土内居住的人。② 同时，为了避免保险待遇的重复计算或者遗漏计算，欧盟法律还规定，在劳动者流动涉及两个成员国的社会保障法律时，必须强制使用某一国的法律规范，而不能由各成员国自己决定某一劳动者的法律适用。

就养老保险问题而言，规章 1408/71 的核心内容有：① 建立各国社会保障体系在成员国内劳动力自由转移框架内的连接，以促进转移就业劳动者的生活和工作条件的提高，保证这些劳动者及其家属在不同国家的架构体系下都同样可以得到在联盟范围内的平等对待；② 在不同国家体系基础上建立相互联结的期限累加制度，以使转移就业的劳动者能够获得和累积社会保障福利；③ 劳动者一旦就业并居留就可以申请所在地劳动者可以申请的社会福利；④ 转移就业的劳动者对其工作所在国的社会保障系统作贡献，相关国家或接收国有责任对符合资格的转移就业劳动者给付社会保障福利；⑤ 成员国具有限制非贡献型福利输出的权利，属于不能输出的非贡献型福利，应当由劳动者的居住国提供；⑥ 另一个国家的雇佣或居住期应当可等同于本国的雇佣或居住期，以保证非贡献型福利能够被刚刚从另一个国家迁入的劳动者所享受；⑦ 每一个转移就业的劳动者在原则上都只应该受覆盖于某一成员国的社会保障体系下，避免两个国家的社会保障体系

---

① 参见王益英、黎建飞主编：《外国劳动法和社会保障法》，北京：中国人民大学出版社 2001 年版，第 760 页。

② 参见 Consolidated Version of Treaty establishing the European Community，欧盟官方网站：http：//europa. eu. int/eur-lex/lex/en/treaties/dat/12002E/htm/12002E. htm。

对某一劳动者形成重复覆盖。①

在具体制度设置上，欧盟公民获取其居留所在国社会保障的过程是逐步推进的。一旦在所居留的成员国履行了任何形式的雇佣活动（包括短期合约），其将可以被给予至少六个月的与该国公民同等的社会保险福利；只要在所居留的成员国工作满一年，即可有权利享受所有社会保险福利以及该国国民的其他福利；只有在能够证明该公民是自愿性失业或无求职意向的情况下，该国才可以拒绝提供这些福利；在合法居留满五年之后，欧盟公民将可以无限制地全面享受该国的社会保障福利。②

总之，欧盟在建立欧盟公民资格制度的基础上，通过渐进覆盖、参保期累计、比例分担等政策原则，给转移就业的成员国劳动者提供养老保险关系等社会保障的覆盖。

第五节　对解决我国养老保险关系转移接续的启示

养老保险制度的建立和改革涉及社会利益格局的调整，政府作为制度的制定者与实施者，在养老保险制度建构和改革过程中起到了重要作用。但同时，国家或政府不能走向包办养老保险制度的极端。个人责任的适度回归、市场机制的适度引入，以及强化养老保险基金与资本市场的有机结合，实现政府与市场机制的有机统一，对于矫治传统养老保障制度中个人过分依赖政府及效率较低的弊端，是已被世界各国养老保险事业发展实践证明的发展趋势。

---

① 参见 Council Regulation (EEC) 1408/71 on the application of social security schemes to employed persons, to self-employed persons and to members of their families movingwithin the Community, 欧盟官方网站：http：//eur-lex. europa. eu/LexUriServ/site/en/consleg/1971/R/01971R1408-20050505-en. pdf。

② 参见 The new Free Movement Directive：less control over crime, borders, and social security, http：//www. openeurope. org. uk/research/freemovement. pdf。

当然，在准确把握和处理社会养老保险制度建构中政府责任和市场力量的关系时，又要防止社会保障改革走向私有化与个人负责的极端。[①]如果养老保险改革走向个人承担完全责任、市场机制取代政府干预、社会保障基金完全资本化的极端，则背离了社会养老保险的本源及其内生的责任共担、互助互济机制。因为社会化的保障机制的产生正是社会发展导致家庭及个人责任承受能力弱化，以及市场机制"失灵"的结果。因此，虽然养老保障改革中可通过个人责任的扩张来减轻政府责任，通过部分保障领域或部分保障环节的私有化来促使运行效率提高，但如果走向个人负责的极端和将这一公共领域完全转变为私有化并由自由市场来调控，则是一种有违社会发展进步潮流的倒退，结果必然以失败告终。

随着人口老龄化形势加剧，世界各国养老保险制度均面临着一个共同的问题，即如何实现养老保险制度的可持续发展问题。20世纪80年代以来，各国政府逐渐认识到原有现收现付式养老保险制度的缺陷，先后对公共养老保险制度进行了改革。纵观各国改革，有两个很明显的特点：一是各国尽可能缩小政府强制的现收现付制度规模，但政府在纠正市场失灵和促进社会公平方面仍然起着重要作用；二是积极引入市场机制，突出和强调用人单位和个人的责任。[②]这一场改革的实质就是政府在养老保险制度中的行为与责任的调整，希望政府与市场在养老保险中达到新的均衡。

总之，通过对政府与市场机制适度选择，构建政府主导的全民基础养老保险支柱和市场机制充分发挥的养老保险多支柱模式，从根本上解决劳动者养老保险关系的转移接续问题，这是世界各国在解决养老保险关系转移接续难问题上的普遍经验，值得借鉴。

---

① 参见叶响裙：《中国社会养老保障：困境与抉择》，北京：社会科学文献出版社2004年版，第53页。

② 参见段家喜：《养老保险制度中的政府行为》，北京：社会科学文献出版社2007年版，第160页。

第四章 养老保险关系转移接续
制度的分类分析

尽管目前我国机关事业单位工作人员和企业职工之间的区别与界限是明显的，但是，随着社会主义市场经济体制及相关法律法规的建立和完善，机关工作人员因各种流动机制的建立可能导致部分人员退出机关单位；事业单位工作人员因聘任制的建立可能被事业单位解聘；企业员工因合同制的实施以及农民工进城务工制度的不断完善可能在不同区域及不同单位间流动；企业工作人员因选聘机制的完善可能被机关事业单位任用；等等。这些众多流动人口都面临着养老保险关系的转移接续问题的妥善解决，以实现养老权益的保护。

纵观我国当前各种养老保险关系转移接续类型，其中最为突出地表现为跨统筹区流动人员的转移接续等四种类型（见表4-1）。这四种类型突出反映了我国现行养老保险制度的某些缺陷，只有不断改革和完善我国现行养老保险制度，才能解决我国养老保险关系转移接续难的问题，促进劳动力流动，实现人力资源优化配置。

表4-1 我国养老保险关系转移接续类型及现状

劳动力流动类别		主要对象	转移接续状况	
跨地区流动	跨统筹区流动	省域流动人员	《转移接续暂行办法》颁布实施之前	1. 转移个人账户基金而不能转移社会统筹基金； 2. 退保，但只能退个人账户基金，不能退社会统筹基金

154

劳动力流动类别		主要对象	转移接续状况
跨地区流动	跨城乡流动	《转移接续暂行办法》颁布实施之后	1. 转移全部的个人账户资金，而且能够转移12%的单位缴费； 2. 养老金计算全国统一，参保缴费年限在各地互认并累加； 3. 参保人员办理转移接续手续实行统一办理流程； 4. 参保者不得退保
		农民工《新型农村养老保险》颁布实施之前	1992年，一些农村才开始实施旧农保政策。鉴于当时城乡养老保险模式本质上的差别，在承办机构、资金筹集、资金来源、缴费主体、缴费方式、养老金给付等方面存在明显的差异，使二者之间缺乏有效的转移接续方式。因此，即使已经纳入城镇社会养老保险体系的农民工在转移接续时也多选择退保
		《新型农村养老保险》颁布实施之后	2010年开始实施的新农保采取了与城镇职工养老保险制度一样的社会统筹与个人账户相结合的筹资模式，为两者的有效衔接预留了"接口"。2014年7月开始实施的《城乡养老保险制度衔接暂行办法》统一了城乡养老保险衔接政策标准，促进了城乡养老保险关系转移接续
跨单位流动	机关事业单位与企业间流动	事业单位与企业之间的流动人员	由于事业单位的退休金远高于企业养老保险金，同时事业单位没有建立养老保险个人账户，流动人员仍希望留在机关事业单位退休体系中，而企业人员很难进入机关事业单位，养老保险关系难以转移接续
	有无工作单位间流动	下岗失业人员	1. 下岗失业人员由于收入减少、生活困难而无力续保； 2. 由于原企业改组改制、企业破产等而不愿为职工缴纳养老保险金，导致下岗失业人员难以继续缴纳养老保险金而暂时中断养老保险关系

　　基于劳动关系而建立起来的养老保险关系，当劳动者变换劳动关系时，其养老保险关系必然需要转移接续。相对于统筹区内转移而言，统筹区间的养老保险关系转移接续就更为复杂；相对于同一养老保险计划项目

内的转移而言，不同养老保险计划项目间的转移接续就更加复杂；相对于在岗就业人员而言，下岗失业人员的养老保险关系转移接续就更加困难。本书选择了当前我国养老保险关系转移接续中最为困难或复杂的四种类型加以研究分析，以探讨"个性中的共性"，为系统解决转移接续难的问题提供思路。

第一节　跨统筹区转移接续中政府与市场机制的适度选择分析

为了便于研究，我们首先考察同一养老保险计划项目内的劳动者因跨统筹区转移而出现的养老保险关系转移接续问题，而暂不考虑跨统筹区的不同养老保险计划项目之间的养老保险关系转移接续问题。当前，城镇企业职工养老保险制度下的劳动者跨统筹区的转移成为这一类型最显著的代表，下面主要以这制度为分析对象。

一、跨统筹区养老保险关系转移接续的政策分析

这种类型的转移接续问题突出表现为两个明显的阶段，即《转移接续暂行办法》颁布实施的前后两个时期。

(一)《转移接续暂行办法》颁布实施之前的政策分析

根据我国相关法规规定，我国目前企业职工基本养老保险的支付分三类人群计发：一是新制度[①] 实施后参加工作的"新人"。他们累计缴费满15年的，退休后养老金分为两部分：一部分是基础养老金，采取现收现付模式，其支付标准为职工退休时当地社会平均工资的20%；另一部分是个

---

① 这里所指的新制度是1997年颁布的《关于建立统一的企业职工基本养老保险制度的规定》。

人账户养老金，实行完全积累模式，其支付标准为个人账户累计额除以退休职工平均余命月数（139）。二是新制度实施前参加工作的"中人"。他们除了拥有"新人"的两部分养老金外，另外还可以获得一部分过渡性养老金。三是新制度实施前退休的"老人"。他们仍按原规定发给退休金，不存在养老保险关系的转移接续问题。其中，基础养老金、过渡性养老金按规定由统筹基金支付，个人账户养老金按规定由参保人个人账户储存额支付，各统筹区财政负兜底责任，中央对困难地区实行财政转移支付。此外，根据经济发展水平和在职职工工资的增长情况，建立养老金的调节机制。2005 年 12 月，国务院颁布《关于完善企业职工基本养老保险制度的决定》对基本养老金的计发办法做了进一步修正，规定在同一统筹区域内"新人"基础养老金部分的计发是等额的，取决于当地上年度职工月平均工资的高低，与劳动者在职期间的缴费情况无关，这显然带有普惠制的性质。

目前，我国解决养老保险关系转移接续政策，主要由 1997 年 7 月颁发的《国务院关于建立统一的企业职工基本养老保险制度的决定》（国发〔1997〕26 号）和 1997 年 12 月劳动部办公厅制定的《职工基本养老保险个人账户管理暂行办法》（劳办发〔1997〕116 号）等文件确立的。其中，国发〔1997〕26 号文规定，"个人账户储存额只能用于职工养老，不得提前支取。职工调动时，个人账户金额随同转移"，对养老保险转移作了原则性规定，劳办发〔1997〕116 号文则进一步明确了养老保险转移的具体办法：职工在同一统筹范围内流动时，只转移基本养老关系和个人账户档案，不转移基金。职工跨统筹范围流动时，除转移基本养老保险关系和个人账户档案，同时转移 1998 年 1 月 1 日起记入的个人账户的全部储存额。因此，在 2010 年的《转移接续暂行办法》颁布实施之前，跨省转移的劳动者只能带走个人账户基金而不能转移统筹基金，或者只能选择退保。

笔者认为，根据目前政策规定，基础养老金、过渡性养老金是按照规定由本统筹区的统筹基金按同一标准支付，并随着本统筹区经济发展水平的变化而同步增长，不足部分由当地政府财政承担。同时，个人账户基金随着养老保险关系的转移而自由流动。因而，在同一统筹区范围内劳动者的养老权益不会因为工作变换而受损失，养老保险关系转移接续并不存在困难。但由于各统筹区经济发展水平的差异，以及随之产生的职工月平均工资的差异，基础养老金、过渡性养老金部分的支付标准在不同统筹地区间还是存在差距，政府财政负担也存在差异，因此，这种仅局限于统筹区域内的低层次的"普惠"不能适应不同统筹区间劳动者养老保险关系的顺利转移接续。

而事实上，这种只转个人账户的政策设计，是以全国统筹为基础，以各地均衡发展为依据，以基金可承载为前提的，超越了我国养老保险发展阶段的实际情况，导致转移政策客观上难以执行。[1] 因为我国当时只有13个省市实现省级统筹，还有许多省市还停留于县、市级统筹，这与实现全国统筹的制度设计要求还有一定的距离。

（二）《转移接续暂行办法》颁布实施之后的政策分析

在《转移接续暂行办法》颁布实施之后，包括农民工在内的参加城镇企业职工基本养老保险的所有人员，基本养老保险关系可随其跨省就业同时转移。相对于以往的政策而言，这一新政策的变化主要体现在以下四个方面。

一是可以转移部分统筹基金。《转移接续暂行办法》规定劳动者跨省流动就业在转移基本养老保险关系的同时，不仅可以转移全部的个人账户资金，而且能够转移12%的单位缴费。这有利于转入地与转出地、当期与长远的资金平衡。二是缴费年限合并计算。对于多地参保的劳动者，他们的养老金计算全国统一，解决了参保缴费年限在各地互认和累加的问题，有力地维护了劳动者的合法权益。三是养老保险权益可以累加。包括农民工在内的参保人员，无论是在不同城镇就业还是间断性地在城镇就

---

[1] 参见彭高建：《中国养老保险责任问题研究》，北京：北京大学出版社2005年版，第9页。

业，养老保险权益均可以累加计算。办法按照"唯一性"原则，提出了以缴费 10 年作为确定待遇领取地的标准，不再办理退保，以切实维护参保人员的养老保险权益。四是养老保险关系实现"全国通"。为方便参保人员办理转续关系，暂行办法还规定了统一的办理流程。国家还将建立全国统一的社保机构信息库和基本养老保险参保缴费信息查询服务系统，发行全国通用的"社会保障卡"，无论流动到何处工作，所有参加了城镇职工基本养老保险制度的劳动者均可随时续保，并随时查询自己的缴费余额、缴费时间等，可以第一时间直接了解自身养老保险权益。

这一新政策的实施具有重要的现实意义。一方面，它有利于保护劳动者的养老保险权益。劳动者的养老保险权益是依法赋予的基本权利，理应得到尊重与保护。在《转移接续暂行办法》出台之前，当劳动者跨省转移就业时，其基本养老保险关系不能随之顺畅流转，致使流动就业劳动者的养老保险权益不能得到应有的制度保障。这种缺失必然会引起劳动者对养老保险制度的不满，也会使劳动者担忧未来的生活保障，进而影响社会稳定发展。

另一方面，它有利于促进劳动力自由合理流动。在市场经济条件下，劳动力资源只有在自由流动的情况下，才能实现优化配置。在《转移接续暂行办法》出台之前，劳动者养老保险关系跨省转移接续受限，使得劳动者的就业选择、自由流动也相应地受到限制，这在一定程度上影响了我国劳动力资源的优化配置，影响了我国统一开放劳动力市场的建立。《转移接续暂行办法》的实施使劳动者自由流动摆脱了这一制度限制，促进了劳动力资源的合理配置。

二、跨统筹区养老保险关系转移接续的问题分析

（一）影响不同统筹区的养老压力

1.《转移接续暂行办法》颁布实施之前的情况

按照《转移接续暂行办法》颁布实施之前的政策，人口转移对转入

地与转出地的养老保险基金的影响是完全不同的。

(1)《转移接续暂行办法》颁布实施之前的政策对人口转入地养老金支付的影响

对于人口转入地而言，它可以从转移人口身上获得大量的养老保险基金。例如，以全国转入人口最多地之一广东省为例，如果按广东省单位平均缴费比例为8%来计算，以2006年广东省流动人口成功输转出手续时人均账户缴存金额为例，其中，省内转出人均8835元，跨省转出人均5948元，我们将其算数平均值7392元作为转移人口对当地的"贡献"总额（见表4-2），即个人账户每年积累大约为1848元（假定每个账户平均积累4年）。如果按这种口径计算，6年来退保人口沉淀的资金将高达727.17亿元，平均每年沉淀120亿元。如果保守地估算，退保转移人口为广东省也贡献了301亿元，平均每年沉淀120多亿元。①

表4-2　2006年广东省基本养老保险省际和省内转移对比②

类别	转出			转入			合计	
	人次	个人账户金额（万元）	人均金额（元）	人次	个人账户金额（万元）	人均金额（元）	人次	个人账户金额（万元）
省内	21157	18691.5	0.8835	19149	14849.4	0.7647	40576	33540.9
跨省	22165	13183.33	0.5948	14103	8265.24	0.5861	36268	21448.57
合计	43322	31874.83	—	33522	23114.64	—	76844	54989.47

以深圳市为例，按照2008年深圳87.696万退保人数以及深圳企业缴纳养老金10%计入共济基金的比例，结合深圳1000元的最低工资标准，初步计算，每个月农民工退保增加地方社保统筹基金的金额就达8769.6

---

① 参见郑秉文:《改革开放30年中国流动人口社会保障的发展与挑战》,《中国人口科学》2008年第5期。

② 参见人力资源和社会保障部社会保险事业管理中心编:《2007年重点课题研究报告》(2008年5月),第188页。

万元，一年下来就近 10 亿元。① 因此，对当前劳动力输入地而言，受益众多。

（2）《转移接续暂行办法》颁布实施之前的政策对人口转出地养老金支付的影响

而对人口转出地而言，它将严重影响其养老保险基金的可持续发展。以四川省为例，按人力资源和社会保障部社会保险事业管理中心 2008 年的统计，2007 年四川省劳务人口 1070.67 万人，如果这些转出人口到退休时都回到四川省养老，那么按现在四川省扶养比来计算，2010 年养老基金减少到 88 亿元，到 2012 年将出现当期支付缺口 41 亿元，致此每年形成的支付缺口将越来越大（见表 4-3、4-4）。

表 4-3　四川省流出人口造成的新增制度收入缺口②

年份	跨省流出入口（万人）	覆盖率（%）	省平工资	缴费工资基数（%）	单位缴费率（%）	成功办理回乡转移接续关系（%）	流入人口参保缴费制度收入（亿元）	养老保险基金缺口（亿元）
2007	1070.7	15	20000	60	20	4	5.28	−28.53
2010	1239.4	30	25194	60	20	4	5.28	−101.66
2012	1366.5	40	29387	60	20	4	5.28	−181.46
2014	1506.5	50	34276	60	20	4	5.28	−297.85
2016	1661.0	60	39980	60	20	4	5.28	−465.54
2018	1831.2	70	46633	60	20	4	5.28	−703.93
2020	2019.0	80	54392	60	20	4	5.28	−1040.02

① 参见吴红缨、钟良、申剑丽、赵飞飞：《2.3 亿农民工的养老之辩》，《21 世纪经济报道》2009 年 3 月 28 日。

② 参见郑秉文：《改革开放 30 年中国流动人口社会保障的发展与挑战》，《中国人口科学》2008 年第 5 期；人力资源和社会保障部社会保险事业管理中心编：《2007 年重点课题研究报告》（2008 年 5 月），第 230 页。

表4-4 2010—2025年四川省基本养老制度财务不可持续性预测①

	2010	2012	2014	2016	2018	2020	2025
现行制度收支状况	190	140	16	-124	-170	-267	-560
人口流出隐形债务	-102	-181	-298	-466	-704	-1040	-2454
合计	88	-41	-282	-590	-874	-1307	-3014

有人测算，如果仅转移个人账户基金的话，转入的个人账户资金远不够支付，仅占养老金总量的 20% 左右，甚至更低，特别是距退休年龄越近的参保人员资金缺口越大。而且在现行养老制度架构下，个人账户相对比例较小，大部分流动人口参保人建账时间只有 10 年左右，实际资产积累较少，退休后其养老金待遇缺口必然要由统筹基金承担（这是各省目前通行的做法），因此，这对转入地来说是一个不小的负担。湖南省作为人口输出大省，从表 4-5 不难看出，湖南省当地统筹基金远不足以支付退休回湖南人员的养老金。

表4-5 个人账户资金积累额与统筹基金支出养老金之间的差距②

(单位：万元)

缴费不同年限		个人账户积累额 （含利息）	养老金领取总额 （未计算调整额）	差额
缴费满 15 年	男 45 岁起	5.62	19.53	-13.91
	女 40 岁起	5.62	25.45	-19.83
缴费满 20 年	男 40 岁起	10.57	40.26	-29.69
	女 35 岁起	10.57	52.57	-42.18

---

① 参见郑秉文：《改革开放 30 年中国流动人口社会保障的发展与挑战》，《中国人口科学》2008 年第 5 期。

② 参见人力资源和社会保障部社会保险事业管理中心编：《2007 年重点课题研究报告》(2008 年 5 月)，第 176 页。

以湖南省沅陵县为例，到 2008 年为止，该县输出务工人员已达 17 万人次。如果其中有 5 万人年老时回流沅陵县享受养老保险待遇，即使按目前沅陵县养老金待遇标准计算，该县每月需增加支付金额达 3340 万元，全年需要增加支付 4 亿多，这对于欠发达地区来说是一笔不小的负担。因此，有关人员解释，欠发达地区是人力资源输出主要省份，虽然目前劳动力回流很少，但随着这些输出人员逐渐进入退休年龄，他们迫切需要"回家"安度晚年。按现行政策规定，他们只好将养老保险关系转至户籍地退休领取养老金，这是劳动力输出省份担忧的。[①]

以重庆为例，其外出的 418 万农民工中有 82.35 万人参保，月缴费基数 1583 元，按单位缴费比例 20%，个人缴费比例 8% 静态测算，2008 年应缴纳养老保险费 43.8 亿元。如按现行转移办法，1 年最多只能将农民工个人缴纳的资金 12.51 亿元转回重庆市，而企业缴纳的统筹基金 31.29 亿元则留在务工地。[②]

而且，从长远来看，这些当前的人口转出地则会出现大量的人口"回迁养老"问题。当这些"回迁"劳动力只带回个人账户基金而没有转回统筹基金，同时这些劳动力的养老责任最终均由当前的人口转出地承担。因此，这势必大大增加人口输出大省的养老金支付压力。

（3）《转移接续暂行办法》颁布实施之前的政策对地区间养老金支付的影响

在当前"财政分灶吃饭、基金独立核算"的情况下，由转移带来的基金缺口实际上由转入地政府负责。如果以省作为统筹单位，跨省流动人口对省际社保基金的影响程度是不同的（见表 4-6、表 4-7）。

---

① 参见何文炯：《养老保险转移 平衡利益是关键》，《中国社会保障》2008 年第 5 期。
② 参见吴红缨、钟良、申剑丽、赵飞飞：《2.3 亿农民工的养老之辩》，《21 世纪经济报道》2009 年 3 月 28 日。

表 4-6　2005 年跨省流动人口对社保基金财务状况的影响①

省份 \ 项目 \ 年份	2010 比例(%)	2012 数量(万人)	2014 流入基金(亿元)	2016 比例(%)	2018 数量(万人)	2020 流入基金(亿元)	2025 状况(亿元)
全国	100	4779	217	100	4779	−217	0
北京	6.78	324.02	14.7	0.83	39.67	−1.8	12.9
天津	2.36	112.78	5	0.52	24.85	−1.1	3.9
河北	1.74	83.15	3.8	2.42	115.65	−5.3	−1.5
山西	0.82	39.19	1.8	1.19	56.87	−2.6	−0.8
内蒙古	1.4	66.91	3	1.98	94.62	−4.3	−1.3
辽宁	2.21	105.62	4.5	2.31	110.39	−5	−0.5
吉林	0.6	28.67	1.3	0.73	34.89	−1.6	−0.3
黑龙江	0.79	37.75	1.7	1.32	63.08	−2.9	−1.2
上海	9.26	442.54	20.1	1.16	55.44	−3.5	16.6
江苏	8.48	405.26	18.4	5.52	263.8	−12	6.4
浙江	12.39	592.12	26.9	4.93	235.6	−10.1	16.8
安徽	0.69	32.96	1.5	7.73	369.42	−16.8	−15.3
福建	5.66	270.49	12.3	4.22	201.67	−9.2	3.1
江西	0.5	23.9	1.1	4.86	232.26	−10.5	−9.4
山东	2.53	120.91	5.5	4.39	209.8	−9.5	−4
河南	0.55	26.28	1.2	6.23	297.73	−13.5	−12.3
湖北	0.91	43.49	2	5.72	273.36	−12.4	−10.4
湖南	0.64	30.59	1.4	4.77	227.96	−10.4	−9
广东	32.64	1559.87	70.8	7.88	376.59	−17.1	53.7
广西	0.73	34.89	1.6	5.28	252.33	−11.5	−9.9
海南	0.58	27.72	1.3	0.47	22.46	−1	0.3

①　参见郑秉文:《改革开放 30 年中国流动人口社会保障的发展与挑战》,《中国人口科学》2008 年第 5 期。

续表

年份 项目 省份	2010 比例 (%)	2012 数量 (万人)	2014 流入基金 (亿元)	2016 比例 (%)	2018 数量 (万人)	2020 流入基金 (亿元)	2025 状况 (亿元)
重庆	0.7	33.45	1.5	3.56	170.13	−7.7	−6.2
四川	1	47.79	2.2	11.27	538.59	−24.5	−22.3
贵州	0.76	36.32	1.6	3.44	164.4	−7.5	−5.9
云南	1.61	96.94	3.5	1.95	76.94	−4.2	−0.7
西藏	0.08	3.82	1.7	0.07	3.35	−1.5	0.2
陕西	0.75	35.84	1.6	2.78	132.86	−6	−4.4
甘肃	0.32	15.29	0.7	1.33	63.56	−2.9	−2.2
青海	0.25	11.29	0.5	0.21	10.04	−0.6	−0.1
宁夏	0.23	10.99	0.5	0.32	15.29	−0.7	−0.2
新疆	2.05	97.97	4.3	0.61	30.59	−1.3	3

表4−7　东、中、西部地区跨省人口流动状况及对统筹基金流向的影响[1]

省份	流入人口		流出人口		基金流入		基金流出		基金总 体流向 (亿元)
	数量 (万人)	比例 (%)	数量 (万人)	比例 (%)	数量 (万人)	比例 (%)	数量 (万人)	比例 (%)	
东部（10 个省份）	3961	83	1540	32	182	83	−70	32	112
中部（12 个省份）	462	10	3632	56	20	9	−120	55	−100
西部（9 个省份）	356	7	607	12	17	8	−29	13	−12

[1]　参见郑秉文：《改革开放30年中国流动人口社会保障的发展与挑战》，《中国人口科学》2008年第5期。

从表4－6可以看出，省际流动人口带来的统筹资金的分省流向和规模，以及31个省份社保基金平衡状况受到的不同程度的影响。从表4－7可以看出，从流出人口规模及其"创造"的统筹基金"损益"结果来看，东部（10个省份）、中部（12个省份）、西部（9个省份）显然形成三个台阶：东部地区吸纳跨省流动人口最多，获得流动人口创造统筹基金最多；西部流出人口偏少，流出统筹基金仅为12亿元，占全国流出基金的13%；中部流出人口最多，占全国的56%，流出基金高达120亿元，占全国55%。总体而言，流动人口使东部社保基金"获益"最大，中部"受损"最大，西部受到的影响最小，甚至可以忽略不计。

（4）地方政府利益保护阻碍了养老保险的转移接续

各地政府的出于自身利益的考虑必然要表现出典型的"经济人"特征，对转出人员是"半推半就"，甚至是"默认"和"欢送"，对转入人员则严格限制，如有的规定最低缴费年限，有的要求缴纳超龄费，也有的以户籍为由，将外来务工人员排斥在当地城镇职工养老保险制度之外，等等。也就是说，各地政府以地方局部利益和利己主义的态度阻碍养老保险关系的转移接续。这主要是因为城镇企业职工养老保险制度实行社会统筹与个人账户相结合的部分积累模式，其中个人账户基金具有很好的便携性，可以随着劳动者的流动而自由转移，但对于社会统筹基金部分就比较困难了。在同一统筹区范围内，社会统筹基金实行现收现付模式，并独立核算、封闭运行。

现收现付模式是指根据"横向平衡"原则，先作出近年内需要支付的保险费用测算，然后以支定收，将这笔费用按一定的提取基数和提取比例分摊到参加保险的企业（雇主）和员工头上，[1] 实行统筹区内的普惠式支付模式。按《转移接续暂行办法》颁布实施之前的政策，当劳动者跨统筹区流动时，只带走社会保险的缴费记录或有工龄记录的档案，但不会转

---

① 参见社会和劳动保障部社会保险研究所译：《贝弗里奇报告——社会保险与相关服务》，北京：中国劳动保障出版社2004年版，第12页。

移所缴纳的统筹基金，而其基础养老金则由接收地的统筹基金来支付，这意味着一个统筹区接收的转移人员越多，其统筹基金的支付压力就越大。因而，各统筹区对转出人员限制很少，而对转入人员则限制很多。下面以年龄限制为例，说明其对引进地区基本养老保险收支的影响。

假设转入劳动者对转入的贡献既定的情况下，转入劳动者的月缴费工资基数不变为 a，法定退休年龄为 b，接收地区预期人均寿命为 c，企业缴费比例为 e%，个人缴费比例为 f%，替代率为 n%，转入劳动者的最大年龄限制为 x 岁。则有：

$$12a(b-x)(e+f)\% = 12a(12a(b-x)(e+f)\% = 12a(c-b)n\%$$

化简可得：$(b-x)(e+f) = (c-b)n$

经过变形：$(x-b)(e+f) = (b-c)n$

$$(x-b) = (b-c)n/(e+f)$$

$$X = b + (b-c)n/(e+f)$$

$$X = b - (c-b)n/(e+f)$$

假设在我国，广东省与贵州省均为省级统筹单位，广东省从贵州省引进两名博士，分别为 28 岁和 55 岁，月工资都是 6000 元，两人都一直在广东省工作到退休。广东省的人均工资 1400 元，缴费范围是统筹地区人均工资的 60% 至 300%，法定退休年龄上 60 岁，人均寿命 70 岁，基本养老保险企业缴费比例为 20%，基本养老保险个人缴费比例为 8%，替代率为 80%。因为两博士工资均超过了引进人才的统筹地区的平均工资的 3 倍（1400 元 × 300% = 4200 元），因此，他们的基本养老保险缴费基数以引进人才的统筹地区的平均工资的 3 倍（4200 元）为准，他们退休工资基数也以 4200 元为准。不考虑利率与通胀因素，则：

引进 28 岁的博士：

预期为广东省贡献的基本养老保险资金：$1400 \times 300\% \times 12 \times (60-28) \times 28\% = 451584$ 元；

预期享受养老金：$1400 \times 300\% \times 12 \times (70-60) \times 80\% = 403200$ 元；

广东省对该博士的基本养老保险收支盈余预期：$451584 - 403200 =$

48384 元。

广东省接收 28 岁的博士，不仅没有对该地区基本养老保险支付构成负担，而且广东省对该博士的基本养老保险收支盈余预期达 48384 元。

引进 55 岁的博士：

预期为广东省贡献基本养老保险缴费：$1400 \times 300\% \times 12 \times (60 - 55) \times 28\% = 70560$ 元；

预期享受养老金：$1400 \times 300\% \times 12 \times (70 - 60) \times 80\% = 403200$ 元；

广东省对该博士的基本养老保险收支亏损预期：$403200 - 70560 = 332640$ 元。

从以上模型及示例不难看出，转入劳动者的年龄与法定退休年龄、接收地预期人均寿命、替代率、基本养老保险企业缴费比例、个人缴费比例有关，与被引进人才的月缴费工资基数无关。从这个模型不难发现，各统筹区为什么对转入劳动者的年龄有严格的限制。[1]

通过以上分析可以看出，由于采取现收现付模式的统筹基金，在参保者跨统筹区流动时难以转移，严重地损害了劳动者的养老权益，进而阻碍了养老保险关系的顺利转移接续。

2.《转移接续暂行办法》颁布实施之后的情况

(1)《转移接续暂行办法》颁布实施后的运行情况分析

按照原有政策规定，参保人员跨地区转移接续养老保险关系，只转移个人账户储存额，不转移单位缴纳的部分。2010 年颁布实施的《转移接续暂行办法》对此作了相应调整，规定统筹资金的转移比例是以本人 1998 年 1 月 1 日后各年度实际缴费工资为基数，按 12% 的总和转移，参保缴费不足 1 年的，按实际缴费月数计算转移。这一调整既考虑了转出地的当期支付负担，也兼顾了转入地上期支付压力。

《转移接续暂行办法》颁布实施后，流动人口办理养老保险关系转移

---

[1] 参见卢驰文:《基本养老保险统筹层次对人才流动影响的经济学分析》,《桂海论丛》2007 年第 1 期。

接续的人数和资金规模均有所增加（见表4-8）。

表4-8 2010年和2011年基本养老保险关系转移接续情况

年份	开具参保缴费凭证人数（万人次）	转移人次（万人次）		转移资金（亿元）	在本地建立临时缴费账户人数（万人）
		合计	农民工		
2010	113.91	28.75	9.67	33.33	19.91
2011	170.61	79.38	24.4	104.86	60.18
年增长额（亿元）	56.7	50.63	14.73	71.53	40.27
年增长率（%）	49.8	176.1	152.3	214.7	202.3

资料来源：人力资源与社会保障部提供（2011年）。

从表4-8可见，2011年与2010年相比，全国累计开具参保缴费凭证人数、办理跨省转移接续人次、办理转移资金总量、建立临时缴费账户人数均呈现不同程度的上升趋势。

但是，这与参保人口的跨省流动总量相比，规模明显偏小。2010年全国流动人口总量为2.61亿人，其中跨省城镇流动人口为7158.95万人，而全国累计开具参保缴费凭证人数、办理跨省转移接续人次和建立临时缴费账户人数所占比例分别仅为113.91万人次、28.75万人次、19.91万人。2011年，全国办理基本养老保险关系转移接续总量为24.4万人次，仅占当年参保农民工总人数（4140万人次）的0.6%。因此，在养老保险关系转移接续办法实施的初期，该项措施对劳动力转入地与转出地的养老保险基金的影响并不大。从福建省2011—2013年养老保险关系转移情况来看也是如此，在这期间，福建省转出基金和转入基金相差并不大（见表4-9）。

表4-9 2011—2013年福建省养老保险关系转移接续情况

年度	转出人口（人）	转出基金（万元）	转入人口（人）	转入基金（万元）
2011	30573	24217	19369	23949

年度	转出人口（人）	转出基金（万元）	转入人口（人）	转入基金（万元）
2012	37753	26148	27708	46422
2013	40454	34394	34765	53352
合计	108780	84759	81842	123723

资料来源：福建省人力资源与社会保障厅提供（2014 年）。

据调查，导致测算与实际相差甚远的主要原因是许多跨省转移的劳动力暂时没有办理相关转移手续，因而，基金转移量并没有因为劳动力人口转移而出现明显变化。

（2）《转移接续暂行办法》颁布实施对劳动力转移地养老金支付压力的一般性分析

《转移接续暂行办法》规定参保人员除了转移个人账户存储额外，还要按各年度实际缴费工资为基数的 12% 的总和转移养老保险资金（相当于单位全部缴费的 60%），8% 留在转出地。社会各界对这一规定反应褒贬不一，有关学者就转出地和转入地的权益作了一定分析，认为这种部分转移的制度设计，有利于缓解转出地与转入地转型成本对统筹基金的压力，充分调动两地执行力的积极性。

但是，笔者认为，这一设计依然存在一些问题。当前，我国基本养老金包括基础养老金和个人账户养老金。其中，个人账户养老金按个人账户累计储存额除以一定系数计算，劳动者独立拥有其所有权且可以继承。这部分养老金多少主要取决于个人的缴费水平的高低，一般而言，交的多，领的也多，也不会因为转移就业而发生变化。因而在转移接续中全部转移早已形成共识，较少有争议。而基础养老金是根据统筹区上一年度社平工资的一定比例发放的，其水平高低取决于两个因素：一是当地工资水平；二是养老金替代率。因此，转移 12% 还是转移 20% 对个人的养老保险权益而言都不造成影响，但是这对各统筹区的养老金支付压力依然产生不同的影响。

对于转出地而言，8%的留存恰好等于个人账户的规模，也等于隐性转型成本，这事实上就是对转出地转型成本的一种变相补偿。但是，转移走8%的个人缴费部分和12%的用人单位缴费部分，必将影响着该地当期的基本养老金支付能力。尤其是现在城镇职工养老基金多数地区都在"空账"运行，但转移关系时却要求基金实账转移，如果一个时间段内，一个地区转出人数过多，转入人数较少，就会对该地区当期养老金的支付造成压力。

对于转入地而言，虽然参保人员的单位缴费的大部分随之转入，但是，假如它成为转入者的退休地，那么，不但8%的转型成本得不到解决，统筹基金又额外少了8%，因此，转入地的统筹基金将面临着难以支付的缺口。尤其是转入地往往是劳动力人口转出地，而且大多数为欠发达地区。随着转入的人数不断增加，在转入地退休领取养老金待遇的人也会相应增多，只转移12%的统筹基金也许远远不够未来的支付。由于转入地要补贴转入参保人员的部分社会统筹基金，且承担起转移人员未来的养老金支付无限责任。同时，随着劳动者平均寿命的延长，领取养老金平均时间也相应延长。在当前各地养老基金积累不多、个人账户"空账"严重的情况下，这必然使转入地的财政压力进一步增大，资金缺口进一步扩大，给转入地政府带来较大的财政压力。

因此，从长远看，这一政策对基本养老保险关系转入地具有较大的财政压力，而短期来说，则是对基本养老保险关系转出地财政压力较大。当前，在短期内，我国中西部地区依然是劳动力输出的主要地区，但从长远来看，这些地区将成为劳动力"回迁"的主要地区。总之，无论从当前还是今后的情况来看，这一政策对平衡省际间或地区间的养老基金收支平衡所起的作用依然非常有限。

(3)《转移接续暂行办法》对平衡各统筹区养老基金收支平衡的测算

从短期来看，劳动力转出大省则会出现养老金支付压力增大，劳动力转入大省则会出现养老基金大量增加的情况。

按照《社会保险法》第十二条规定："用人单位应当按照国家规定的

本单位职工工资总额的比例缴纳基本养老保险费，记入基本养老保险统筹基金。职工应当按照国家规定的本人工资的比例缴纳基本养老保险费，记入个人账户。"假设两者均按照上年度城镇在岗职工平均工资来计算，按照《转移接续暂行办法》规定，转出劳动力随之转出 8% 的个人缴费基金和 12% 的用人单位缴费基金，那么，当地基金转出量＝上年度城镇在岗职工平均工资 * 流动人口 * 当地工作年限 *8%*12%。如果以 2010 年劳动力输出最多的安徽、四川、河南和湖南四个省份为例，假设用人单位和职工个人缴纳的养老保险费均按照 2009 年城镇在岗职工平均工资 37326 元[①] 来计算，按照劳动者在当地工作 1 到 10 年分别测算其转出的基金规模（见表 4－10）。

从表 4－10 可见，如果按照劳动力在当地平均工作年限为 5 年计算的话，安徽、四川、河南和湖南四个省份基金净转出量分别为 2689.52 亿元、2385.28 亿元、2494.16 亿元、2126.95 亿元，共计 9695.91 亿元，而 2009 年底当地当年养老基金收支累计结余分别为 280.60 亿元、733.10 亿元、399.60 亿元、358.60 亿元，[②] 也就是说，如果流动参保职工都办理相关转移接续手续，那么当地的养老基金远不足以承担。因此，如此大规模的基金转移必将影响劳动力输出大省当地当期基本养老金的支付能力，尤其是在当前城镇职工养老基金多数地区都在"空账"运行，但转移关系时却要求基金实账转移的情况下，如果一个时间段内，一个地区转出人数过多，转入人数较少，就会对该地区当期养老金的支付造成压力。

如果以 2010 年劳动力在东部与中西部地区流动而出现的基金转移来测算，假设劳动力转移前在当地平均工作年限为 5 年计算，那么这一政策对中西部劳动力输出地区的养老基金也造成较大的压力（见表 4－11）。

---

① 参见郑秉文主编：《中国养老金发展报告 2012》，北京：经济管理出版社 2012 年版，第 127 页。

② 参见《中国劳动统计年鉴 2010》，http://www.mohrss.gov.cn/SYrlzyhshbzb/zwgk/szrs/ndtjsj/tongjinianjian/201206/t20120627_67042.htm。

表4－10　安徽、四川、河南和湖南四个省份劳动力流动的转移基金测算①

劳动力转移前在当地的工作年限（年）	四个省份净转出基金合计（亿元）	安徽					四川					河南					湖南				
		转入人口（万人）	转入基金（亿元）	转出人口（万人）	转出基金（亿元）	基金净转出量（亿元）	转入人口（万人）	转入基金（亿元）	转出人口（万人）	转出基金（亿元）	基金净转出量（亿元）	转入人口（万人）	转入基金（亿元）	转出人口（万人）	转出基金（亿元）	基金净转出量（亿元）	转入人口（万人）	转入基金（亿元）	转出人口（万人）	转出基金（亿元）	基金净转出量（亿元）
1	1939.18	52.26	39.01	772.81	576.92	537.90	90.48	67.55	729.52	544.60	477.06	48.14	35.94	716.35	534.77	498.83	58.53	43.69	628.36	469.08	425.39
2	3878.37	52.26	78.03	772.81	1153.84	1075.81	90.48	135.09	729.52	1089.20	954.11	48.14	71.87	716.35	1069.54	997.66	58.53	87.39	628.36	938.17	850.78
3	5817.55	52.26	117.04	772.81	1730.75	1613.71	90.48	202.64	729.52	1633.80	1431.17	48.14	107.81	716.35	1604.31	1496.50	58.53	131.08	628.36	1407.25	1276.17
4	7756.73	52.26	156.05	772.81	2307.67	2151.62	90.48	270.18	729.52	2178.41	1908.22	48.14	143.75	716.35	2139.08	1995.33	58.53	174.78	628.36	1876.33	1701.56
5	9695.91	52.26	195.07	772.81	2884.59	2689.52	90.48	337.73	729.52	2723.01	2385.28	48.14	179.69	716.35	2673.85	2494.16	58.53	218.47	628.36	2345.42	2126.95
6	11635.10	52.26	234.08	772.81	3461.51	3227.43	90.48	405.27	729.52	3267.61	2862.34	48.14	215.62	716.35	3208.62	2992.99	58.53	262.16	628.36	2814.50	2552.34
7	13574.28	52.26	273.09	772.81	4038.43	3765.33	90.48	472.82	729.52	3812.21	3339.39	48.14	251.56	716.35	3743.39	3491.82	58.53	305.86	628.36	3283.58	2977.73
8	15513.46	52.26	312.11	772.81	4615.34	4303.24	90.48	540.36	729.52	4356.81	3816.45	48.14	287.50	716.35	4278.16	3990.66	58.53	349.55	628.36	3752.67	3403.12
9	17452.64	52.26	351.12	772.81	5192.26	4841.14	90.48	607.91	729.52	4901.41	4293.51	48.14	323.44	716.35	4812.93	4489.49	58.53	393.24	628.36	4221.75	3828.51
10	19391.83	52.26	390.13	772.81	5769.18	5379.05	90.48	675.45	729.52	5446.01	4770.56	48.14	359.37	716.35	5347.70	4988.32	58.53	436.94	628.36	4690.83	4253.89

① 根据郑秉文主编的《中国养老金发展报告2012》（北京：经济管理出版社2012年版，第127页）相关数据自行测算。

表 4 - 11　东部和中西部地区转出转入劳动力流动的转移基金测算①

地区	转入人口				转出人口				基金净转出量（亿元）
	转入人口占全国的比例（%）	转入人口（万人）	转入基金（亿元）	转入基金占比（%）	转出人口占全国的比例（%）	转出人口（万人）	转出基金（亿元）	转出基金占比（%）	
全国合计	100.00	7158.95	5344.30	100.00	100.00	7158.95	5344.30	100.00	0.00
东部 12 个省	83.53	5979.55	4463.85	83.53	24.66	1765.61	1318.06	24.66	3145.79
中部 9 个省	7.44	532.89	397.81	7.44	50.81	3637.24	2715.27	50.81	-2317.46
西部 10 个省	9.03	646.51	482.63	9.03	24.53	1756.09	1310.96	24.53	-828.32

　　如果从长期来看，劳动力转出大省则会出现"回迁养老"问题，如果仅按照转出人口的 50% 的比例回迁，劳动力转出大省则要承担"回迁"人口的养老责任，尽管"回迁"人口会带回一定量的转入基金，但这远不足以平衡其养老责任。因此，从长期来看，这些"回迁"人口将大大增加当地养老金支付压力。

　　总体而言，《转移接续办法》无论从短期还是从长期来看，均导致劳动力转出省份的养老金压力增大。在当前劳动力转出大省一般为经济欠发达地区的情况下，《转移接续暂行办法》颁布实施并没有根本改变之前的养老金支付压力的趋势，即"穷者"越穷、"富者"越富。

　　在当前我国养老保险基金实行省级统筹和"分灶吃饭"财政的体制下，从表面上看，养老保险关系转移接续的仅仅是资金和信息，但从实际来看，转移的真正内容是权益。当养老保险关系转移时，由于各地财政独立核算基金，独自承担着养老保险基金的兜底责任，各地政府对劳

---

① 根据郑秉文主编的《中国养老金发展报告 2012》（北京：经济管理出版社 2012 年版，第 127 页）相关数据自行测算。

动者的养老责任就会随之发生变化。养老保险关系转移就意味着保险责任的转嫁。所以，受基金承受能力的制约，一些地方政府便设置很多条件，设定高转入要求，采取了鼓励转出而限制转入的办法，甚至拒绝流动人口养老保险关系的转入，不愿接受非本地人群的养老保险关系。这就在一定程度上，导致参保人员养老保险关系转移接续办法的实施遇到阻碍和困难。

（二）养老保险关系转移接续对劳动者利益的影响

1.《转移接续暂行办法》颁布实施之前的情况

养老保险关系转移接续困难，不仅对养老保险制度的可持续发展造成巨大的负面影响，而且也直接损害了劳动者个人养老权益，具体表现为以下三个方面。

第一，养老保险关系转移接续中政府责任缺失影响劳动者的受保障权益。养老保险制度建设的目的就是在劳动者年老时，按照权利与义务对等的原则，从国家或社会获得物质帮助，保障年老时基本生活的权利。也就是说，国家或政府应承担确保国民年老时基本生活需求的责任。如果养老保险关系转移接续困难，必将导致部分的流动人员会因未履行相应的义务而被排除在养老保险制度之外，他们年老时的权利就没法得到应有保障，他们的利益将受到相应的剥夺。

从权利的角度来看，劳动者养老保险关系无法接续，导致其退休养老权利无法保障。由于地方利益的保护，每一统筹区在办理基本养老保险关系转出时都非常积极，而在对劳动者转入时都有着严格的条件，比如转入养老保险关系的被保险人要有被转入地户籍，或者属于当地正式调入的体制内人员，同时被保险人此前在转入地的实际缴费年限要达到一定要求。这样，大量转入该地的劳动力就被排斥在该地的养老保障体系之外，他们要么选择退保，把个人账户基金退回；要么把个人账户转移到本人户籍所在地。而一旦劳动者选择了退保，就意味着其终结了养老保险关系，同时也放弃了养老保障中的统筹账户基金的权利。

而从利益的角度来看，劳动者养老保险关系无法接续，导致其退休养老利益受损。如果假定劳动者因养老保险关系难以转移接续而使养老权益受损等于其为流入地养老保险基金的贡献，那么，流动人口为当地养老保险基金贡献额就是流动人口养老权益损失量。

第二，养老保险关系转移接续中政府政策欠妥影响了劳动者基础养老金权益。我国目前实行的养老保险制度都采用的是社会统筹与个人账户相结合的部分积累制基金管理模式。其中个人账户基金实行积累制，在社会保险关系转移时可随之转移；统筹账户基金实行现收现付制，现在在职工作的人员所缴纳的养老金用于当年当地（指统一统筹地区）退休人员的养老金支付。他们所缴纳的费用数额与退休时所领取的养老金并没有严格的一一对应关系。

这样，根据当时各地普遍的养老保险转移政策，如果劳动者选择退保，他就只能取走个人账户的所有积累基金，单位缴纳计入统筹基金的20%则被留在了转出地。也就是说，他一旦选择退保，其基础养老金权益全部丧失。其受保障利益就被取消，对统筹账户资金贡献随之消失。"虽然划进了统筹账户，但单位替雇员缴纳的保费仍然属于参保者的财产范畴。当发生异地就业时，这种地方社保托管机构对资金的截留，实质上是对个人财产权的侵犯。"[1] 因此，他们只是为城镇社会养老保险基金的积累作贡献，但未能享受社会养老保险的实惠，自身的利益严重受损。

第三，养老保险关系转移接续中政府转制责任模糊影响了劳动者过渡养老金的权益。按照目前的制度设计，1997 年 6 月后工作的劳动者为"新人"，他们的养老金账户分个人账户和统筹账户两个部分，其中个人缴费（按目前政策规定这一例一般为工资的 8% 左右）全部记入个人账户，形成个人账户基金，这所有权属于劳动者自己的；而单位缴费（按目前政策规定这一比例一般为工资总额的 20% 左右）进入统筹账户，形成统筹

---

① 中国劳动咨询网：《劳动合同法解读四十九：社会保险关系跨地区转移接续》，http：//www.51abour.com/zhuanti/2007lbht/html/r2-49.asp。

基金账户，这一部分基金在一个统筹区内统一使用。

而 1997 年 6 月以前参加工作的劳动者为"中人"，他们除了拥有个人账户与统筹基金之外，还有体现在与视同缴费年限相应的过渡性养老金权益，这一部分基金由当地统筹区来承担兑现。"中人"是我国养老保险制度由现收现付制向统账结合的部分积累制过渡时出现的特殊群体。在旧制度中，"中人"没有积累养老保险基金，但旧制度和新制度都承认他们具有领取相应养老金的权利，主要通过设立过渡性养老金来给予保障。如果流动人员选择了将个人账户转移到本人户籍所在地，那么对于"中人"而言，其视同缴费年限与过渡性养老金权益则很难得到维护。由于政府在养老保险由传统的国家保险模式转变为部分积累制时未能妥善解决养老保险债务，而是希望通过新制度的建设逐渐化解这一责任，但这一做法存在明显的悖论。[①] 在这一背景下，许多地方政府在接受"中人"的养老关系转移时，常常不承认他们在外地的"视同缴费年限"，即不愿意支付过渡性养老金，使得跨统筹区域流动的"中人"往往面临着过渡性养老金权益的丧失。

2.《转移接续暂行办法》颁布实施之后的情况

从上述分析可见，在《转移接续暂行办法》颁布实施之前，劳动者在转移就业时由于不能转移养老保险关系而被迫选择"退保"。一旦劳动者选择退保，那不仅意味着他们承担了"显性便携性损失"，即他们只能一次性地将其养老保险个人账户上的余额取回，而雇主或单位所缴纳的部分就完全留在参保地，这部分损失相当于雇员和雇主或单位全部缴费的2/3，而且意味着他们终结了与政府的养老保险关系，失去了在他们达到退休年龄时向政府获取养老金的权利。

《转移接续暂行办法》颁布实施之后规定，劳动者未达到待遇领取年龄前不得办理退保手续，这就从制度上解决了异地就业养老保险关系跨省

---

① 参见韦樟清：《基本养老保险个人账户变空账为实账运行的思考》，《福建理论学习》2005 年第 9 期。

转移接续中出现多年的"便携性①损失"问题，切实保障了劳动者的养老保险权益。

但是，不能"选择"退保的劳动者在转移养老保险关系时也可能出现"便携性损失"问题。《转移接续暂行办法》规定，"基本养老保险关系不在户籍所在地，且在每个参保地的累积缴费年限均不满10年的，将其基本养老保险关系及相应资金归集到户籍所在地，由户籍所在地按规定办理待遇领取手续，享受基本养老保险待遇"。而根据相关规定，劳动者养老金=（退休时当地上年度职工月平均工资＋本人指数化月平均缴费工资）/2× 缴费年限 ×1%。从这公式来看，劳动者养老金受领取地平均工资的影响较大。对于频繁流动于城乡之间或经济发展不平衡地区之间的劳动者而言，尤其是外出务工人员，很少能持续在一个地方打工超过10年以上，这就意味着，他们最终享受基本养老保险待遇的地方是户籍所在地，而他们的工作地与户籍所在地的经济发展水平和工资水平往往相距甚远，因此，可能出现这样一种情形：一些在发达地区工作的劳动者在工作地按照高标准缴纳保险金，却要回到欠发达的户籍所在地按照当地的低标准领取养老金，即交多领少。如果把劳动者选择退保造成的损失称为"显性便携性损失"的话，那么这种因养老保险关系转移而导致的潜在损失称为"隐性便携性损失"。这样，他们为原就业地作出了较大贡献，却享受不到工作地经济发展的成果，这是不合乎常理的，也是不公平的。

（三）形成非正常劳动力流动

《转移接续暂行办法》第六条规定：① 基本养老保险关系在户籍所在地的，由户籍所在地负责办理待遇领取手续，享受基本养老保险待遇；② 基本养老保险关系不在户籍所在地，而在其基本养老保险关系所在地累计缴费年限满10年的，在该地办理待遇领取手续，享受当地基本养老

---

① 所谓"便携性"是指积累的养老金权益在计划项目间相互转移的便利程度和交易费用的高低。

保险待遇；③ 基本养老保险关系不在户籍所在地，且在其基本养老保险关系所在地累计缴费年限不满 10 年的，将其基本养老保险关系转回上一个缴费年限满 10 年的原参保地办理待遇领取手续，享受基本养老保险待遇；④ 基本养老保险关系不在户籍所在地，且在每个参保地的累计缴费年限均不满 10 年的，将其基本养老保险关系及相应资金归集到户籍所在地，由户籍所在地按规定办理待遇领取手续，享受基本养老保险待遇。这样的规定可能导致一些参保者为满足在当地缴费满 10 年的条件或转变户籍所在地，而出现从经济较落后的地区转移到经济相对发达地区的非正常流动，以求最终获取经济发达地区的养老待遇。

按照《转移接续暂行办法》规定，跨省转移时社会统筹部门只转入该参保人员在原工作地区单位缴费总和的 12%。同时，从经济较差地区转入的单位缴费基数一般也较低。这就使经济相对发达地区在面临着人口骤增的同时，出现将来养老金支付增加的双重压力。因而，经济相对发达地区出于自身利益的考虑，必然缺乏贯彻《转移接续暂行办法》的积极性，甚至会人为地设置转入种种障碍，阻挠劳动力转入。

出现这种现象的主要原因是由于基本养老金核定办法不完善造成的。《转移接续暂行办法》第七条规定：参保人员转移接续基本养老保险关系后，符合待遇领取条件的，按照《国务院关于完善企业职工基本养老保险制度的决定》（国发〔2005〕38 号）的规定，以本人各年度缴费工资、缴费年限和待遇领取地对应的各年度在岗职工平均工资计算其基本养老金。这就意味着参保人员的养老保险关系从经济欠发达地区转入经济发达地区后，其所享受到的基础养老金水平将提高，而导致整个养老金水平提高（养老金＝基础养老金＋个人账户养老金）。

以福建省基本金计算办法为例，具体说明如下：

$$J = (C_平 + C_平 \times Z_{实指数}) \div 2 \times N_{实+同} \times 1\% \tag{1}$$

$$Z_{实指数} = (X_n/C_{n-1} + \cdots\cdots + X_{1993}/C_{1992} + X_{1992}/C_{1991}) / N_{应缴} \tag{2}$$

式中：J——基础养老金；C 平——被保险人退休上一年本市职工月平均工资；X_n，……，X_{1993}，X_{1992}——被保险人退休当年至 1992 年相应年度各月本人缴费工资基数之和；C_n，……，C_{1992}，C_{1991}——被保险人退休上一年至 1991 年相应年度本市职工平均工资（为 1991 年本市职工平均工资除以 12 再乘以 3）；$N_{实+同}$——为实际缴费年限与视同缴费年限之和；$N_{应缴}$——为被保险人应缴纳的基本养老保险费年限。

从上面的基础养老金计发办法可以看出：按照《转移接续暂行办法》第七条的规定，某一参保人员如果将其养老保险关系从经济相对落后的地区转入福建省。由于福建省历年职工平均工资均高于相应年度该参保人员在参保地的在职职工平均工资，这样就会出现：$Z_{实指数}$ 变小（由公式 1 得知）。尽管 $Z_{实指数}$ 变小，但 $Z_{实指数}$ 对基础养老金影响程度不如 $C_{平}$ 的影响程度大，使得这一参保人员的基础养老金 J 变大（由公式 2 得知）。简言之，参保人员基本养老保险关系转入福建省后，退休时其基本养老金水平会较之原参保地退休的养老金水平高。正是基于获得较高养老金的利益驱动，就必然形成劳动力非正常就业的流动。

（四）技术落后及管理不当制约着养老保险关系转移接续

根据《转移接续暂行办法》第八条规定，办理基本养老保险关系转移接续手续只需要走三个流程：① 新参保地审核转移接续申请并向原参保地发出同意接受函；② 原参保地办理转移手续；③ 新参保地接受转移手续和资金。这三个流程走完之后，即可办妥转移接续手续。政策还规定每个流程最多 15 个工作日，也就是说，对于参保者，最多 45 个工作日就可以将全部手续办完，与原来的政策相比，大大方便了参保者根据工作变动进行跨地转移。然而，这看似简单的办理流程，在实施中依然存在着一定的繁杂和困难。

目前，全国联网的养老保险信息系统的操作平台尚未组建。一些地方政府并未加大资金投入和技术支持，养老保险信息系统建设相对滞后，导致经办机构信息设备的老化，操作系统没有办法及时更新与升级，无法满足和适应养老保险制度改革新形势要求，从而导致参保人员养老保险关系的快速建立、便捷转移和准确接续受到严重阻碍。对于企业职工跨省正常转移养老保险关系的，从办理转移手续时间上看，目前还是不"圆满"。

对于转移时限问题，采取电话联系和邮寄方式，由于沟通上存在障碍，时效上的确存在困难。首先是个人账户记录方式问题，有的地方将欠费补缴记录统一记录在补缴时限年度，转保时个人账户如何记录还原，国家没有统一规定；其次是转移接续操作流程的统一规范，转保时大量的时间耗费在与异地经办机构之间电话、信函和传真的沟通上，因为信息表的记账方式和信息内容各地表达不一致，容易产生歧义，难以录入，造成转保时间拖延。

基本养老保险关系的转移接续还无法完全通过电子化来操作，在一些落后地区由于电子化程度低还是需要人工操作，养老保险关系的登记、查找及整理费力费时；转移过程中也会由于各种人为等因素使得转接的环节衔接不好，导致信息传递的不及时及信息缺失。所以在这些地区进行养老保险关系的转移接续是很有难度的。一是资金流通和划转困难；二是信息传达的时间不易掌控，传达的准确性不高；三是养老保险关系迁入地和迁出地的社会保险的管理和政策不同等。因此，当前社会保险的管理技术水平的落后、信息管理的不到位，这些因素都严重地阻碍了农民工等流动性工作人员的养老保险关系的转移接续。

这些问题不仅是对政府有关部门的服务能力提出了较高的要求，而且有时出于程序和手续上的需要，容易导致参保人员奔波往返于两地，这路费部分的开支对于参保者来说就是一笔不少的花销。[1]

（五）异地视同缴费年限认定政策仍存在分歧

尽管《转移接续暂行办法》第十二条明确指出，缴费年限均包括视同缴费年限，但在一些发达地区，例如深圳、上海等地，都重新制定地方条例规定本地区的外地视同缴费年限问题。例如深圳地区，条例规定只有办理了户籍调动的人员，外地的视同缴费年限才予以确认，对于一些非户籍的参保人员，他们之前在老家的视同缴费年限深圳市是不予认定的。因

---

① 参见金蔚峰：《农民工养老保险关系转移接续问题研究——基于〈城镇企业职工基本养老保险关系转移接续暂行办法〉的分析》，《经营管理者》2010 年第 6 期。

此，使很多复员军人、下岗、并轨后重新异地就业的"中人"之前的异地视同缴费年限无法连续计算。各个统筹地区关于重新招工就业后的视同缴费年限认定的相关规定都有所不同，损害了部分参保人员的利益。

（六）设立"40"、"50"参保人员的临时养老金账户有失公平

在《转移接续暂行办法》第五条第二款规定，对男性年满50周岁和女性年满40周岁的，应在原参保地继续保留基本养老保险关系。这是一个半截子工程，等于为保护地方利益牺牲了中老年人的利益。规定还把不允许转移接续关系的年龄比正常退休年龄提前了10年，对老年人相当不公平。我国许多老年人由于子女到外地工作，他们退休后不少也选择随子女迁移。笔者认为不能仅仅为了保护地方利益而忽视了这个群体的正当利益。当然，规定可以适当考虑到流入地的财政压力，但应该有一个折衷，允许转移的过程中兼顾两地中老年人的利益。

三、推进跨统筹区养老保险关系转移接续的"修补"式对策

在不改变我国现行养老保险制度的情况下，依据《转移接续暂行办法》解决我国劳动者养老保险关系转移接续问题，还需要采取如下几点"修补"式对策，才能切实保障劳动者的养老保险权益，平衡各地方的养老压力。

（一）统筹基金全部转移

《转移接续暂行办法》规定，跨省流动就业转移养老保险关系时，个人账户储存额全部转移；同时，按各年度实际缴费工资为基数的12%的总和转移养老保险资金（相当于单位全部缴费的60%），但是，统筹基金按12%总和转移的规定明显不妥。《转移接续暂行办法》没有具体说明其依据，查阅我国基本养老保险方面的文献，笔者亦找不出其科学根据。《印发〈关于城镇企业职工基本养老保险关系转移接续暂行办法宣传提纲〉的通知》（中宣发〔2010〕3号）对此规定的解释是："目前，大部分地区

的单位费率为工资基数的 20%，少部分地区低于 20%"，"单位缴费的大部分随跨省流动就业转给了转入地，减轻了转入地未来长期的资金支付压力；单位缴费的少部分留给转出地，用于确保当期的基本养老金支付"这样做有利于"平衡转出地和转入地的基金关系"。

笔者认为这种解释并不能令人满意。在我国目前的这种养老保险制度下，统筹基金在基本养老保险关系转移时该不该转呢？目前学者的认识较为统一，主流观点认为该转，其代表性说法是：如果转出地只转移个人缴费，不转移单位缴费，那么转入地将来要承担这些人的支付养老金的责任，它的资金肯定就会发生短缺。笔者亦赞同这种说法。但是按照《转移接续暂行办法》规定的部分转移并不合理，应该实现全部转移。这主要基于权利与义务相对等原则的要求。当参保人员转移到流入地后，就意味着流入地政府应为其今后的养老承担责任，如果其在其他地方参保时的统筹基金尚未随之转入，那么当地政府承担的责任远高于其享有的权利；同时对于转出地而言，当参保人员转出后，当地政府就不再承担其今后的养老责任了，而要截留部分统筹基金据为己有，显然有悖于权利与义务的对等性原则。因此，转出地理应将全部统筹基金随之转移。

（二）明确政府间责任

为避免养老保险关系转移接续给转入地或转出地造成不同的财政负担，要依据"谁受益、谁负责"的原则确定养老责任，厘清各地利益与责任的均衡。具体来说，就是由各参保地承担参保人员在本统筹区进行缴费时段的基础养老金及其以后的调待资金支付责任。然后，由最后参保地负责与各参保地沟通，办理退休手续，进行养老金的汇总统一发放。

（三）养老保险关系与户籍脱钩

为了避免因户籍所带来的投机行为，养老保险关系要避免与户籍挂钩。欧盟采用"工作地缴费，分段记录；统一发放，全国结算"的思路，参保人员无论在哪个国家工作并缴纳社会保险费，都可以在当地进行权益记录。将来在任何一个国家退休，都可以通过相关凭证就地享受养老保障。这样可以有效地避免参保者因户籍问题而形成的投机行为。参保者的养老保险金额仅与自己每一段工作经历相对应，参保者的每一段工作时间的工作地都会直接决定了本人的养老金，无论最终领取地在哪里，都不会增加或减少自己的养老金，更好地体现了公平与公正。由于我国各省市之间基金封闭运行以及政策不一与欧盟各成员国都是独立的国家以及社保情况不统一具有很强的相似性，所以可以借鉴欧盟的经验和做法，以解决参保者流动就业时养老保险关系转移接续问题。

在具体操作中，首先建立一个全国统一的网络操作平台和资料完备的数据库。所有参保者的信息都载入这一平台和数据库，每一个参保者都有一张独一无二的社保卡，可以随时查询。当参保者调动工作时，其个人账户的所有资金将随同社保卡转移。当参保者退休时，其基础养老金将按照参保者在不同地区、不同时段的缴费情况分段计算，并由各省市的经办机构负责将资金划转到国家结算中心，由结算中心最后统一发放。[1] 这样，可以有效保障流动参保人员的养老保险权益。

（四）设立基本养老全国调剂基金

《转移接续暂行办法》第四条规定，参保人员跨省就业，除转移个人账户储存额外，还转移 12% 的单位缴费。这样规定，尽管减轻了转入地的资金压力，也给转出地留下一部分单位缴费用于当期支付，适当平衡了地区间的利益关系，但从长远看来，经济发达地区和经济欠发达地区的利益依然难以平衡。因为按照《转移接续暂行办法》所设计的养老金计发办法，转入经济发达地区的 12% 的单位缴费远远不足以补偿其未来需支付的统筹账户养老金。为此，可以设立基本养老保险全国调剂基金，以弥补其设计缺陷。这调剂基金由中央财政投入和一部分养老保险统筹基金组成，用于弥补因养老保险关系转移接续而出现的地区利益失衡。

（五）搞好"三个一"工程

所谓的"三个一"工程，就是指统一制度规程、统一网络系统、统一组织管理。《转移接续暂行办法》出台后，在一定程度上解决了养老保

---

[1] 参见林雪莹：《探析养老保险转移与户籍挂钩模式》，《现代商业》2010 年第 3 期。

险转接的难题，但是，劳动者更加频繁的流动，也大大增加了经办机构的业务量。为了高效办理，就需要在全国范围内统一经办流程，明确不同养老保险制度相互转接的具体操作程序，减少繁杂的手续和不必要的环节，确保参保者在最短的时间内完成转接，保障他们的养老权益。同时《转移接续暂行办法》重新规定了基金转移的比例、待遇领取地等内容，各地社会保障经办机构要根据新的规定对各项社保业务重新设定和改造，这就要求经办机构工作人员以广大的劳动者为中心，改变过去以任务为中心的工作方式，实现整个经办流程的程序控制化、处理信息化、环节简约化、运行透明化，全面提高办事管理的效率。业务量的加大也要求加强对社保经办机构工作人员的教育和培训，在服务型政府的理念下，不断提高工作人员的服务质量和水平，提高他们的业务素质和自身修养，完善经办机构相关规章制度，全面加强社保经办服务体系建设。

（六）加快社保信息技术建设

逐步建立全国统一的社会保障网络账户，实现转移顺畅，手续简单。健全金保工程，加大社保卡发放覆盖面。社保卡不仅能方便参保者随时随地查询自己的缴费记录，方便、快捷地享受社会保障服务，同时它还具备了电子结算功能。利用现代信息科技，切实解决参保者社会保险关系的转移接续。

（七）做实个人账户

城镇企业职工跨统筹地区流动时，个人账户资金随之转移。但是，目前我国养老保险个人账户处于基本处于"空账"运行状态，使职工不能顺畅转移养老保险关系，为此，做实个人账户是当务之急。做实个人账户前提是妥善解决养老保险制度改革的转制成本；做实个人账户最有效的办法就是将社会统筹账户和个人账户分别管理。具体做法是：设立独立的全国垂直管理的个人账户养老金管理机构。由专门机构人员管理个人账户基金，进行资金的投资收益，国家制定个人账户资金投资运营的法律、法规，审核认定个人账户资金的托管机构，明确个人账户资金的监管办法和监控机构。

四、彻底解决跨统筹区养老保险关系转移接续的建议

基于上述导致跨统筹区养老保险关系难的原因分析，笔者认为，要彻底改变这种现状，必须充分发挥政府与市场机制的作用，对现行养老保险制度进行适当地改革与调整。具体来说，主要包括以下三个方面。

其一，降低基础养老金替代率。这是因为降低基础养老金替代率可以减少流动人口养老保险关系转移接续给各统筹区带来的负担。当基础养老金替代率降到我国任何地方财政都能承担时，政府可以在全国范围内建立统一的基础养老金制度，使劳动者无论转移至何处工作，只要符合相应规定，都可以领到一样数额的养老金，那么，劳动者的养老权益就不会因为工作转移而受损。

其二，提高统筹层次。跨统筹区养老保险关系转移接续难问题的关键在于我国目前快速增长的流动人口与统筹层次偏低之间的矛盾。因此，解决这一问题的关键也就在于提高统筹层次，逐渐由省级统筹上升到全国统筹，从而使统筹基金可以在全国范围内自由转移，进而实现养老保险关系的无障碍转移接续。

其三，中央统一管理。尽可能减少地方政府基于地方利益而人为地阻碍流动人口养老保险关系转移接续，实行中央统一管理。这一方面可以减少管理成本；另一方面可以实现养老金的全国范围内的调剂，以体现社会保障的再分配功能和公平性特征。

第二节　跨城乡转移接续中政府与
市场机制的适度选择分析

我们再来考察不同养老保险计划项目之间养老保险关系转移接续问题，这包括两种情况：一是指城镇企业职工养老保险制度与农村养老保险制度之间的养老保险关系转移接续问题；二是指机关事业单位养老保险制

度与城镇企业职工养老保险制度之间的养老保险关系转移接续问题。这里先分析第一种情况，第二种情况在本章的第三部分中加以分析。在跨城乡的养老保险关系转移接续中农民工是最有代表性的群体，下面主要以农民工为对象加以分析，以探索其中"共性"。

一、城乡养老保险制度概述

（一）城镇企业职工养老保险制度改革

1.改革历程及其内容

1984年以来，我国开始在全民所有制企业范围内进行以退休费用的社会统筹为主要内容的改革试点，即在市、县一级行政区域内的国有企业之间，按以支定收、略有节余的原则，对企业按职工工资总额的同等比例，进行养老金的统一收缴、支付及对职工养老保险的统一管理。这一改革实际上是恢复了新中国初所实施的社会保险模式。1991年6月国务院发布了《关于企业职工养老保险制度改革的决定》，明确提出了实行养老保险基金统筹，统筹体制在全国范围内正式实施。

1995年，国务院颁布了《关于深化企业职工养老保险制度改革的通知》，对企业职工养老保险制度的深化改革作了部署，并出台了两个具体操作方法，即企业职工基本养老保险社会统筹与个人账户相结合的"实施办法一"和"实施办法二"。这两者的相同之处是都将企业和职工的缴费分为社会统筹和个人账户两块，不同点在于它们之间的具体比例不同。

目前，我国城镇企业职工养老保险制度的体制框架基本上是根据1997年国务院颁发的《关于建立统一的企业职工基本养老保险制度的决定》和1999年发布的《社会保险费征缴暂行条例》构建起来的。随后，2000年国务院发布了《关于完善城镇社会保障体系的试点方案》，提出了进一步调整和完善我国养老保险制度的主要政策。2004年试点工作扩大到黑龙江和吉林两省。2005年国务院发布了《关于完善企业职工基本养老保险制度的决定》，进一步完善了我国城镇企业基本养老保险制度，建立了多层次养老保险体系，其具体内容包括以下三个层次。

（1）基本养老保险制度

这是整个养老保险体系的第一层次，其宗旨是为劳动者提供最基本的养老保障，与传统城镇职工养老保险制度相比，其主要内容包括以下五个方面。

第一，基本养老保险基金的筹集模式。基本养老保险的基金实行社会统筹与个人账户相结合的部分积累制。社会统筹基金实行现收现付制模式，资金来源于企业缴费，个人账户基金实行完全积累制模式，资金来源于个人的缴费。其中，企业按照不超过本企业职工工资总额的20%缴纳养老保险费，记入统筹基金账户；职工按本人缴费工资基数的8%记入个人账户。[①]职工本人工资超过当地职工平均工资300%以上部分，不计入个人缴费工资基数，也不计入个人计发基本养老金的基数；低于当地职工最低工资的，低于当地职工平均工资60%的，按60%记入。城镇个体工商户本人、私营企业主、自由职业者等非工薪收入者，可以按当地职工平均工资作为缴费基数，并由个人按规定的费率向所在地社会保险机构缴费，缴费比例不超过当地企业与职工个人缴费比例之和。

第二，养老保险管理及实施范围。在管理上，全国由人力资源与社会保障部主管，各地在人力资源与社会保障部门的领导下，建立省（或市）社会保险事业基金结算管理中心及区社会保险事业管理中心，统一经办基本养老保险业务，并管理个人养老保险金账户。养老保险实施范围，不仅包括城镇中的国有企业和集体企业的职工，而且包括城镇中的外商投资企业、私营企业主及其职工，以及城镇个体工商业主及其帮工、自由职业者。

第三，享受养老保险基金的条件。在退休年龄上，男性职工60周岁，

---

① 根据1997年国务院颁布的《关于建立统一的企业职工基本养老保险制度的决定》，职工本人应缴纳工资基数的11%，其中个人缴费比例要逐步达到本人缴费工资基数的8%，其余部分从企业缴费中划入。到2000年12月国务院发布了《关于完善城镇社会保障体系试点方案的通知》后，个人缴费的8%全部进入个人账户，个人账户的规模缩小为8%，而企业缴纳的20%则全部划入社会统筹账户。

从事管理和科技工作的女性为 55 周岁，从事生产和工勤辅助工作的女性 50 周岁。缴费期限上，个人缴费累计满 15 年。但是，从事特殊重体力劳动行业或其他有害身体健康工作的，男性年满 55 周岁，女性年满 45 周岁，且个人缴费累计满 15 年。

第四，基本养老金计发办法。基本养老金由基础养老金和个人账户养老金两部分组成。凡按规定缴费且缴费年限满 15 年的，按当地平均工资的 20% 享受基础养老保险待遇，超过 15 年的，每超过一年增发一定比例，按此计算基础养老金的总体水平控制在 30% 左右。个人账户养老金月发放标准是按账户积累额的 1/120 计算，个人账户用完后由社会统筹基金支付。个人缴费不满 15 年的，不发给基础养老金，个人账户中个人缴费部分一次性支付给本人。

对在 1997 年我国城镇企业职工养老保险制度改革前参加工作、改革后退休的人员，原来的连续工龄视同缴费年限，计算过渡性养老金。缴费不足 15 年者，退休后一次性支付其个人账户中个人缴费部分。而对于改革前已经退休的人员则按照传统方式计发。

第五，建立基本养老金的社会化发放及其正常调整机制。退休人员的养老金通过各大国有银行等金融机构的服务网点直接向享受养老保险待遇的企业退休人员发放养老金，实现养老金的社会化发放。另外，为了保障退休人员基本生活，并使退休人员适当分享社会经济发展成果，建立养老金相应调整机制，根据工资增长和生活费用提高的情况，定期增加退休人员的养老金。

（2）补充养老保险制度

从 20 世纪 80 年代以来，多层次的养老保险制度越来越受到世界各国的普遍重视。我国在 1991 年发布了《关于企业职工养老保险制度改革的决定》，明确提出了建立基本养老保险、企业补充养老保险和个人自愿储蓄养老保险的多层次养老保险体系。2000 年，国务院发布了《关于完善城镇社会保障体系的试点方案》，进一步完善了多层次的养老保险体系政策。

企业职工补充养老保险制度是企业根据自身经济能力，在国家规定的实施政策和实施条件下为本企业职工建立的一种辅助性养老保险制度。企业补充养老保险制度在整个养老保险体系中属于第二个层次，即属于提高退休职工生活水平的层次，是对基本养老保险的补充，由国家宏观指导、企业内部决策执行。

补充养老保险制度实行市场化商业运作与管理，其具体运作、管理可以是企业自办、行业协会办理、通过其他金融机构或通过社会保险机构办理等多种方法；其资金的筹集方式一般是采用基金积累制或混合制。企业补充养老保险与基本养老保险既有区别又有联系。其区别主要体现在两种养老保险的层次和功能上不同，其联系主要体现在两种养老保险的政策和水平相互联系、密不可分。

（3）个人储蓄性养老保险

个人储蓄性养老保险是我国养老保险体系中的第三层次，是职工个人根据自己的工资收入情况，自愿参加、自愿选择经办机构、自愿按规定缴纳个人储蓄性养老保险费的补充养老保险形式。所缴纳的费用记入当地社会保险机构在有关金融机构开设的养老保险个人账户，职工退休后，个人账户内的本息一次或分次支付给个人。其目的是提高养老保险的经济保障水平，减轻国家和企业负担，增强职工个人的自我保障意识。

2. 城镇企业职工养老保险制度改革取得的成就及存在的问题

经过二十多年的改革实践，我国城镇企业职工养老保险制度改革已取得了重大成就，主要表现为以下几个方面。

第一，基本养老保险的覆盖范围逐渐扩大。我国传统的城镇养老保险制度并没有涵盖所有的劳动者，私营企业、个体工商户、中外合资及外资企业、集体企业中计划外编制的职工，都没有被纳入其中。改革后的城镇企业职工养老保险制度冲破了原有养老保险的职工身份界限，使越来越多的劳动者的合法权益得到保障。根据 2005 年国务院发布的《关于完善企业职工基本养老保险制度的决定》，城镇各类企业职工、个体工商户和灵活就业人员都要参加企业职工基本养老保险。

第二，统筹层次不断提高，养老保险互济功能不断增强。2008 年年底，全国实现省级统筹的省份共有 17 个；有 11 个中央部门、单位的直属企业经国务院批准实行了系统养老保险费用统筹；全国基本上所有市县都实行了国有企业和集体企业离退休费用社会统筹。2011 年开始实施的《社会保险法》明确规定：基本养老保险基金实行省级统筹，并逐步实现全国统筹。随着统筹层次的提高，统筹范围的扩大，加上固定工和合同制职工的养老保险基金统一提取比例、合并调剂使用，使得养老保险的统筹互济功能大大增强，对我国的经济体制改革、社会稳定以及保证职工基本生活方面发挥了积极作用。

第三，实行社会统筹和个人账户相结合基金运行机制。基本养老保险实行社会统筹，采取现收现付模式，个人账户实行完全积累制，是综合了单纯社会统筹制和个人账户制的优点而形成的一种新型模式，这是有中国特色的基金运行机制。社会统筹体现出社会保险的共济性，确保社会保障的公平性；个人账户有利于调动个人投保的积极性，体现了效率原则。因此，它一方面改变了单纯社会统筹只重视社会互济而忽视激励功能的缺陷，启动了个人利益机制，强化了养老保障中的个人责任；另一方面又避免了单一账户制积累过大，缺乏调剂功能的弊端，在一定程度上缓解了不同企业负担畸轻畸重的问题，为所有企业参与公平竞争创造了条件。

第四，建立了养老保险积累基金，增强了抵抗人口老龄化压力的能力。传统的养老保险基于社会统筹的改革思路，采取的是现收现付的基金模式。但是，随着人口老龄化形势的日益严峻，老年人口数量不断增加，在职职工的赡养系数必将越来越大，传统的现收现付模式面临着巨大的挑战。实行社会统筹与个人账户相结合的部分积累制，基金收缴实行以支定收、略有结余的原则，在一定程度上减轻了即将到来的人口老龄化高峰期的压力，可确保养老保险制度的可持续发展。

第五，建立了多层次的养老保险体系。当前城镇企业职工养老保险制度除了基本养老保险层次之外，还包括企业补充养老保险和个人储蓄性养老保险，形成了较为完善的多层次养老保险体系。国家鼓励有条件的企业可为职工建立企业年金（补充养老保险），并实行市场化运作和管理。

企业年金采用个人账户进行管理，实行完全积累制，费用由企业与个人共同缴纳，国家没有提供资金，仅给予一定的优惠政策。同时，国家鼓励开展个人储蓄性养老保险。这种多层次养老保险体系既在一定程度上减轻了基本养老保险的压力，又能满足不同职工对养老保险的需求。目前全国有12000户企业、300多万职工试行了企业补充养老保险。70多万职工参加了个人储蓄性养老保险，积累基金5000多万元。

当然，我们也要看到，目前城镇职工养老保险制度仍然存在一些与社会主义市场经济体制不相适应的问题。比如，养老保险覆盖率依然不高，统筹层次偏低，社会统筹基金互济功能受到限制；基金管理分散，保障功能较弱，基金积累有限并保值增值困难，难以应对即将到来的人口老龄化压力；等等。而要切实解决这些问题，就必须进一步深化我国的养老保险制度改革。

（二）农村养老保险制度改革

1. 农村养老保险制度的改革试点

1986年，我国开始建立农村养老保险制度。1991年10月，民政部在山东牟平县召开了"全国农村社会养老保险试点工作会议"，确定了建立我国农村社会养老保险的基础原则。1992年7月，民政部在武汉召开了"全国农村社会养老保险工作经验交流会"，重点推广了武汉市建立农村社会养老保险制度的经验。这次会议后，民政部在总结试点经验的基础上，制定了《县级农村社会养老保险基本方案》（简称"旧农保"），并决定在全国有条件的地区逐步推广。

1992年，民政部成立农村养老保险司，组建农村社会养老保险管理服务中心，健全了中央级管理机构。到2002年底，全国31个省级人民政府的民政部门相继成立了农村社会养老保险管理处，1870个县市区建立了事业性的农村养老保险机构，有5428万农村人口参加了养老保险，其中198万人已经开始领取养老金，积累资金259.4亿元。① 到2006年年底，

---

① 参见刘从龙：《探索建立农村养老个人账户基金储蓄积累制度》，"清华大学社会保障论坛"论文（2005年1月22日）。

有 5373.7 万人参加农村养老保险，其中，2006 年领取养老金的农民人数达 355.1 万人，退保转移死亡人数达 84.6 万人。[①]

2. 旧农保的具体内容

1992 年，民政部制定了《县级农村社会养老保险基本方案》，规定了农村社会养老保险的指导思想和基本原则。按照这一基本原则，农村养老保险制度的具体内容包括以下几方面。

（1）养老保险基金的筹集模式

按规定农民个人定期、不定期或一次性缴纳保险费，集体对其补助全部记在个人名下，实行个人账户储备积累制。个人缴费一般占缴费总额的 50% 以上。村、乡集体或者企业根据自身的实际状况给予适当补助，比例一般不超过 5%。政府不在财政上直接资助，而是通过让利、让税来体现责任。基金以县级社会保险机构为基本核算平衡单位，按国家政策规定运营；参保对象达到规定领取年龄时，根据其个人账户基金积累总额计发养老金。

（2）养老保险的实施范围及管理

按规定参加农村社会养老保险的对象是非城镇户口、不由国家供应商品粮的农村人口。其中包括：村办企业、私营企业主及其职工、个体户业主、外出人员，以及乡镇企业职工、民办教师、乡镇招聘干部、职工等。在管理上，农村社会保险机构对参加养老保险的劳动者实行统一的保险编号，统一的个人账户管理。

（3）养老保险的享受条件

按规定缴纳保险费年龄一般为 20 周岁至 60 周岁，开始领取养老金的年龄一般为 60 周岁，没有男女差别。

3. 旧农保存在的问题

尽管农村养老保险发展较快，但是其在实践中存在的问题不容忽视，主要表现为：

---

① 参见《中国统计年鉴》（2007），北京：中国统计出版社 2007 年版，第 23—40 页。

(1) 参保率低、参保水平有限

农村养老保险实施已经十多年了，但到目前为止，参保的人数占农村人口的比重还是非常小。到 2006 年年底，全国农村参加农村社会养老保险总人数为 5373 万人，其中 2006 年参保人数为 460 万人，分别占 2006 年农村人口的 7% 和 0.6%。[①] 从地区来看，推行农村养老保险的地区多集中于生产力发展水平较高的东部沿海地区，而广大中西部地区仍不具备开办农村社会养老保险的条件。同时，按当前的要求来预算，其保障水平是非常有限的。例如一个农民一次性地交保费 100 元，对于现在 20 岁的人来说，到 60 岁时，每月可领到的只有 104 元；对于现在 40 岁的人来说，将来每月能拿到 11 元；而对于 59 岁的人，每月拿到的还不到 1 元钱。[②]

(2) 基金缺乏共济性，并面临贬值风险

现行的农村养老保险制度完全依靠个人缴费，个人账户基金实行自我平衡，缺乏代内与代际资金调剂，也没有国家资金的资助，不具备社会统筹共济性质。同时，当前资金只限于存入银行、购买国债，难以实现保值增值。根据民政部以前的规定，向农民承诺的基金增值率为 12.9%，并按这一水平确定养老金的给付标准，但是 1999 年以后，银行一年期定期存款利率下调到 2.25%，2002 年下调为 1.98%（见表 4 - 12）。

表 4 - 12　1997—2006 年五年期银行存款、国债名义利率

年份	1997	1998	1999	2000	2001	2002	2003	2004	2005	2006	平均
存款利率 (%)	6.70	5.20	2.88	2.88	2.88	2.79	2.79	3.60	4.14	4.14	3.80
国债利率 (%)	8.80	5.85	3.50	3.50	3.36	2.48	2.45	4.42	3.73	3.62	4.17

资料来源：历年《中国金融年鉴》，中国债债券信息网、国研网"货币银行专栏"。

---

① 参见《中国劳动和社会保障年鉴》(2007)，北京：中国统计出版社 2007 年版，第 22—25 页。

② 参见乔晓春：《农村社会养老保险问题研究》，《中国人口科学》1998 年第 6 期。

因而，近几年的银行存款利率和国债利率不断下降，难以确保原先承诺的增值率，基金面临贬值风险日益增大。另外，基层农村保险机构人员还要提取 3% 的管理费，也增加了基金支付的负担。这些无疑打击了农民参保的积极性。

（3）缺乏法律的强制力，且管理分散

当前，我国除了在 1992 年民政部出台《县级农村养老保险基本方案（试行）》外，就没有再制定专门的法规或者规章，各地自行其是，标准不一。对此，人们普遍持怀疑观望态度，缴费率和参保率低，统筹层次得不到提高，阻碍了农村养老保险继续推进。同时，现行农村养老保险的管理体制分散。除了劳动保障部门进行的带有社会保险性质的农村养老保险制度外，还有卫生部门进行的农村合作医疗制度，民政部门开展的农村"五保户"等救济、抚恤制度以及部分农村试行的最低生活保障制度。此外，还有扶贫部门的农村扶贫计划，以人口计划生育部门开展的针对计划生育对象而实施的养老保险补助制度等。因此许多部门的工作都涉及农村养老问题，但各自为政，缺乏规模，效果有限。①

4. 旧农保的改革思路

第一，改变养老保险筹集模式。当前，农村养老保险基金主要由农民个人缴费形成，基金规模较小，难以发挥基本保障的作用。因此，必须突破原有的筹集模式，变单纯的个人账户为社会统筹与个人账户相结合的部分积累模式，增加社会筹资力度，建立适当的统筹基金。对在企业工作的农民，应该要求企业承担部分养老保险费用，对于纯农民和自由职业者，政府要给予适当的保险费补贴；并将个人缴费计入个人账户，将企业、集体，以及政府补贴计入统筹账户。这样既可以增加养老保险基金，减轻农民的缴费负担，又可以实现与城镇职工养老保险制度的衔接。

第二，提高养老保障水平。农村养老保险的保障水平偏低是导致许

---

① 参见彭高建：《中国养老保险责任问题研究》，北京：北京大学出版社 2005 年版，第 83 页。

多农民不愿意参与农村养老保险制度的一个重要原因。农村养老保险制度是社会保险的重要组成部分，其宗旨是为劳动者提供最基本的生活保障，然而现行农村养老保险制度并没有对养老金水平作基本规定，农民的养老无法得到基本的制度保障。因此，必须通过保险精算，重新确定缴费标准和缴费方式，设计科学的缴费年限和支付年限，从制度上确定最基本的保障水平。

第三，确保城乡养老保险制度的衔接。统筹城乡发展，促进城乡社会保障制度一体化，是实现社会公平、确保社会和谐的内在要求。而当前城乡二元社会保障结构的现状却成了统筹城乡发展的制度障碍。为此，必须提高思想认识，消除体制障碍；增加投入，增强政府职能；加强网络服务平台建设，提高社会保险管理的科学性和统一性；重视立法保障，制定长出台相关法律法规，循序渐进，逐步推进城乡基本养老保险制度的一体化。

5. 新型农村养老保险制度的建设

2009 年，国务院决定开始开展新型农村养老保险（简称"新农保"）的试点工作。新农保试点的基本原则是"保基本、广覆盖、有弹性、可持续"。一是从农村实际出发，低水平起步，筹资标准和待遇标准要与经济发展及各方面承受能力相适应；二是个人（家庭）、集体、政府合理分担责任，权利与义务相对应；三是政府主导和农民自愿相结合，引导农村居民普遍参保；四是中央确定基本原则和主要政策，地方制订具体办法，对参保居民实行属地管理。

新农保制度建立个人缴费、集体补助、政府补贴相结合的基金筹集模式，实行社会统筹与个人账户相结合的部分积累制。国家为每个新农保参保人建立终身记录的养老保险个人账户，其基金主要来源于个人缴费、集体补助及其他经济组织、社会公益组织、个人对参保人缴费的资助，其中地方政府对参保人的缴费补贴，全部记入个人账户。参保人员的养老金待遇由基础养老金和个人账户养老金组成，支付终身。

新农保和过去一些地方实行的老农保相比，在筹资结构方面有很大不同。过去的老农保主要是农民自己缴费，实际上是自我储蓄的模式，而新农保是个人缴费、集体补助和政府补贴相结合，其中中央财政对地方进行补助，并且会直接补贴到农民头上。

（三）《转移接续暂行办法》的规定

2009 年 12 月 28 日，我国制定了《转移接续暂行办法》，于 2010 年 1 月 1 日正式实施，其中规定：农民工中断就业或返乡没有继续缴费的，由原参保地社保经办机构保留其基本养老保险关系，保存其全部参保缴费记录及个人账户，个人账户储存额继续按规定计息。农民工返回城镇就业并继续参保缴费的，无论其回到原参保地就业还是到其他城镇就业，均按前述规定累计计算其缴费年限，合并计算其个人账户储存额，符合待遇领取条件的，与城镇职工同样享受基本养老保险待遇，农民工不再返回城镇就业的，其在城镇参保缴费记录及个人账户全部有效，并根据农民工的实际情况，或在其达到规定领取条件时享受城镇职工基本养老保险待遇，或转入新型农村社会养老保险。但是对于农民工在城镇参加企业职工基本养老保险与在农村参加新型农村社会养老保险的衔接政策，另行研究制定。也就是说，《转移接续暂行办法》对新农保与城保的转移接续问题没有作出具体规定，即对如何计算新农保与城保之间的缴费年限互换和账户资金的如何转移没有具体的计算方法。

（四）城镇居民养老保险制度建设

2011 年，国务院决定开始开展城镇居民养老保险试点，主要覆盖的对象是城镇户籍非从业人员，这项制度和城镇职工养老保险制度、新型农村社会养老保险制度共同构成了我国社会养老保险体系，实现了养老保险制度的"全覆盖"。

这项制度的突出特点表现为以下两个方面：一方面是这项制度基金来源除个人缴费外，还有政府对参保人缴费给予的补贴，个人缴费越多，政府补贴也越多，而且个人缴费和政府补贴全部计入参保人的个人账户。另一方面是这项制度的养老金由个人账户养老金和基础养老金两部分构成，个人账户养老金水平由账户储存额，也就是个人缴费和政府补贴总额来决定；基础养老金则由政府全额支付。因此，这项制度与新农保在制度设计上有许多相似之处，都是由政府主导建立的养老保险制度，实行个人缴费、政府补贴相结合基金筹集渠道，采取社会统筹与个人账户相结合部分积累制模式。这些相似之处，为城乡养老保险制度的衔接以及养老保险关系的转移接续奠定了良好基础。

但是，城镇居民养老保险与职工基本养老保险制度存在许多不同之处，主要表现为：一是实施强度不同。城镇职工养老保险是依照国家法律法规强制实施的，用人单位、劳动者个人都必须按照规定缴费的；而城镇居民养老保险采取政府引导、居民自愿的方式参保。二是参保对象不同。城镇居民社会养老保险保障的是城镇非从业居民群体，而城镇职工基本养老保险主要是针对城镇就业群体。三是缴费标准不同。城镇居民养老保险的缴费标准比较低，且实行"弹性"缴费。这项制度规定参保人缴费标准设为每年100元、200元、300元、400元、500元、600元、700元、800元、900元、1000元10个档次，地方人民政府可以根据实际情况增设缴费档次。在城镇职工基本养老保险中，缴费比例相当于社会职工平均工资的28%，且一般没有"弹性"设计。四是筹资渠道不同。城镇职工基本养老保险主要筹资方是用人单位和劳动者个人，而城镇居民养老保险主要供款方除了政府和个人之外，还鼓励其他经济组织、社会公益组织、个人为参保人缴费提供第三方资助。五是统筹机制不同。在城镇职工基本养老保险制度中，用人单位的缴费部分直接纳入统筹基金，不记入个人账户，个人缴费部分直接记入个人账户。而城镇居民养老保险则没有进行统筹，参保人的基础养老金直接由政府提供，而是个人缴费、政府补贴、集体补助、其他人资助部分全部记入参保人的个人账户。六是基础养老金计发不同。两者的养老金待遇都是由基础养老金和个人账户养老金组成，个人账户的计发办法也相同，但两者的基础养老金计发办法不尽相同。城镇居民养老保险的基础养老金是以绝对额来确定的，国家目前规定的最低标准是每人每月55元，地方可根据经济发展情况提高基础养老金标准；而企业职工养老保险的基础养老金计发办法较为繁杂，其月标准以参保人员办理申领基本养老金手续时上年度全市职工月平均工资和本人指数化月平均缴费工资相加后的平均值为基数，缴费每满 1 年加发 1%。

正因为两者在上述诸多方面的区别，需要解决两者之间的转换，否则不利于两者之间的制度衔接以及养老保险关系的转移接续。为此，这项制度规定城镇居民养老保险与职工基本养老保险等其他养老保险制度的衔接办法，由人力资源和社会保障部会同财政部制定。

（五）《城乡养老保险制度衔接暂行办法》的规定

2014 年 2 月，人社部、财政部印发《城乡养老保险制度衔接暂行办法》，于 2014 年 7 月 1 日起实施，并统一城乡养老保险衔接政策标准，首次明确城乡居民养老保险和城镇职工养老保险之间可以转移衔接。该办法规定，其适用范围是参加城镇职工基本养老保险、城乡居民基本养老保险两种制度需要办理衔接手续的人员。两者可以转换的条件是以参保者缴费是否满 15 年为限，如果参加城镇职工养老保险缴费年限满 15 年（含延长缴费年限 15 年）的，可以申请从新农保或城居保转入职保（城镇职工基本养老保险）；如果参加城镇职工养老保险缴费年限不满 15 年的，可以申请从城镇职工养老保险转入新农保或城居保（城镇居民养老保险）。

该办法进一步规定了转移的内容，参保人员在城乡居民养老保险和城镇职工养老保险之间转移接续时，其个人账户全部储存额随之转移且并入相应养老保险制度的个人账户中。同时规定参保人员从城镇职工养老保险转入新农保或城居保，其参加城镇职工养老保险的缴费年限，可合并累加计算为新农保或城居保的缴费年限。但是，参保人员从新农保或城居保转入城镇职工养老保险，其参加新农保、城居保的缴费年限不合并计算或折算为职保缴费年限。

该办法的颁布实施对于促进城乡养老保险制度衔接，实现城乡参保人员养老保险关系转移接续提供了制度保障，有利于促进劳动力的合理流动，保障广大城乡参保人员的权益，对于健全和完善城乡统筹的社会保障体系具有重要意义。

综上所述，随着我国养老保险制度建设进程不断加快，养老保险制度政策的相继出台实施，一步步地化解了我国养老保险关系转移接续难的问题，养老保险关系转移接续事业呈现出明显的阶段性发展。每一阶段所面临的转移接续障碍不尽相同，可以分为以下三个阶段：第一阶段是在2010年的《转移接续暂行办法》颁布实施之前；第二阶段是《转移接续暂行办法》颁布实施以及新型农村养老保险制度实施之后；第三阶段是2014年的《城乡养老保险制度衔接暂行办法》颁布实施之后。

二、2010 年的《转移接续暂行办法》颁布实施之前转移接续的障碍分析

在这期间，我国农村劳动力约 5.1 亿人，农民工约 2 亿人，[①] 约占我国城乡劳动力总数的 1/4，农村劳动力总数的 2/5。据农业部调查，40%的农民工没有固定工作，平均就业 8—9 个月。3 个月以下占 11.3%，4—6 个月 16.3%，6—10 个月 73.3%，10 个月以上的 7.8%。[②] 调查表明，近90% 的农民工准备回家养老，但是，在 2010 年的《转移接续暂行办法》颁布实施之前，全国社会养老保险经办机构缺乏城乡协调对接机制，返乡农民工养老保险关系和养老保险社会统筹基金不能转移，只能选择退保。而退保时只退个人缴费部分，单位所缴纳的 20% 的统筹基金不得随之转移。跨城乡流动的农民工因养老保险关系转移接续，而使其养老权益受到严重损害。

（一）城乡二元养老保险制度阻碍了养老保险的转移接续

新中国成立初期，由于当时特殊的政治经济条件与重视工业、轻视农业的非均衡发展战略，中国的社会保障制度在其建立与发展中具有明显

---

① 参见崔广义：《我国农村劳动力转移的阶段判断、战略目标和制度创新思路》（国务院发展研究中心调查研究报告，2006 年 3 月 21 日），第 3 页。

② 参见劳动保障部农民工和被征地农民社会保障综合调研组：《关于农民工社会保障问题调研报告》，载劳动和社会保障部农村社会保险司编印：《农民工和被征地农民社会保障综合调研报告集》（2004 年），第 10 页。

的城乡分割特征，主要体现为城市居民具有较高水平的社会保障和较全面的社会福利，而农民基本上被排斥在正式社会保障制度之外。改革开放以来，由于我国城乡分治制度与计划经济的遗留影响，也由于经济水平偏低这一客观原因，我国养老保障的城乡分割现状没有得到根本改变。

当时，我国基本养老保险制度还是城乡迥异且呈现相互隔离状态的二元保障制度。城市基本上已经拥有了较为完善的基本养老保险体系；而农村，由于正式基本养老保险制度的缺乏，农村居民的贫困缺少缓解的渠道，农民基本上被排斥在正式基本养老保险制度之外，农民对老年生活存有"后顾之忧"，部分农村老人的基本生活需求都难以得到满足。

城市的养老保险制度主要包括：一是政府机关、事业单位员工的养老退休制度，这是适应计划经济条件的一种高福利的国家养老制度；二是企业单位员工、部分经营性事业单位员工拥有社会养老保险制度。而农村的养老保险制度主要是根据 1992 年民政部在全国试点推行的《农村社会养老保险基本方案（试点）》而逐步建立的。相比农村居民所享受的养老保险制度，城市居民的养老退休制度、养老保险制度有很大的不同（见表4－13、表4－14）。

表4－13　我国城乡居民的不同养老保障制度比较[①]

养老保障制度	城市居民		农村居民
	企业单位员工、部分经营性事业单位员工	政府机关员工、主要事业单位员工	农民
基本养老模式	养老保险制度	养老金福利制度	立足于农民自我保障：集体保障＋家庭保障＋土地保障
社会再分配功能	强	强	弱
主管单位	人力资源与社会保障部门	人事部门	民政部门

---

① 参见吴湘玲、叶汉雄：《我国基本养老保险的城乡分割及其对策探讨》，《江汉论坛》2005 年第 11 期。

续表

养老保障制度	城市居民		农村居民
	企业单位员工、部分经营性事业单位员工	政府机关员工、主要事业单位员工	农民
资金来源	企业、个人缴费	财政拨款	集体、个人缴费
财务模式	社会统筹与个人账户相结合的部分积累模式（半基金制）	现收现付	完全个人积累制（基金制）
财务平衡方法	以支定收、财政最后"兜底"	根据养老支付需求从财政列支	以支定收
政府责任	财政承担最后"兜底"职责	财政承担所有职责	不与财政挂钩，财政不承担"兜底"职责
养老金发放单位	社会机构	各政府机关、事业单位	社会机构
受益模式	待遇确定型与缴费确定型	待遇确定型	缴费确定型
与基本养老配套制度	有最低生活保障（待遇确定型）	有最低生活保障（待遇确定型）	没有最低生活保障

表4-14　我国城市与农村居民的人均离休、退休、退职费比较

（单位：元）

统计年份	全国城乡平均	城市居民			农村居民
		企业单位员工	事业单位员工	政府机关员工	农民
1990 年	1712.76	1663.78	1889.50	2006.08	—
1995 年	4194.75	3869.82	5163.24	5612.40	—
1999 年	6455.29	5841.47	8587.42	8532.80	354.45
2000 年	7000.00	6200.81	9614.08	10035.90	417.83
2001 年	7579.89	6472.14	11020.78	11927.02	481.21
2002 年	8591.04	7411.54	12379.37	13494.15	429.40
2003 年	9092.45	8221.09	13499.51	14882.84	492.15

资料来源：1991—2004 年劳动与社会保障统计年鉴。

从表 4 – 13、4 – 14 可以看出，城乡三种养老保险制度在资金来源、财务模式、政府责任、待遇水平等方面迥然不同。总体来看，政府机关员工、主要事业单位员工承担养老义务最轻、而享受的养老权益最好，政府承担主要责任，而市场化程度较低；企业单位员工以及部分经营性事业单位员工，它们是建立在政府、企业或单位和个人三方共同负担的基础上；承担责任最大、而享受福利最低的是农民。这是因为按当时 1992 年的农村养老保险制度规定，养老金基本上是由农民个人单独缴费建立个人账户形成的，而集体给予的补贴非常有限，尤其是在当前农村实行家庭联产承包制的情况下，集体的力量显得很单薄。因而，在差异很大的养老保险制度间没有任何衔接路径的情况下，跨制度间的养老保险关系转移接续就显得尤为困难。

（二）缺乏应对农民工转移接续的制度设计影响了养老保险的转移接续

改革开放以来，我国部分地区针对当时农民工这一特殊群体，制定相应的养老保险制度，以体现对农民工养老权益的保障。从全国的情况来看，当时主要有四种针对农民工的养老保险模式。

一是"城保"模式。也就是将农民的社保纳入城镇企业职工社保中，实行同样政策。目前，这种模式在广东、甘肃、陕西、河南等省市适用。二是"综保"模式。即将农民工的工伤、医疗、养老三项保险捆绑在一起实行，根据农民工特点收缴较低的保费。这种模式首先由上海设计实施，然后成都等地也开始使用。三是"双低"模式。这种模式根据农民工实际，通过降低缴费基数和缴费比例等方式，降低其参保成本，同时也相应地降低养老保险待遇，即实现低成本进入、低标准享受的目的。重庆在 2007 年开始实行这种模式。四是"农保"模式。也就是将农民工纳入流出地的农村养老保险体系中。

上述四种模式在一定程度上保障了农民工的养老权益，但将农民工纳入四种不同的模式中更加不利于他们养老保险关系在全国范围内的转移接续，况且这四种模式缺乏适应农民工高流动性等特点的制度设计，这必将使得农民工因频繁更换工作而经常被迫参保、断保或退保。

从管理上看，社会保险经办机构现有管理体制不能适应农民工养老保险关系转移接续的需求。当时社会保险经办机构人少事多，尤其是基层经办机构往往一人多岗，就是最基本的内控要求都难以满足，工作经费也缺乏保障。因此，农民工养老保险关系频繁地转移接续与经办机构现有管理体制存在着一定的矛盾。

（三）城乡间社会保险责任分担越来越不合理阻碍了养老保险的转移接续

当时养老保险的转移办法与养老保险的责任相分离，农民工为城市的经济建设作出了贡献，退保后将社会统筹账户的基金留在了城市，城市政府没有对其承担社会养老责任，实际上"只保不养"。农民工大量返回农村，农村又不得不在缺乏保险资源的情况下承担对农民工的社会养老责任。由于统筹基金难以在城乡之间实现调剂，使城市越来越"富"，而农村越来越"穷"，使得农村越来越担心今后大量农民工返乡，增加他们养老负担。社会保险的不公平就进一步由工农和城乡之间的不公平发展到了地区之间的不公平，社会矛盾随着时间的推移将进一步激化，增加社会不稳定的因素。①

（四）化解城乡转移接续障碍的条件

基于上述导致城乡养老保险关系难的障碍分析，笔者认为，要实现城乡劳动者顺利转移接续的条件是，充分发挥政府与市场机制的作用，加快农村养老保险制度建设和发展。具体来说，主要包括以下两个方面：

一方面，加大政府投入，引入市场机制，改革农村养老保险模式，实现城乡养老保险制度的衔接。当前，城乡养老保险制度具有鲜明的二元性，城镇企业职工实行社会统筹与个人账户相结合的部分积累模式，

---

① 参见吴湘玲、叶汉雄：《我国基本养老保险的城乡分割及其对策探讨》，《江汉论坛》2005 年第 11 期。

而农村社会养老保险是个人缴费为主、集体补助为辅的完全积累模式，两种不同养老计划模式难以实现衔接。因此，要逐步改革农村养老保险模式，变农民个人完全积累制为社会统筹与个人账户相结合的部分积累制。具体来说，就是要发挥政府主导作用，建立农村养老保险的统筹基金，实现养老金的城乡再分配，体现社会保障的公平性。同时，引入市场机制，建立个人账户，增强农民自我保障意识与责任，实现城乡养老保险制度的衔接，进而彻底解决城乡劳动者养老保险关系转移接续难的问题。

另一方面，建立城乡转移接续机制。当已参加城镇养老保险制度的劳动者转移到农村，政府应为他们寻求新的制度安排，为回到农村的劳动者建立一个类似农村养老保险制度中的个人账户，然后根据劳动者本人申请，将在城镇已积累的个人账户基金（包括部分统筹基金）转入乡（镇）、村的个人账户，并将它视为其在农村养老保险按某一缴费水平已缴纳若干年后积累的养老金，以确保其在农村继续缴纳养老保险金，由县（市）农村社会养老保险事业管理处保值增值。

对于目前尚未实施农村社会养老保险，而县（市）已经建立了农村社会养老保险事业管理处的农村，在城镇参保后回乡的劳动者可将其城镇的个人账户基金本息转入本地的县（市）农村社会养老保险事业管理处为其管理，并实现保值增值的目标。等到本地实行农村社会养老保险后，一并存入农村社会养老保险的个人账户中。

对于已经实行农村养老保险的乡（镇）、村，当在农村参保的劳动者流动到城镇务工时，可根据其申请，将其在农村养老保险个人账户的养老金本息转入城镇所在单位参保的个人账户中，或者继续保留在农村，由县（市）级农村社会养老保险事业管理处保值增值。

对于已在农村参保的农民工，可将他们的养老金封存，并在城镇建立一个新的账户，纳入城镇养老保险体系，等他们退休时可将上述两个账户一并核算。

三、《转移接续暂行办法》颁布实施至《城乡养老保险制度衔接暂行办法》颁布实施期间转移接续的障碍分析

1. 实现新农保和城保之间养老保险关系转移接续的必要性

在这期间，我国劳动者在城镇工作主要参加城镇企业职工养老保险或机关事业单位养老保险制度，在农村主要参加新型农村养老保险制度。随着我国城乡经济社会协调发展，尤其是城镇化建设步伐进一步加快，劳动者流动不仅呈现出跨地区转移的态势，而且呈现出城乡转移日趋频繁的态势。根据《转移接续暂行办法》的规定，农民工到达法定退休年龄时缴费年限不满15年不能续缴，须将基本养老保险关系转回户籍所在地农村社会养老保险经办机构。但由于工资、学历、年龄、技能等方面的原因使得农民工在某一城市工作满15年比较困难，将来势必会有相当多的不符合在城市领取基本养老保险条件的农民工转回到农村养老。同时，未来城镇化建设也会有相当多的新生代农民工不断涌入城镇就业，这就意味着，随着我国经济社会的发展，将有许多的农民工在城乡之间流动。

但是，《转移接续暂行办法》尚缺乏对城乡养老保险关系转移接续办法的相关详细规定，劳动者城乡流动时养老保险权益缺乏制度保障，这必然会损害参保人员的养老保险权益。因此，确保参加新型农村养老保险或城镇职工基本养老保险的农民工养老保险关系顺利实现转移接续，是保障农民工基本养老保险权益的切实需要，具有重要的现实意义。

(1) 农民工流动规模巨大

我国农民工不仅数量庞大而且大部分农民工外出就业。根据《2011年我国农民工调查监测报告》显示，我国2011年全国农民工总量达到25278万人，比2010年增加1055万人，增长4.4%。其中，外出农民工15863万人，增加528万人，增长3.4%。住户中外出农民工12584万人，比2010年增加320万人，增长2.6%；举家外出农民工3279万人，增加208万人，增长6.8%。本地农民工9415万人，增加527万人，增长5.9%。

同时，根据调查分析，有近90%的农民工准备回家养老。因此，计算好新农保与城保之间转移接续的缴费年限以及账户资金转移有利于保障农民工的晚年生活。

（2）农民工流动方式多样

我国农民工的流动方式呈现出多样性。我国农民工的流动一般会出现"城—乡"、"乡—城"、"城—乡—城"和"乡—城—乡"等形式。有些农民工只是城市和农村流动，但是有些农民工出现了从城市到农村再到城市或者从农村到城市再到农村的流动形式。比如，我国农民工从开始向东部沿海地区流动慢慢转向中西部地区流动。2011年在东部地区务工的农民工有16537万人，比2010年增加324万人，增长2.0%，占农民工总量的65.4%，比2010年降低1.5个百分点；在中部地区务工的农民工有4438万人，比2010年增加334万人，增长8.1%，占农民工总量的17.6%，比2010年提高0.7个百分点；在西部地区务工的农民工有4215万人，比2010年增加370万人，增长9.6%，占农民工总量的16.7%，比2010年提高0.8个百分点。农民工在城市与农村之间相互流动，探讨新农保与城保之间转移接续的具体方法对不同流动方式的农民工有积极作用。

（3）农民工养老保险转移接续率低

根据《中国流动人口发展报告2011》的数据显示，在参加了城镇基本养老保险的流动人口被访者中，74.7%没有将养老保险转移到现工作城市。这将造成前期缴费的失效，不能为流动人口未来生活带来真正保障。不了解养老保险接续政策以及接续手续复杂，是流动人口未能进行养老保险接续的主要原因。因此，探讨出新农保与城保的转移接续办法，无异于给农民工打了一剂强心针，对未来参保更有安全感。

2. 城乡养老保险关系转移接续的障碍分析

（1）新农保和城保制度设计的二元化

尽管新农保和城保均实行社会统筹与个人账户相结合的部分积累模式，但是两者在参保条件、缴费方式、待遇水平等方面还存在着明显的二元化。

第一，责任分担结构不同。新型农村基本养老保险制度的责任主体为个人、集体和国家，但考虑到我国很多地区尤其是中西部地区集体经济实力有限的现状，新型农村基本养老保险责任主体主要是国家和参保者个人。城镇职工基本养老保险制度责任主体为个人、企业和国家，企业和个人的责任主要体现在为参保者缴纳养老保险费方面，国家的责任主要体现在为做实城镇职工基本养老保险制度个人账户提供财政支持等方面。新型农村基本养老保险制度与城镇职工基本养老保险制度责任分担结构有差异，这为城乡社会养老保险关系的转移接续设置了障碍。

第二，统筹部分出资方不同。城镇职工基本养老保险制度的统筹部分由企业缴费和财政补助积累而成。而新型农村基本养老保险制度的统筹部分，中西部地区全部由中央财政负担；东部地区由中央财政负担50%，其余部分由地方财政负担。

责任分担结构与统筹部分出资方不同，直接造成国家的身份界定模糊，政府在新型农村基本养老保险制度中既是缴费人又是支付人，这与城镇企业职工基本养老保险有很大区别。由于统筹部分的出资主体不同，造成的现实问题是：如果两种制度转换，农民基础养老金的资金是由财政继续承担还是由当地城镇统筹账户出资，没有明确规定。若由财政承担，国家新型农村基本养老保险就没有得到实质性的转化；若由当地城镇统筹账户出资，必然会侵犯城市参保人口养老基金部分利益。

第三，个人账户资金产权的非私有性。新型农村基本养老保险制度中参保农村居民的个人账户由个人缴费和地方财政补贴组成。《国务院关于新农村社会养老保险试点的指导意见》关于养老金待遇中规定，参保人死亡，个人账户中的资金余额除政府补贴外，可以依法继承；政府补贴余额用于继续支付其他参保人的养老金。即参保农村居民个人账户中地方财政补贴的部分在某种程度上仍然属于政府所有。这个规定违背了个人账户资产产权的私有性特征。个人账户资金产权的非私有性，直接导致新型农村养老保险个人账户与参保者拥有完全私有权的城镇企业职工养老保险个人账户对接程序较为繁琐。①

第四，缴费标准不同。城镇职工基本养老保险制度中，企业每月按照企业工资总额的 20% 缴费，个人每月按上年度月平均工资的 8% 缴费（2009 年《农民工参加基本养老保险办法》征询意见中规定：对于农民工，用人单位缴费比例为工资总额的 12%，个人缴费比例为 4%—8%）；新型农村基本养老保险制度实行个人缴费、集体补助、政府补贴的原则，参保居民每年按 100 元、200 元、300 元、400 元、500 元分五个档次缴费②。城镇企业职工基本养老保险的缴费标准较高，具有强制性，积累额较高；新型农村基本养老保险的缴费形式灵活但缴费标准偏低，且为自愿，积累额远低于城镇企业职工基本养老保险。两种截然不同的缴费标准，势必导致农民工在新农保和城保之间的转移接续过程中换算缴费年限复杂和账户资金对接困难③。

第五，年限计算不同。对于参加城镇职工基本养老保险制度的职工缴费年限累计满 15 年的，退休后按月发给基本养老金。对于新型农村基本养老保险制度，其实施时，年满 60 周岁、未享受城镇职工基本养老保险待遇的农村有户籍的老年人，可以按月领取养老金，但其符合参保条件的子女应当参保缴费；距领取年龄不满 15 年的，应按年缴费，也允许补缴，计缴费年限不超过 15 年；距领取年龄超过 15 年的应按年缴费，累计缴费不少于 15 年。可以看出，城镇企业职工基本养老保险的规定严格明确，而新型农村基本养老保险较为宽泛。这为制度间的转移接续的精算问题带来了一定难度。建议在制度转接过程中，以城镇企业职工基本养老保险的缴费年限为标准。

---

① 参见苏海、王小春：《关于新农保与城保转移接续方法的思考》，《石家庄经济学院学报》2010 年第 6 期。

② 各个省市的新农保缴费档次不一样。福建省在设置缴费档次时，在中央设置的年缴100—500 元五档的基础上，增设了 600—1200 元七个档次；而大部分省市还是五个档次。

③ 《城乡居民社会养老保险与城镇职工基本养老保险的六个不同》，[EB/OL]. (2012-7-6) [2012-10-19] http：//insurance.cngold.org/c/2012-07-06/c1205704.html。

第六，基础养老金计算方法不同。两种制度的养老金待遇均由基础养老金和个人账户养老金组成。但两种制度下的养老金计算方法不同，这种不同主要体现在基础养老金部分。新型农村基本养老保险基础养老金55元由国家财政全部承担，与农民缴费多少和缴费时间长短关联不大；城镇企业职工的基础养老金月标准以当地上年度在岗职工月平均工资和本人指数化月平均缴费工资的平均值为基数，按"多缴多得，长缴多得"的原则设计①。而且，由于城镇职工基本养老保险实行按月缴费，积累额较高，新农保实行按年缴费，积累额较低，所以以城镇职工基本养老金待遇比新农保高。这就使得两种制度的转移接续存在养老金待遇的比较利益问题。

（2）户籍壁垒

根据《中国流动人口发展报告2011》的数据显示，我国有52%的就业流动人口未参加任何社会保险，其主要原因是户籍制度。目前，多数城市为居民提供服务仍以户籍为依据。② 现行的城乡二元户籍制度从根本上阻碍了新农保与城保之间的转移接续。虽然《转移接续暂行办法》中明文

---

① 按照1997年的《我国关于建立统一的企业基本养老保险制度的决定》（国发〔1997〕26号）新人基础养老金公式为：$MP_b = SW \times 20\%$，其中MP_b是基础养老金，SW为投保人退休时当地上年度城镇职工月平均投保工资；按照2005年《关于完善企业职工基本养老保险的决定》（国发〔2005〕38号）基础养老金公式改为：$MP_b = SW + S/2 \times N \times 1\%$，其中$S$为投保人本人在业期间的指数化月平均投保工资，$N$为投保年限，$1\%$为每投保一年的基础养老金系数。本人指数化月平均缴费工资指标政策业务意义的计算公式为：$S = [X1 \times (C1/C1) + X2 \times (C1/C2) + \cdots Xi \times (C1/Ci) + \cdots Xj \times (C1/Cj)]/n$，其中公式，$X1、X2 \cdots Xi \cdots Xj$为参保人员退休前1年、2年、……、$j$年本人缴费工资额；$C1、C2 \cdots Ci \cdots Cj$为参保人员退休前1年、2年、……、$j$年全国/省/地市"职工平均工资"或称"社会平均工资"；n为企业和职工实际缴纳基本养老保险费的月数。

② 中国人民大学社会与人口学院院长翟振武指出，目前，多数城市为居民提供服务仍以户籍为依据。"由于中国特殊的户籍制度，流动人口几乎成为除市民、农民以外的第三大人口群体。"流动人口终年奔忙在城市，很多时候却又游离在城市体系之外。如流动人口的计生管理服务经费投入缺乏有力法律依据，大部分社会举办的民工子弟学校条件差教育质量差，仍有很大比例的流动人口未纳入工伤保险范围，未被纳入城镇住房保障体系等等。参见国家人口与计划生育委员会流动人口服务管理司主编：《中国流动人口发展报告2011》，中国人口出版社2011年版，第121页。

规定：凡是参加城镇企业职工基本养老保险的所有人员，包括农民工，他们的基本养老保险关系可以在跨地区工作时一同进行转移；在对个人的账户存储额进行转移的过程中，还可以将一部分的统筹基金进行转移，对参保人员在各个地区缴纳养老、医疗、失业等费用进行累计计算，个人账户存储额进行合并计算。但在相关细则上仍设置了户籍门槛，使农民工养老保险关系的异地转续风险加大。《转移接续暂行办法》关于农民工养老保险关系转接机制中，运用的是养老保险关系始终与户籍制度挂钩的管理办法，当农民工养老保险关系转接遇到障碍时，有户籍的可以转入，无户籍的则不可转入，这对农民工养老保险关系转移接续工作是十分不利的。①

3.《转移接续暂行办法》颁布实施之后各地的实践探索

由于国家层面上缺乏设计，各地为解决城乡劳动力流动而引发的养老保险关系转移接续问题，纷纷出台相关衔接措施。根据江苏和安徽两省的调查，主要有以下五种模式。

一是"折算"模式。当新农保向城保转移时，将劳动者参加新农保期间各年的缴费金额，统一按所对应的历年城保一定的缴费基数和比例换算为城保的缴费年限，同时将新农保缴费金额全额划入转入地城保基金并终止农保关系。具体来说，就是将参保者新农保个人账户中的个人缴费部分（含收益）转入城镇相应个人账户。而新农保个人账户中集体和政府补贴部分，则转入城保的统筹账户。当城保转移到新农保时，则将劳动者参加城保期间的个人账户基金转入新农保，并认同相应缴费年限。

此模式尽管操作相对简单，但其缺乏公平性的缺陷不容忽视，很可能出现在农村 10 多年的参保缴费只能换取 1 年的城镇缴费年限。以 1 名 40 岁开始参加农保者为例，假设他在参加了 10 年的新农保后，于 50 岁申请转入城保，10 年新农保折算后大约只相当于 1 年左右城镇缴费年限。如果要在城镇领取养老待遇，至少需要连续参保缴费到 64 岁或 65 岁，或

---

① 参见赵洪燕：《户籍制度影响农民工养老保险关系转移接续的问题研究》，《出国与就业》（就业版）2011 年第 2 期。

者在到达领取年龄时对差额部分一次性补缴，显然对参保者有失公平。

事实上，城保和新农保是完全不同的养老制度安排，新农保在很大程度上属于社会福利性质，体现了国家对农民这一最大弱势群体在养老上的惠利，也是我国养老保障"保基本、全覆盖、有弹性"原则的具体体现。因此，两种制度在缴费年限上，不是简单的算术关系，不能用简单的加减乘除来掩盖制度设计的初衷。实践中，甚至有的地方走向另一个极端，即把新农保的缴费年限视同城镇缴费（不经任何折算）年限，显然这种办法也会损害已参加城保人员的权益，因为统筹基金被稀释了。

二是"补差"模式。就是先计算参加农保之日起至参加城保之日的城保缴费额，以职工农保个人账户积累额抵冲城保缴费额并补足差额部分，其参加农保的时间可以计算为城保缴费年限。此模式的一个缺陷是计算相应年度的缴费差额在操作上相对复杂，因为参加新农保和城保的缴费是按年度调整的，如果参保人缴费年限较长、选择缴费档次变化较多，在养老保险信息系统并不完善的情况下，手工计算补缴差额极为不便。

三是"封存"模式。将原农保个人账户储存额由农保经办机构封存并继续计息。当转移至城镇就业时，按城保规定缴费参加城保，建立个人账户，并计算缴费年限。当到达退休年龄后，将其农保个人账户积累额并入城保个人账户，按城保办法计算养老待遇。

四是按户籍区别对待模式。就是对转入城保的农民工依其户籍区别对待。对于本地户籍的农民工在转入城保时，承认其相应的农保缴费年限等于相应的城保缴费年限，并直接转入城保。而对外地户籍的农民工转入本地城保时，则采取"折算"或"补差"等办法，或者拒绝承认原参加新农保的养老权益。

五是分段计算模式。参保人城乡流动时不转移个人缴费和计算年限，而是分别计算在新农保和城保的缴费年限和累计缴费额，到退休时统一支付。

由于各地的转移接续办法不统一，不仅阻碍了全国形成统一的转移接续办法，而且使得不同地区的农民工所获得的待遇不同，违背了公平性原则。

四、《城乡养老保险制度衔接暂行办法》的局限性

2014年7月，我国开始正式实施《城乡养老保险制度衔接暂行办法》。显然，这一办法颁布实施必将有效地解决城乡居民养老保险和城镇职工养老保险之间的转移衔接问题，切实保障了城乡流动人口的养老权益。但是，这一办法与《转移接续暂行办法》一样，也是在尚未改变我国养老保险制度"碎片化"的前提下出台的一种"补救式"政策，也只能在一定程度上化解养老保险关系转移接续问题，是一项权宜之策。

总而言之，通过上述三个不同发展阶段的养老保险关系转移接续情况的分析，从中可以找出一条规律：实现城乡转移接续的无障碍进行依赖于养老保险本身的制度建设；每一次养老保险制度建设与完善都在不同程度上化解了转移接续的障碍。

第三节 机关事业单位人员转移接续问题研究

随着经济体制改革的不断深化，以及机关事业单位①改革的不断推进，机关事业单位的工作人员不仅在机关事业单位内部的流动不断增加，

---

① 根据我国现行《公务员法》，我国国家机关主要包括各级人大常委会、各级人民政府、各级人民法院和专门人民法院、各级人民检察院和专门人民检察院、代表国家的驻外机构或者驻外工作机构，还包括中国共产党的各级机关及其工作部门，各民主学派的中央和地方的工作机构。事业单位主要指由国家核拨经费的，从事教育科学、文化、卫生、广播电视、社会福利等领域社会服务的社会组织。长期以来事业单位的编制、工资、福利待遇等参照国家机关执行，形成政事职能不分、政事合一等情况，甚至至今仍存在事业单位承担部分行政职能的问题，再加上目前我国机关事业单位离退休养老保障制度没有进行整体改革，机关和事业单位的养老保险制度具有同质性。因此，本书在研究中将二者合二为一，统称机关事业养老保险制度。其中以事业单位为研究对象的重点，这主要是由于事业单位与企业之间的人员流动远比机关与企业之间的人员流动频繁。

而且与企业之间的流动也日趋频繁。对于机关事业单位内部之间的流动，由于都实行政府主导的、统一的现收现付养老保险模式，他们的养老保险关系转移接续比较容易实现。而对于机关事业单位与企业之间的人员流动，由于机关事业单位的养老保险制度与城镇企业职工养老保险制度截然不同，因此，他们的保险关系转移接续必然面临很大的障碍。为研究方便，本书主要探讨机关事业单位人员进入企业后的保险关系转移接续问题。

一、机关事业单位与企业养老保险关系转移接续的现行政策分析

我国现行的机关事业单位养老保障制度，与新中国成立初期以及计划经济体制时代相比，变化并不明显。职工退休养老通常由国家财政负担或单位自理，按照职工退休时的工资的一定比例发放，个人不承担相应的责任，职工由此也依附于所在单位。从退休制度而言，事业单位工作人员凡达到国家规定的退休条件均应办理退休，退休是一种基本形式。但在我国的退休制度中还有离职休养（离休）和退职两种特殊形式。离休只适用于1949年9月30日前参加工作的干部。退职则适用于不符合法定退休条件的人员，主要是对事业单位服务时间很短而丧失工作能力的人员，给予一定的生活保障。从退休年龄来看，男年满60周岁，女干部年满55周岁，女工人年满50周岁，工龄满10年；男年满50周岁，女干部年满45周岁，经医院证明完全丧失工作能力的；因工致残，经医院证明完全丧失工作能力的。另外，对高级专业技术人员的退休年龄可以适当延长。即：如工作确实需要，能坚持正常工作，本人自愿的，经组织批准，正教授级可延长到70周岁，副教授级可延长到65周岁退休。在此，我们暂且不谈这种模式的合理性与否，先看看机关事业单位人员进入企业后，劳动者的养老保险关系转移接续所遇到的障碍。

为适应机关事业单位与企业之间劳动者日益频繁流动的需要，劳动

和社会保障部对机关事业单位职工与企业职工养老保险转移问题做了规定。2001 年劳动和社会保障部下发了《关于职工在机关事业单位与企业之间流动时社会保险关系处理意见的通知》（劳社部〔2001〕13 号），这是目前处理此类问题的主要依据。该通知规定，职工在机关事业单位和企业单位之间流动时，"要相应转移各项社会保险关系，并执行调入单位的社会保险制度。对于养老保险而言，分为两种情形：一是从机关事业单位调入企业工作的，参加企业职工的基本养老保险。单位与个人按规定缴纳基本养老保险费，建立基本养老保险个人账户，原有工作年限视同缴费年限，退休时按企业的部分计发基本养老金。另外，根据本人在机关工作的年限给予一次性补贴，转入个人账户。补贴的标准为：本人离开机关上年度月平均基本工资 × 在机关工作年限 × 0.3% × 120 个月。另一种情形是职工由企业进入机关事业单位工作的，执行机关事业单位的退休养老保险制度，其原有的连续工龄与进入机关事业保险后的工作年限合并计算，退休时按机关事业单位的部分计发养老金。已建立的个人账户在退休时，个人账户储存额每月按 1/120 计发，并相应抵减按机关事业单位办法计发的养老金。

有学者认为，该通知存在以下几个问题：一是适用范围过大。事业单位千差万别，不宜对事业单位做笼统的规定，对事业单位人员流动中的社会保险接轨问题需要单独规定。二是对职工由机关进入企业工作后，"原有的工作年限视同缴费年限，退休时按照企业的办法计发养老金"，应有具体的落实办法。例如，应当规定基本养老保险的统筹部分无条件地接纳从机关转入企业的人员；按照企业所在地市开始建立个人账户的时间以及单位和个人的缴费基数、费率，为转入人员建立个人账户，费用由财政支出；机关分流人员转入的企业已建立补充养老保险的，转入人员应当参加企业的补充养老保险，由财政补足机关职工转入企业前该企业职工个人应缴纳的补充养老保险费用；等等。三是通知中关于一次性补贴的计算公式不易理解，有的数字如 1/120 也不科学，也没有为国家财政节省多少资金。该学者认为更为科学、简明的计算方法应当是根据职工在机关的实际

工作年限 × 本人上年度基本工资的 10%，并且该项补贴应当在职工转移时一次性地支付现金，而不应当转入个人账户中。当然，该通知存在的更大问题是没有对现行独立的公务员养老制度进行大的改革与调整。①

笔者认为，有必要把上述机制进一步完善，逐步形成全员（包括各类参加养老保险关系的人员）养老保险乃至社会保险跨地区、跨行业的流转机制，为实现社会养老保险制度的整合和统一奠定必要基础。

二、机关事业单位与企业养老保险关系转移接续的障碍分析

时至今日，上述政策已严重滞后于当前的劳动力流动，依然存在着养老保险关系转移接续的障碍，并不能彻底解决这一问题，仅为一项权宜之策。

（一）养老保险制度设计缺陷阻碍了养老保险的转移接续

由于机关事业单位养老保险沿用了传统的现收现付制模式，没有建立职工的个人账户，没有基金积累，而城镇企业职工养老保险实行"社会统筹与个人账户相结合"的部分积累模式，形成了事实上的"二元"结构。因此，当劳动者在机关事业单位与企业之间合理流动时养老保险的顺利转移接续将由于两种不同养老保险制度存在差异而难以衔接。同时，按现在相关的政策设计，规定"统筹部分基金不转移"，为此许多地方政府人为地设置障碍，防止人员流入，如把"年龄在 35 岁以下"作为引进外地人才的必要条件之一，从而阻碍了流动人员转移接续养老保险关系，进而阻碍各种人才的合理流动。除此之外，机关事业单位中未参加基本养老保险而后来流动到机关事业单位外的人员，其原来的工作年限如何转换计算社会保险缴费，缺乏明确的规定。② 这些制度上的

---

① 参见彭高建：《中国养老保险责任问题研究》，北京：北京大学出版社 2005 年版，第92 页。

② 参见任闽育：《机关事业单位养老保险制度改革刍议》，《政协天地》2006 年第 8 期。

缺陷严重阻碍了机关事业单位人员进入企业后的养老保险关系顺利转移接续。

（二）养老保险责任与权益脱钩阻碍了养老保险的转移接续

企业职工退休后享受的待遇根据其在职时所缴纳的养老保险费的多少和时间长短来决定，机关事业单位人员养老保险待遇的多少不与其在职时实际缴费多少、时间长短挂钩，而是按其基本工资的一定比例计算养老金。缴费责任与其待遇权益出现脱节。

根据国务院 1978 年制定的《国务院关于安置老弱病残干部的暂行办法》和《国务院关于工人退休、退职的暂行办法》等政策，机关事业单位职工退休待遇标准是按退休时档案工资打折。据不完全统计，机关事业单位养老保险替代率高达 96%。[①] 如此高的养老金替代率给养老保险基金带来沉重的支付压力，而目前企业职工的养老金替代率仅为 70% 左右。这种缺乏市场机制运作制度设计严重挫伤了职工缴费和积极性，阻碍机关事业养老保险事业的持续发展。同时，也使机关事业单位人员的参保意识淡薄，甚至在一些专业性或者专营性强、经济效益好、职工整体年龄低的单位，由于担心"参保会让他人占便宜"而不愿参加养老保险。因此，机关事业单位这种养老保险责任与权益非对应性特点与企业中责任与权益对应性要求之间难以衔接，阻碍了事业单位转制企业后劳动者养老保险关系的转移接续。

（三）转移成本过大阻碍了养老保险的转移接续

按目前政策，机关事业单位转移到企业的劳动者的养老权益将严重受损。根据目前有关规定，机关事业单位的养老金实行待遇确定型方式计发，而城镇企业采取缴费确定型方式。所谓待遇确定型，是指事业单位离休金按本人离休时的原工资标准计发，退休金按照本人退休前最后一个月工资的一定比例计发，离退休待遇与工作年限密切相关。工作年限满 35 年以上的按 90% 计发；工作年限满 30 年不满 35 年的按 85% 计发；工

---

① 参见张杰林、陈跃新：《从根本上解决保险待遇计发问题》，《中国劳动》2006 年第 9 期。

作年限满 20 年不满 30 年的按 80% 计发；工作年限满 10 年不满 20 年的按 70% 计发；工作年限不满 10 年退职的，其退职生活费按本人原工资的 50% 计发。并且离退休费用不实行社会化发放，由原工作单位负责发放。同时待遇调整与在职人员工资同步，也就是说，在职人员调整工资时，离退休人员相应增加离退休金。离休人员原则上按同职级在职人员平均增资额增加，退休人员按同级在职人员增资额的一定比例增加，形成所谓"退休金完全或大体与工资同步增长"的制度。

而企业职工养老金按企业与个人缴费来确定，其替代率远低于机关事业单位。例如，1993 年以后，机关事业单位退休金替代率为 90% 左右，甚至部分人员达到 100%，而企业只有 70% 左右，加上机关事业单位和企业退休金调整机制以及其他福利机制不同，离退休人员的实际收入相差悬殊。这种制度结构使得在现实中出现相同工龄、学历及职位的人员，在机关事业单位退休与在企业退休其待遇要相差近两倍，造成企业退休人员心理上的不平衡。也就意味着，当他离开事业单位到企业工作，他将为此失去今后优惠的退休福利，进而增加了流动人员转移成本，阻碍了事业单位工作人员流到企业工作。有些地方在事业单位改制为企业后职工不参加城镇企业职工养老保险，仍留在机关事业单位保险中，甚至已向社会分流的人员在成为自由职业者后仍可继续参加机关事业单位养老保险，并在改制单位中出现人们纷纷办理提前病退这一不正常现象。

三、机关事业单位人员养老保险关系顺利转移接续的条件分析

（一）保护转移接续后劳动者的养老权益

虽然目前机关事业单位工作人员没有建立个人账户，甚至没有缴纳养老金，但按现行的机关事业单位养老保险制度，目前在岗工作人员已与国家建立了事实上的养老保险关系，其养老权益理应受到法律的保护。而转移接续一旦引起工作人员养老权益的损失，必然引发抵触情绪，

进而威胁社会稳定，增加改革成本。因此，实现进入企业的机关事业单位人员养老保险关系顺利转移接续，保护其原有的养老权益是一个重要条件。

（二）确保两种制度平稳衔接

既然养老保险关系转移接续困难的症结在于制度本身，因此，解决这一问题的根本出路也要从改革现行养老保险制度入手，应该将机关事业单位养老保险制度改革置于建立全国一体化发展的基本养老保险体系的角度，统筹考虑涵盖农民、企业职工（包括农民工）、机关事业单位职工以及城镇居民在内所有参保对象的养老保险问题，而不应该"只见树木不见森林"地单纯解决机关事业单位的养老保险制度问题。改革的目标是实现机关事业单位养老保险制度与城镇职工养老保险制度并轨，建立全国一体化的养老保险制度，彻底排除转移接续的制度障碍。

从保险学的角度来看，机关事业单位工作人员和企业职工只有工作性质、岗位职责的差异，但在面临的养老风险上是一样的。因此，机关事业单位的养老保险模式应与企业养老保险制度有效衔接，保持制度的一致，实行国家、用人单位和个人三方共同承担的"统账结合"模式。

但是，当前机关事业单位养老保险制度的替代率远高于城镇职工养老保险制度，均达80%以上。如果简单地将两者"拉平"，必然带来改革的巨大阻力。2008年启动的事业单位养老保险制度改革的失败，足以看出改革的阻力。因此，改革必须在不以牺牲职工的养老保险权益为代价的同时，实现制度并轨。实现改革这一目标的出路就在于，由国家统筹型的事业单位养老保险制度转变为基本养老保险和强制性职业年金相结合的模式。

其中，基本养老保险制度与城镇企业职工养老保险制度相一致，实行社会统筹与个人账户相结合的筹资模式，实现60%的养老金替代率。坚持权利与义务相对应的原则，以事业单位职工的基本工资或全国事业单位上年度平均基本工资为缴费基数，按照一支定收的原则，合理确定用人单位与个人的缴费比率。而强制性职业年金实行完全积累制，由用人单位和个人共同缴费，每个职工都建立一个独立的个人账户，实行市场化运作，国家给予一定的优惠政策，实现 20% 以上的替代率。这样，改革之后的职工退休时的养老金就不因改革而损失。建立两种制度模式的一体化之后，养老保险关系转移接续就顺理成章了。

而且逐步建立与企业一致的养老保险制度，有利于应对人口老龄化压力。2001 年，劳动和社会保障部保险研究所利用 1999 年全国 691 万参保职工（机关事业单位 62 万人）的相关数据，建立养老保险预测模型对未来 50 年我国养老保险基金收支情况进行了测算，结果表明：如果事业单位养老保险自身统筹，基金自收自支，按法定退休年龄计算，2050 年事业单位退休职工抚养比高达 0.7 : 1，即 1.4 个在职人员抚养一个退休人员；而企事业机关参加同一养老保险社会统筹体制，则 2050 年退休人员抚养比可降至 0.53 : 1，即 1.87 个在职人员抚养一个退休人员；造成这种局面的原因在于事业单位在未来 50 年里，整体编制缩小，职工老龄化程度异常严重。由此可看出：事业单位如果不尽快参加社会统筹，其老龄化速度带来的养老金快速增长无疑会加剧财政的负担。

（三）发挥政府作用，改革事业单位养老保险模式

在制度建设方面，政府具有市场机制无法比拟的优势。要实现机关事业单位转制企业的养老保险关系顺利转移接续，应发挥政府的主导作用，改变机关事业单位传统的养老保险模式，以建立全国统一的基本养老保险制度，实行统一的社会统筹与个人账户相结合的基本养老保险制度，增加补充养老保险制度，构建适合我国国情的多元化、多支柱的养老保险体系[①]，以便与城镇企业职工养老保险体系相衔接。

同时，政府的作用应主要体现在职工离退休后基本生活的保障上。传统养老保险制度不仅保障离退休人员基本生活需要，而且尽可能地提供社会福利性的满足，这种事实上的政府保障模式必然引起国家财政的严重负担，危及一国养老保险制度的可持续发展。因此，在重新构建机关事业

---

① 这一部分内容将在下一章详细分析。

单位养老保险模式时，应明确政府的界限。

（四）引入市场机制，实现养老责任与权益的相对应

首先，建立退休待遇与缴费相对应的养老保险激励机制。要进行事业单位离退休人员离退休费计发办法的改革。这项改革应本着效率优先、兼顾公平，遵循权利和义务对应原则，形成缴费与待遇挂钩的机制，在保障离退休人员基本生活的前提下，实现多缴多得、少缴少得，体现缴费的激励机制。

在机关事业单位基本养老保险的缴费问题上，应该充分考虑如何有条件地"外接"，即如何与企业基本养老保险有较强的兼容性。具体来说，个人缴费比例应与企业职工缴费基本一致，缴费基数以其个人在岗月工资待遇为基数。这样，当机关事业单位人员或者企业参保人员流动时，就能在新单位顺畅地接续养老保险关系，从而保证个人在社会保险方面的合法权益不受到任何损失。

机关事业单位职工退休待遇计发办法可参照企业职工养老金计发办法，由三部分组成：机关事业单位平均工资的一定比例、个人账户一定比例、过渡性养老金（视同缴费年限折算个人账户余额）。也可以是职工基本工资的一定比例＋个人账户余额一定比例，以体现机关事业单位现行分配制度与退休待遇计发办法相统一。具体是"新人"、"中人"和"老人"的养老保险待遇必须分别对待。其一，"新人"（新参保人员）基本养老金由基础养老金和个人账户养老金组成。机关事业单位的养老保险待遇可以相对高于一般的企业养老保险待遇，这是由机关收入相对稳定、透明，没有其他额外收入的性质所决定的。此外，基础养老金的基数应按机关事业单位在岗人员的平均工资计算。其二，"中人"（在1997年城镇企业职工养老保险制度改革前已参保的人员）在计算养老待遇时应体现出有所不同。除了基本养老金外，他们还应当有过渡性养老金，以弥补由于历史原因客观上造成其个人账户积累的不足。其三，"老人"（在1997年城镇企业职工养老保险制度改革前已离退休的人员）的原待遇不变，并按有关规定参加相应的养老金调整。

其次，建立机关事业单位基本养老保险个人账户。即把筹集到的基本养老保险基金中参保职工个人缴纳额的全部和单位缴纳额的一定比例（单位缴纳部分可以不划入个人账户），作为参保职工的个人积累，与单位缴纳额的另一部分（作为公共积累的统筹基金）分别管理和运营。同时，把离退休费计发办法同个人账户的积累额及个人缴费的年限挂钩，体现出缴与不缴不一样，缴多缴少不一样，缴费的时间长短不一样的效率优先、兼顾公平，权利义务对等的原则。

改变以档案工资为缴费基数的办法，实现经济效益不平衡的地区之间的有机统一。职工退休后，也以"个人账户"和缴费基数计发养老金，避免职工退休时的养老金高于其在职时的工资。

最后，建立补充养老保险制度。政府建立社会保障的初衷是为保障国民的基本生活需要，而国民退休后需要更高的生活水准，应发挥市场机制作用，遵循自愿原则，建立补充养老保险制度，弥补政府机制作用的局限性。

（五）建立统一的社会保障卡

要为每一个职工建立全国通行的唯一的社会保障卡。每张卡均记录着参保者的缴费情况、个人账户基金以及企业年金或职业年金等信息，由参保者持有，参保数据及基金随参保者流动而转移，从而实现养老保险关系在统筹区之间、不同性质单位之间以及城乡之间转移接续"一卡通"。达到"人人有卡、卡随人走、钱随人走、共担风险、保障终生"的目标。

第四节　下岗失业人员转移接续问题研究

目前，养老保险制度研究成果大多数属于一般性的理论探讨或者是应用性的政策研究，强调的都是养老保险制度体系本身的变迁、模式、功能、以及发展趋势等等。而从养老保险制度的目标群体角度上看，缺少对下岗失业职工[1] 的关注。

随着下岗与失业并轨工作的推进，越来越多的下岗失业职工在与企业解除劳动关系的同时，也失去了保障，尤其是养老保险遭到中断。然而，建立养老保险制度的首要目的就是为参保者的老年生活提供基本的保障，下岗失业职工的养老保险关系在中断的情况下，就不能顺利地达成这一目标。因此，需要探寻一条途径，解决下岗失业职工的养老保险接续问题，保证这一弱势群体在年老时不因断保而影响其老年基本生活，以保障其养老权益不受损害。

一、下岗失业人员转移接续的障碍分析

所谓下岗失业人员的养老保险关系转移接续，是指下岗失业人员在其养老保险关系因转换或者养老保险缴费中断而接续养老保险关系。目前，下岗失业职工养老保险关系转移接续状况不容乐观。据调查，54.5%的下岗失业职工下岗前在原单位享受养老保险，而当前只有 35.5% 的下岗失业职工继续缴纳养老保险金，根据交叉统计的结果推断，大约有56%的下岗失业人员中断了养老保险关系。[2]

养老保险关系其实质是与职工的劳动关系联系在一起的，一旦职工与企业的劳动关系发生变化，那么其养老保险关系也会受到影响。下岗失

---

[1]　根据相关文件规范，所谓下岗是指没有与企业解除劳动关系，但在原企业已没有工作岗位，有就业要求但还没有找到新的工作的职工。由于这部分人"没有与企业解除劳动关系"，还是"职工"，所以没有被统计为失业人员，也不能享受失业保险的相关待遇。但其实质是这部分人不能与生产资料相结合，游离于生产过程之外，不能进行社会财富的创造，失去生活的物质基础。随着并轨制的逐步实施，相当一部分下岗职工已经转变为失业人员或者再就业、自谋职业，"下岗失业职工"已经成为特指这一群体的名词，它指代的是在职业生涯中，由于社会转型出现的结构性失业群体。为此笔者统称其为下岗失业职工。

[2]　参见"下岗失业社会保障制度在实践中的运作"课题组:《"制度与实践：失业人员社会保障问题研究"》,《学海》2005 年第 5 期。

业人员由于与原企业中断了劳动关系而使得其养老保险关系也出现了"断保"现象。

(一) 养老保险立法滞后和覆盖面窄阻碍了养老保险的转移接续

近年来，国务院、国家有关部门以及各地都出台了许多有关社会保险方面的法规，其中不乏较高层次的法规。2010 年颁布了我国第一部完整的《社会保险法》，是我国社会保障立法进程中的一个里程碑。然而，相对于我国养老保险事业的发展而言，立法依然相对滞后。

这种立法滞后使养老保险工作的开展处于被动局面，工作力度不够，特别是要将养老保险的覆盖面扩大到个体、私营、外资企业等非国有企业，阻力很大，造成覆盖率低。2005 年全国社会保障基金理事会理事长项怀诚在亚洲养老基金圆桌会议说，我国公共养老保障体系的覆盖面只占人口总数的 15%，低于世界劳工组织确定的 20% 的国际最低标准。就制度惠及主体的城镇各类就业人员而言，现有的养老保障制度也仅仅覆盖城镇职工的 55%。[①] 据统计数据显示，截至 2001 年底全国个体、私营企业从业人员共计 3658 万人，个体、私营企业及其他所有制企业从业人员参加养老保险人数总计 534.6 万人，剔除其他所有制企业从业人员参保人数，可以推算出全国个体、私营企业参保率不到 15%。[②] 下岗失业人员大多在私营、个体企业中实现再就业，而这些企业普遍参保率低，从而使下岗失业人员养老保险难以接续。

为了扩大养老保险制度的覆盖面，2005 年《国务院关于完善企业职工基本养老保险制度的决定》规定，城镇各类企业职工、个体工商户和灵活就业人员都要参加企业职工基本养老保险。然而这一制度在现实中难以推行，因为劳动保障部门并没有诸如冻结银行账户、吊销营业执照等刚性

[①] 参见《我国公共养老保险体系覆盖面仅占人口总数的 15%》，新华网，http://news.xinhuanet.com/frtune/2005-11/09/content-3757010.htm。

[②] 参见劳动和社会保障部：《2002 年中国劳动和社会保障统计年鉴》，北京：中国劳动和社会保障出版社 2003 年版。

的行政制约手段，难以将他们强制地纳入到养老保险体制当中，使得养老保险制度覆盖范围面窄、扩面困难，进而阻碍了下岗失业人员养老保险关系的接续。

（二）养老保险制度设计缺陷阻碍了养老保险的转移接续

目前，我国社会保障制度改革与发展是以社会保险为核心，即重保险、轻救助。世界其他国家也有采取这种模式，但在采取以社会保险制度为核心的同时，这些国家的社会救助机制已经起到非常重要的补充作用。

然而，中国的社会救助机制，无论从覆盖还是保障水平上都无法起到很好的补充作用，社会救助制度所处的地位以及发挥的功能都比较弱。我国现行统账结合的养老保险模式是根据正规就业群体设定的，而对于无稳定职业的下岗失业人员而言，缴纳养老保险费用无疑具有较大的压力，养老保险设定的"高门槛"使下岗失业职工难以进入，并且陷入越来越贫困的境地。例如，在吉林省长春市的正式部门就业的职工，每年自己缴纳的养老保险费用最低的一档是 754 元，而下岗失业职工自己缴纳的费用却是 1886 元，下岗失业职工缴纳的养老保险费用比正式就业的职工要高出一倍多，这种状况加剧了实质上的不平等。但是，这部分由于缴纳养老保险费的中断而面临诸多生活困境的特定群体，却是社会上最需要保障的群体。

同时，这种缺陷还表现为缺少对集体企业职工的关注。集体企业的职工下岗失业时其劳动关系还在原单位，且没有下岗证，使得国家的再就业中心不帮助解决再就业问题，同时企业也解决不了他们的保障问题。在下岗基本生活保障、失业并轨和买断工龄的问题上不能享受到和国有企业职工相同的待遇和政策。这样就在事实上将集体企业下岗职工排斥在外，由于大部分集体企业并没有为职工缴纳养老保险，而政策也没有规定企业与员工解除劳动关系时必须给予职工一定的补偿，这样就导致大部分集体企业下岗职工的养老保险的个人账户里并没有积累，需要集体企业下岗职工补缴养老保险费，这对于原来收入就较低又处于失业状态的失业者来说是相当困难的。

另外，国家对集体企业参保界定也有失公平。《国务院关于切实做好企业离退休人员基本养老金按时足额发放和国有企业下岗职工基本生活保障工作的通知》（国发〔2000〕8号）规定：未参加过基本养老保险统筹的城镇集体企业，经当地政府认定、已经没有生产经营能力、无力缴纳基本养老保险费的、不再纳入养老保险统筹范围，其已退休人员本人按国家和省有关规定由民政部门按企业所在城市居民最低生活保障标准按月发放生活费。而国有企业、股份制企业、合资企业甚至是私营企业在没有生产经营能力、无力缴纳基本养老保险费的情况下，依然被纳入到基本养老保险范围内，显然这对集体企业职工参保权利的维护有失公平。

（三）企业未能妥善处理下岗失业人员接续工作影响了养老保险的转移接续

第一，企业出于自身利益的考虑，经常出现拖欠和欠缴职工社会养老保险金的现象。当某些员工下岗失业时，企业并没有解决拖欠的养老保险金，就与职工解除了劳动关系。当他们要求继续缴纳养老保险费，以保证今后到达退休年龄或失去工作能力后有可靠的生活保障，但必须要缴交清以前年度所有欠费及滞纳金，包括单位负担的社会养老保险费和个人承担的社会养老保险费。有的职工要补缴数千元、上万元，甚至数万元的保险费和滞纳金，从而使他们"望而却步"，而导致断保。

第二，企业关闭破产，未能补偿职工保险金，实行"买断工龄"与社会保障体系脱钩的做法，从而造成断保。这主要有以下几种情况：其一，一些企业无力补交养老保险金、医疗保险金、失业保险金的企业部分，在发放经济补偿金中规定补偿金包括各类保险费。若职工仍想享受社会保险的，发放企业就在补偿金中进行扣除，以后需自己缴纳。而"买断工龄"的职工多数是再就业困难、生活拮据，很少有职工有财力再继续自己缴纳保险金。其二，多数企业按照《中共中央办公厅关于进一步做好资源枯竭矿山关闭破产工作的通知》（中办〔2000〕11号）进行职工安置，也存在与社会保障体系不一致的地方。该通知只规定了提前退养和离退休人员纳入养老保险统筹范围内，没有明确规定"买断工龄"职工是否纳入统筹内。该文件明确规定了集体职工不纳入社会统筹范围内；该文件还规定，若一次性发给职工相当于企业所在地平均工资 3 倍的安置费，职工则不再享受失业保险。这些规定都与完善社会保障体系的方向相违背。其三，一些地方性国有资源枯竭型企业在社会保障体系建立之前已实行了"买断工龄"，职工自然没有纳入社会保障体系内，职工所拿的补偿金就是养老金。无论哪种情况，都导致职工尤其是大龄职工认为补偿金数额低，养老无保障。"拿了补偿金、断了养老金"、"我把青春献给党，老了没人养"等顺口溜反映了他们的不满情绪。可见"买断工龄"对他们不仅仅意味着"失业"，更意味着"失去保障"。

第三，政府执法力度不够——劳动合同操作不规范。根据现行法规，无论何种性质的企业，只要企业与职工建立了劳动关系，职工就应该参加养老保险，由企业与职工共同缴费。但在现实中，由于政府执法监督力度不足，一些企业往往通过不报、少报、漏报等手段逃避为职工缴纳养老保险费，职工的合法的权益得不到保障，从而导致他们下岗失业时没有接续养老保险。

还有少数地方政府以"改善投资环境、招商引资、发展经济"为由，擅自向三资企业承诺可以不参加养老保险，并减免养老保险费。因此许多职工的合法劳动权益受到损害，造成许多下岗失业职工养老保险关系的中断。

（四）下岗失业人员收入锐减阻碍了养老保险的转移接续

下岗失业职工由于自身素质条件的限制，在就业市场上只能从事那些非正规的临时性工作，而这些工作又大多数收入低并且不稳定，除去基本生活费用，下岗失业职工家庭还要面临子女的教育、住房、医疗等费用的支出。因此，每年还要为自己缴纳一笔数额不小的养老保险费，对于下岗失业职工来说相当困难。

另外，职工续保意识不强也是其接续困难的一个重要原因。在下岗失业人员当中，年龄偏大的职工由于参保时间较长，且临近退休，只要他们能承受费用，都会想方设法地缴纳养老保险金，续保积极性普遍很高。而年龄较小的职工考虑自己离退休还有几十年，因而宁可将当前所获取的诸如安置费、经济补偿金和失业保险金用于投资，也不愿意续缴养老保险。还有一种情况是，一些下岗失业人员对养老保险政策的错误理解而使他们未能续保。他们认为，只要缴纳时限满15年就不用在缴纳养老金，即使继续缴费，日后的养老金也不会增加，多交也是白交，不如不交，从而未能续保。殊不知交费年限越长，个人账户积累越多，退休后所领取的养老保险金也就越高。

二、下岗失业人员转移接续困难的影响

(一) 减少参保人员退休后的待遇

由于下岗失业职工难以顺利实现转移接续，使他们只好选择"退保"或"断保"，进而减少缴费年限，相应的计发养老金基数也就小了，从而使其退休后领取的养老金也相应减少。在未来，社会的整体生活水平不断提高的情况，这些职工领取的养老金将可能无法保障最低生活水平，"老有所养"将无法确保。

按照现行法规，正常退休职工的养老金替代率仅为60%左右，这一收入仅能保证其基本生活需要。若他们缴纳养老保险费未能达到15年，他们还不能领取基础养老金，只能领取个人账户上基金，那么其退休后的收入就更为有限了。而且下岗失业职工很难参加养老保险的第二、三支柱，这样，他们退休后的生活就会受到很大的影响。

(二) 增加养老基金失衡的风险

我国现行养老保险制度实行社会统筹与个人账户相结合的部分积累模式，有一定基金的积累，以应对今后人口老龄化加剧的风险。但随着难以接续养老保险关系下岗失业职工日益增多，影响减少养老基金的收入，而随着人口老龄化形势日益加剧，养老金的支出规模必定日益增加，因此，基金支撑能力将遭到削弱，维持基金收支平衡难度增大。

（三）增加维护社会稳定的成本

由于下岗失业职工的养老保险关系难以接续，使其到达退休年龄后，无法享受养老保险待遇，脱离了社会养老保险"安全网"，一方面增加了社会不稳定因素，增加了政府防范风险的成本。另一方面，下岗失业人员转移接续困难将使他们原本就困难的生活"雪上加霜"，很多人可能进入"最后一道保障线"，即领取最低生活保障金，这无疑将进一步增加城市贫困人口，也自然而然地就增加了社会保障基金的支出，从而进一步增大"低保"的压力。

（四）与城镇职工养老保险制度的目标相冲突

目前，社会保险机构正努力扩面征缴，实现覆盖全体城镇职工的"低水平、广覆盖"养老保险体系，而"断保"这个越来越大的无底洞，严重阻碍了这一目标的实现。

三、下岗失业人员转移接续中的政府与市场机制适度选择分析

市场经济必然出现部分劳动者下岗失业现象。当劳动者与企业或单位解除劳动关系时，成为没有雇主的自由劳动者，其因原养老保险关系而拥有的养老权益就会受到挑战。为此，最好的路径选择就是构建政府主导的"低水平、全覆盖"的全民养老保险制度。具体来说，主要包括以下三个方面内涵。

一是全覆盖，也就说，只要具有中国国籍的公民都享有统一的基本养老保险，而不要区分城乡、工农、行业以及就业与非就业人群的差别。一旦他们年老，或退出劳动力市场，均可以享受。

二是低水平，是指基本养老保险水平是以保障劳动者年老时基本生活为宗旨。由于我国人口多、基数大，以及我国经济发展水平不高，基于社会保障的效率与公平相统一的原则，对全体国民实行统一的养老保障水平必然不能设计得太高，定在保障基本生活线稍高一点为宜。

三是可选择性，是指养老保险制度的设计中，应提供可选择的模式，以适应不同劳动者的需要，使所有的劳动者都能被纳入养老保险制度中。

四是无条件，是指劳动者在年满 60 周岁，退出劳动力市场时，都可以享有国家统一的基本养老保障，这不以他是否缴纳过社会保险金为条件。这主要是基于以下四个因素考虑：第一，中国目前绝大多数普通劳动者的收入还比较低，仅能满足日常生活需要，无力缴纳底线设置较高的养老保险费用，这也正是这些年来养老保险扩面工作推进迟缓的原因之一。第二，广大劳动者在衣、食、住、行、教等各种消费活动中，无时无刻不在缴纳各种税费，他们理应在年老时享受国家基本供养。第三，国家所有的资源和财产是全体国民共同拥有的，他们有权利享受所有者收益。第四，公民权的要求。我国宪法明确规定，公民在生活困难时，国家有提供物质保证的义务，公民有获得物质帮助的权利。

经过以上全面考察我国当前养老保险关系转移接续问题，不难看出，除了当前最为突出的农民工养老保险关系转移接续这一类型之外，还有诸如事业单位工作人员进入企业工作后的养老保险关系转移接续等三种类型。

经过对上述四种类型分别研究发现，导致养老保险关系转移接续难的根源在于现行养老保险制度设计上存在某些缺陷。导致跨统筹区养老保险关系转移接续难的根本原因在于现行养老保险制度的统筹层次偏低，而地方利益保护主义的障碍则是这一根本原因的派生因素；导致跨城乡养老保险关系转移接续难的根本原因在于现行城乡养老保险制度的二元结构，两者缺乏必要的衔接机制；导致机关事业单位工作人员进入企业后养老保险关系转移接续难的根本原因在于现行养老保险制度对这两不同身份人群实施了不同的保障模式，使两者衔接困难；导致下岗失业人员养老保险关系转移接续难的根本原因在于现行养老保险制度缺少对非就业人群养老保障支柱，使得他们一旦下岗失业就失去受保障的权利。总之，要从根本上解决这四种养老保险关系转移接续难的基本类型，必须全面审视并改革完善现行养老保险制度。

第五章　养老保险顺利转移
接续的制度选择

对于养老保险关系转移接续问题，许多学者提出了解决问题的意见和建议，其中影响较广的是分段计算法和提高统筹层次等两种途径。但是，笔者认为，这些措施治标不治本，非但没有解决已存在的问题，反而会引发更多的新问题。当前，要彻底解决养老保险关系转移接续问题就必须从养老保险的实质出发，将养老保险关系转移接续问题置于整个养老保险制度的改革与完善中去考察，以系统性、整体性和前瞻性视角重新审视和改革完善现行的养老保险制度，寻根问底，以探索一条彻底解决养老保险关系转移接续难的新途径。

第一节　我国现行解决养老保险关系
转移接续路径的评析

一、现行养老保险关系转移接续政策适用范围过窄

当前，我国现行养老保险制度呈现出明显的"碎片化"特征。我国养老保险制度在较长时间内存在着城镇企业职工基本养老保险、政府机关工作人员养老保险、事业单位工作人员养老保险、新型农村养老保险和城镇居民养老保险的分割局面，而且，即使是同一项养老保险制度还被分割在不同的统筹区内封闭运行，这在城镇企业职工养老保险制度上

表现得尤为突出，使得原本就针对不同身份劳动群体而建立的养老保险制度更加呈现"碎片化"特点。这些无疑给养老保险关系转移接续制造了制度障碍。

为此，近年来，我国为解决流动人口养老保险关系转移接续难的问题，相继出台了相关政策，主要表现在以下三个方面：一是为解决机关事业单位与企业之间劳动者日益频繁流动而引起的养老保险关系转移接续问题，2001年劳动和社会保障部对机关事业单位职工与企业职工养老保险转移问题作了规定，下发了《关于职工在机关事业单位与企业之间流动时社会保险关系处理意见的通知》。二是为解决好城镇企业职工养老保险关系的跨省转移接续问题，更好地保障流动就业人群的权益，2009年人力资源与社会保障部和财政部颁布了《城镇企业职工基本养老保险关系转移接续暂行办法》。三是为促进城乡养老保险制度的衔接，促进劳动力的合理流动，保障广大城乡参保人员的权益，2014年人力资源与社会保障部和财政部颁布了《城乡养老保险制度衔接暂行办法》。上述三项政策在一定程度上解决了流动人口养老保险关系转移接续难的问题，但是，这些政策都是在没有改变当前养老保险制度"碎片化"的前提下实施的"修补式"政策，依然无法彻底实现劳动者养老保险关系的"无障碍"转移接续。因此，笔者认为，这种孤立地对不同类型养老保险制度进行"头痛医头、脚痛医脚"的政策，将难以避免"老问题解决了，新问题又出现"的被动局面。正如郑成功教授所言：缺乏系统性、整体性和前瞻性的视角来重新审视养老保险关系转移接续难的问题，"只见树木、不见森林"的研究，无法从根本上解决这一问题。

只有将养老保险关系转移接续问题置于改革和完善我国养老保险制度的宏观视野中，重新审视我国养老保险制度，对现行"碎片化"养老保险制度进行有效"整合"，才能从制度上排除转移接续的障碍，才能实现标本兼治。

二、现行单一支柱的养老保险模式增加了转移接续的风险

我国于 1997 年养老保险制度改革中提出了要建立多支柱养老保险体系，但实质上是一种单一支柱模式。机关事业单位养老保险模式就是由政府财政完全负担的单一支柱模式，农村养老保险则走向另一极端，实行几乎由农民负担的养老保险模式，农民工与城镇职工养老保险也主要依赖于由个人与企业共同承担缴费的基本养老保险，只有少数企业建立了第二支柱的补充养老保险。

到目前为止，养老保险的第二支柱、第三支柱发展依然滞后。例如，2007 年中国企业年金新增积累 400 亿元，总量为 1300 亿元，[①] 而个人养老储蓄的规模所占份额更小，没有在体系中发挥其应有的作用。比如，中国商业保险通过经营团体养老保险和个人养老保险等方式参与经办企业年金，到 2006 年为止，中国团体养老保险的规模保费达 389 亿元，个人商业养老保险的规模保费达 237 亿元，商业养老保险覆盖的人群非常有限。而同期社保部门直接提供或经办的各类养老保险计划规模超过 7000 亿元。总体而言，个人养老保险的税收优惠政策依然没有发挥其应有的作用，个人养老保险市场没有实质性启动，市场机制在养老保障体系中的作用还很小，从而使三支柱体系成为名义上的、形式上的，而作为第一支柱的公共养老保险负担过重，这种格局严重影响了养老保险体系整体功能的发挥。[②]

同时，按照当前政策，我国大多数地方的基本养老保险金包括两个部分：一是基础养老金，其月标准为省、自治区、直辖市或者地（市）上年度职工月平均工资的 20%；二是个人账户养老金，其月标准为本人账户储存额除以 139。依这一规定，一个缴费满 15 年的职工，其预期的替代

---

① 参见《2007 年中国企业年金市场年度报告》，中国养老金网：http://www.cnpension.net/zhuanti/reports/2007_report.htm。

② 参见段家喜：《养老保险制度中的政府行为》，北京：社会科学文献出版社 2007 年版，第 196 页。

率水平可达 58.5%，现实中的实际替代率更高，已超过 80%。与世界各国养老金替代率相比，我国这种替代率明显偏高（见表 5-1）。

表 5-1　世界主要国家的养老金替代率

国家及国际组织	养老金替代率（%）
国际劳工组织（ILO）	45
美国	<30
日本	41.9
德国	34.4
英国	43.2
中国	>80

　　笔者认为，按照社会保险原理，社会保险关系产生于劳动关系，社会保险的权益则源于劳动和缴费，因此，社会保险关系应当随着劳动关系的变化而转移。具体而言，就是要求被保险人变换工作单位时，应向原社会保险经办机构申报办理暂停缴纳社会保险费手续，而在新的劳动就业地继续社会保险关系并缴费。原社会保险经办机构应当将有关劳动者的社会保险关系连同个人账户基金转移到迁入地的社会保险经办机构。迁入地的社会保险部门必须承认原用人单位和被保险人在迁出地已按规定缴纳的社会保险费和办理了基金转移的缴费年限等社会保险权益，进而在不损害劳动者利益的前提下实现社会保险关系的顺利转移接续。

　　但是，这种过高的养老金替代率且事实上单一支柱的养老保险模式使得其风险及责任过多地转嫁给了政府，使得政府所承担的责任过大，因而政府尤其是地方政府从自身利益出发，为了规避责任，减少财政支出，采取各种措施，如规定年龄必须小于 35 岁等限制，阻碍养老保险关系的转移接续。因此，必须充分发挥政府与市场机制作用，构建政府、企业和个人共同承担的多支柱养老保险模式。

三、对分段计算养老金思路的看法

在破解养老保险关系转移难问题的诸多对策中，分段计算[①] 是不少专家出的一招。在2008年12月28日公布的《社会保险法（草案）》中规定："个人跨地区就业的，其基本养老保险关系随本人转移。个人退休时，基本养老金按照退休时各缴费地的基本养老金标准和缴费年限，由各缴费地分段计算，退休地统一支付。"不难看出，《社会保险法（草案）》对养老保险关系转移难的问题采取"分段计算"的办法。2014年，人力资源与社会保障部拟定的《农民工参加基本养老保险办法》和《城镇企业职工基本养老保险关系转移接续暂行办法》，对农民工和城镇企业职工养老保险关系转移接续的办法就是采取分段计算法。所谓的"分段计算"，简单地说，就是工作地缴费—分段记录—退休地统一发放。即指参保人在哪个地方，按哪种制度缴费，就有权利按照该地、该制度的标准享受相应份额的养老金权益，真正体现权利与义务相对应的原则。如果一个参保人一生中先后在两个或两个以上的统筹区（或不同养老保险制度）参保缴费，其退休后的养老待遇也相应地分成几段，分别按各段的缴费的情况及当地的有关参数计算。对参保人来说，跨地区、跨制度流动既不会增加，也不会减少其养老保险权益。

假如用现值[②] 来代表参保人在某一段时间中所能享受到的养老金权益。那么，该参保人最后所获得的养老金则为两地或两个以上统筹区的现值之和。

为了方便研究，在此以"新人"为例，探析城镇企业职工养老金现值的折算。对于"新人"而言，其养老金由基础养老金与个人账户基金共同构成。其中个人账户基金的现值就是参保人转移时个人账户的积累额，这比较容易折算出来。因而，关键是要折算出基础养老金。根据国际现行

[①] 社会保险法草案规定基本养老保险随本人转移，这一措施也由第十一届全国人大常委会第六次会议审议。http://news.xinhuanet.com/employment/2008-12/23/content_10545999.htm。

[②] 所谓现值是指未来某一特定的时刻要收支的金额的现在价值。

制度规定，职工退休时的基层养老金以上年度当地在岗职工月平均工资和本人指数月平均缴费工资的平均值为基数，缴费年限每满一年计发 1%。用公式表述为：月基础养老金＝（退休时当地上年度在岗职工月平均工资＋本人指数化月平均缴费工资①）÷2× 缴费年限 ×1%。也可表述为：月基础养老金＝（1＋本人平均缴费工资指数）÷2× 退休时当地上年度在岗职工月平均工资 × 缴费年限 ×1%。

对于流动人员来说，其在流出地缴费期间的平均缴费工资指数和缴费年限都是已知的，因此，该段的月基础养老金现值可用下述公式计算出来：月基础养老金现值＝（1＋当地的平均缴费工资指数）÷2× 转移时当地上年度在岗职工月平均工资 × 在当地的缴费年限 ×1%。

当现值确定后，就可以将这一权益换算成基金随同流动者转移，由转入地负责管理。

坚持这种办法理由有三：一可避免逆向选择；二可实现权利与义务相对应；三可平衡各统筹区利益。如果不分段，从低工资地区转到高工资地区的人，养老待遇水平可以提高一大截，会导致产生趋富效应。实行分段后，参保人在两个或两个以上的统筹区参保缴费，其退休后的养老待遇也相应分成几段，分别按各段的缴费情况和当地的有关参数计算，对参保人来说，不会因为流动而增加或减少其养老保险权益。②

但是，笔者认为，应该将解决养老保险关系转移接续难的问题置于整个养老保险制度的改革与完善的视角中，从养老保险本身规律中去探寻思路，不能仅是"头痛医头、脚痛医脚"，否则会使问题更加复杂。我国养老保险制度从原来的现收现付制转变为"统账结合"的部分积累制，其中基础养老金实行现收现付制，以体现制度的公平性，而通过个人账户的建立以体现制度的效率原则。如果从实行分段计算结果来看，无论对发达地区流向欠发达地区的参保人，还是对欠发达地区流向发达地区的参保人

---

① 本人指数化月平均缴费工资，实质上是指参保人不同时期的缴费工资加上按当地在岗职工平均工资增长率计算的增加值之后的平均值。

② 参见戴由武：《分段计算：破解养老保险转移难》，《中国社会保障》2008 年第 5 期。

来说，其养老权益不受影响。但是和其他参保人相比较，就会使高收入者拥有更高的养老权益，而低收入者则享受更低的养老权益，有悖建立基础养老金的公平宗旨，从而使原本有失公平的养老保险制度更加不公平了。① 这是因为基础养老金最初按社平工资计发，后来增加了缴费年限，后来又增加了本人缴费工资，如果再增加地区差异因素，原有的公平因素就更少了。

况且，如果说分段计算法暂且可以解决养老保险关系异地转移接续，那么机关事业单位与企业间流动人员的养老保险关系如何解决，省内不同统筹区是否也要实行分段计算，以及现在出现的大量因解除劳动关系而下岗失业人员的养老保险权益如何保障，等等，这些问题难道能用分段计算法加以彻底解决吗？因此，分段计算法并非是彻底解决我国养老保险关系转移接续问题的最佳路径。

同时，2009年2月5日，人力资源与社会保障部就《转移接续暂行办法》和《农民工参加养老保险办法》向社会公开征求意见，其中，对参加城镇企业职工基本养老保险的流动就业的合法权益作了规定：跨省流动就业转移养老保险关系时，个人账户储存额全部转移，同时按以本人1998年1月1日后各年度实际缴费工资为基数的12%的总和转移养老保险资金。对此，中山大学社会保障研究中心主任申曙光认为，即使这两部分都转移，随着退休职工平均寿命的延长，退休后其享受养老金的时间越来越长，转入的金额仍可能不够用，在平衡转入地和转出地责任上，该办法并不"彻底"。同时，为了解决"趋富效应"等问题，方案对已满50周岁的男性和已满40周岁的女性转移作出限制，对其他养老保险关系转移人员退休地的确定也作出限制，设下了实际缴费满10年的门槛，仍未做到"无障碍"转移。② 因此，要彻底解决转移接续难的问题必须从制度设计本身入手，寻求解决的途径。

① 参见陈仰东：《养老保险关系转移评析》，《中国社会保障》2008年第4期。
② 参见游翀：《"可携带"民心所向》，《中国劳动保障报》2009年2月17日。

四、对提高统筹层次办法的解析

针对用分段计算法来解决养老保险关系转移接续难的问题，有学者认为，这个办法不适合我国国情，不能盲目仿效。他认为，分段计算法的有效支撑来源于欧盟经验，而在社会保险方面，欧盟的成员国都是国家级统筹，有多少个成员国就有多少个统筹单位。反观我国目前状况，统筹层次太低，很多地方停留在县级统筹、市级统筹，加在一起有上千个统筹单位。在经济发展方面，欧盟成员国之间差距不太大，经济一体化稳步向前推进。而我国各省之间，尤其是东西部的经济差距有目共睹。在这种情况下，盲目仿效欧盟在经济一体化背景下实行的分段计算，结果可能养老保险关系转移不了，反倒更加复杂。基于上述分析，他认为还是应该遵循社会保险的基本规律，提高统筹层次，这才是解决问题的根本之策。[①] 大数法则是社会保险的基本原则，提高统筹层次，不仅可以在更大范围内增强互济功能，而且养老保险关系的转移也将迎刃而解，适应人员流动；同时，减少管理环节和管理层次，实现集中管理，还有利于提高管理水平，降低基金分散管理的风险。

但是，笔者认为，从理论上说，如果实现了全国统筹，那么养老保险关系转移接续仅是完成手续工作而已，并不存在任何障碍。但是，这一思路在现实中可行性值得商榷。

从目前的情况来看，如何提高养老保险的统筹层次无非有两种思路：一种是目前正在实行的路径，从地市级统筹做好再到省级统筹，进一步发展到全国统筹；另一种是一步到位解决全国统筹。如果选择第一种路径，那么其障碍是非常大的。阻力源于提高层次会让一些地方"填补亏空"，让一些地方"掏钱上缴"。如某地区所辖的各县市城镇企业职工基本养老保险基金收支赤字较多，需要给予较多的财政补助，一旦

[①] 参见朗朗：《提高统筹层次是解决转移问题的根本出路》，《中国劳动保障报》2008 年 7 月 30 日。

提高统筹层次，其兜底的责任就可能转嫁到地区级政府，地区级政府当然不愿意承担其财政补助责任。如某地区所辖县市没有赤字，而是有盈余，提高统筹层次必然涉及统筹基金的向上集中管理，这无疑又动了手中的"奶酪"。① 在当前"分灶吃饭"的财政体制下，地方利益之间的博弈必然使提高统筹层次困难重重。如果选择第二种路径，由于我国地区经济发展不平衡，现行养老保险待遇水平以及财政体制的差异，短时间内建立全国统一的养老保险制度还有相当困难。② 而且按照当前城镇企业职工养老保险制度的60%③ 目标替代率设计，那么要实现全国统筹，政府财政是很难承担，尤其是在我国现行单一支柱的养老保险模式下，人口老龄化形势日益加剧的情况下，全国统筹的目标是很难实现的。

笔者认为，提高统筹层次是解决转移接续难的根本路径，如果按照当前养老保险制度设计，目标替代率要达到60%，且实质上的单一支柱模式运行，那么提高统筹层次的难度是很大的，在短期内难以实现，而且现实条件也是很难办到。相反，如果把统筹基金部分的替代率降到各个统筹区都能接受的替代水平，那么提高统筹层次便迎刃而解，而下降的那部分替代率可以通过提高具有完全便携性的个人账户基金以及企业年金或职业年金来弥补，这样既可以防止基础养老金替代率的下降而阻碍改革的深入，又可以彻底解决养老保险关系转移接续中统筹基金难转移的问题。如此我们就可以仅对原有养老保险制度稍作调整，以最小的成本实现统筹层次的提高，进而彻底解决养老保险关系转移接续难的问题。

---

① 参见朗朗：《提高统筹层次是解决转移问题的根本出路》，《中国劳动保障报》2008年7月30日。

② 参见杨宜勇、谭永生：《全国统一社会保险关系接续研究》，《宏观经济研究》2008年第4期。

③ 与我国城镇企业职工养老保险制度相比，机关事业单位养老保险制度的目标替代率更高。

第二节　构建我国养老保险新制度的理念

一、社会福利的公民权

马歇尔认为，公民身份包括了三种类型的权利，即公民的、政治的和社会的权利。公民的权利包括人身自由、言论自由、思想和信仰自由、拥有财产等权利，与此有最直接关系的是法院体系。政治的权利指的是参与和行使政治权力的权利，相应的制度机构是议会和地方政府委员会。社会的权利指的是共享社会发展成果和根据社会通行的标准过上体面生活的一系列权利，与它紧密相连的制度设施是教育系统和社会福利事业。马歇尔认为，从历史的角度来看，18世纪是市民权利时代，基本原则是个人自由，基本权利是公民财产权、契约权、言论、思想和信仰自由。19世纪是政治公民权时代，主要原则是政治自由，主要权利是普选权和政治参与权。20世纪是社会公民权时代，基本原则是社会福利，公民权的一个要素是取得最基本的经济福利与保障以及过上相对于普遍社会标准而言的体面生活。公民资格的理念长期演化成为了西方福利国家建立的理论基础，这种建立在权利观念基础上的制度化福利，对每个公民来说，就是一种权利且是无条件享受的。

福利国家的个人社会权利还通过众多的国际性的宣言和协议得到强化。如1919年建立国际劳工局，1941年通过《大西洋宪章》。1948年联合国大会一致通过《人权宣言》，第22条规定：所以公民，作为社会成员之一，都享有社会保障权。1966年联合国通过的《经济、社会、文化权利公约》第11条规定：本盟约缔约国确认人人有权为自己和家人获得相当的生活标准，其中包括得当的食物、衣物、住房，并有权获得这方面的不断改善。签约国将采取合适步骤确保这个权利的实现。欧洲在1961年通过《欧洲社会宪章》，1966年通过《社会权利公约》，当前欧盟对各成员国间流动人口的社会保障所提出的"国民待遇"原则就是基于公民权制度而建立。对公民权的强调缩小了社会成员之间的收入差距，提高了公民福利水平，减少了资本主义社会内在的社会不平等。目前福利国家提供的社会保障项目基本上不是根据公民的经济地位和社会贡献提供的，而是根据公民的权利提供的。

我国 1954 年宪法在第三章"公民的基本权利和义务"第 93 条规定：中华人民共和国劳动者在年老、疾病或者丧失劳动能力的时候，有获得物质帮助的权利。国家举办社会保险、社会救济和群众卫生事业，并且逐步扩大这些设施，以保证劳动者享受这种权利。在 1978 年、1982 年宪法中，也规定了社会保障方面的内容，并进一步详细规定了受保障的范围。2004年宪法修正案中又加入了"国家建立健全同经济发展相适应的社会保障制度"。

因此，从国际通行做法以及国内外相关法规来看，公民享有社会保障权，并不以承担某种义务为前提，只有他具有该政治共同体（国家）的成员资格并符合享有特定社会保障的条件（如失业、疾病等），就可以享有该权利。换言之，应得权利是无条件的，它既不取决于出身和社会地位，也不取决于某些特定的行为举止方式。我们要将享有社会保障视为公民的基本权利，而不是将其看作是对公民的某种付出或贡献的报酬。

二、社会保障的需求观

从需求的角度上看，社会保障的实质是指一个社会为处于某些特定风险状态之下的消费者所提供的维持收入的制度安排。在市场经济条件下，由于消费者个人未能充分估计到其所面临的风险，或者由于个人原有的收入不足以支付风险状态下的消费，就必须在全社会建立一个制度安排，以满足个人在某些风险状态下的收入不足以使他消费达到应有水平的需要，这时一个覆盖全体国民的、有效的社会保障制度将是最好的选择。①

在以劳动获取收入这一最为常见的经济制度安排的今天，造成丧失劳动能力或劳动能力受损而导致收入减少甚至中断，从而降低购买力的风险众多，如年老、疾病、失业、意外事故、工伤，甚至某些社会政策。而对于上述诸多风险，并不是每一个劳动者都有足够的财富来应对。事实上，绝大多数劳动人口收入水平并不足以使他能够承受得住这些风险的冲击。一次疾病或一次意外伤害足以把某个人及其家庭都推向绝境。农村居民的人均收入远远低于城市居民，面对同样诸多风险的广大农村居民，他们比城市居民更为迫切需要一个保障制度安排，以提高他们抵抗风险的能力。

抵抗风险的途径很多，如可以购买保险，即根据"大数法则"，通过风险分散方法，让最后真正蒙受风险损失的投保人得到补偿。但是保险机制要求消费者个人将其一部分收入拿出来投保，这意味着购买保险以防范风险的方式只适应于某个特定的收入水平以上的消费者，而低于这一收入水平的消费者则会被排除在保险市场之外。为此，需要政府无偿地向低收入水平的劳动者提供公共社会保障计划。

因而，构建一种覆盖所有国民的社会保障制度是劳动者，尤其是农村居民抵御风险的迫切要求。这也有利于保证居民在相对于某个特定消费支出水平而言收入较低或无收入的时候，能够得到其他收入来维持其一定的购买力。

三、养老保险的多支柱性

选择养老保险多支柱模式，主要出发点是为了解决单一支柱所能筹集的资金不足以满足实际养老保障的需要。多支柱模式是世界各国建立养

---

① 参见李绍光：《深化社会保障改革的经济学分析》，北京：中国人民大学出版社 2006 年版，第 14 页。

老保障制度时普遍遵循的原则，这也是许多国际组织所提倡和极力推广的。世界银行分别与 1994 年和 2005 年推出了养老金改革的三支柱和五支柱模式。三支柱的模式构成是：第一支柱是由政府管理的强制性养老保险制度，其筹资方式为现收现付式，目的在于保障老年人最基本的生活，并发挥收入再分配的功能，以及应付养老保险制度的一些系统性风险；第二个支柱是市场管理的强制性养老保险制度，筹资模式采用基金式，目的在于通过基金制增加国民储蓄；第三个支柱是一些自愿性的养老安排，它可以是企业的补充养老保险计划，也可以是个人自愿性的养老储蓄。虽然大多数国家建立的养老保险制度并不与世界银行的三支柱相同，但是不可否认的是，大多数国家均建立了多支柱的养老保险体系。2005 年，世界银行出版的《21 世纪的老年收入保障——养老金制度改革国际比较》，扩展了三支柱的思想，进而提出了五支柱的概念和建议，并阐述了向五支柱过渡的三个原则：一是所有的养老金制度原则上都必须包括旨在提供基本收入保障并在全社会范围内进行收入再分配以消除贫困的支柱，在财政状况允许的情况下国家应建立基本支柱，以保证终生收入较低或大部分时间从事非正规就业的人们在老年时能够得到基本的保障；二是用预筹积累制履行未来的养老金支付义务，无论在政治上还是经济上都有一定的优势；三是在预筹积累制预期更为有利的国家，可以用完全积累的强制性第二支柱作为参照系，以对制度改革的设计进行对比和评估。

对比相隔十余年的两种设计方案，不难发现，世界银行关于养老金改革观点发生了两个重大变化：一是进一步关注基本收入保障对相对弱势的老年群体的作用，二是进一步强调强制性养老金制度内外的所有支柱均应通过市场手段的运用，以期达到为个人熨平消费的作用。笔者认为，导致这种养老金改革的原因是，在 1994 年人口老龄化浪潮逐步形成以及各国养老金财政负担的压力不断加大的情况，尽管经过了十余年的发展，但大多数国家的养老金制度都没有实现其预定的社会政策目标，反而明显地扭曲了市场经济的运行，导致了其财政不可持续性。在这种情况下，世界银行提出了五支柱模式，以期更多支柱的设计能够更好地适应养老保障各主要目标的实现。建立多支柱的养老保障体系，要求以社会保险为中心，建立保障全面的养老保障体系，个人可以从政府得到最基本的养老生存保障，也可以通过参加基本养老保险，获得有尊严的养老保障，还可以通过市场得到有质量的养老保障。

第三节　解决养老保险关系转移接续的理想制度

从表面上看，养老保险关系的转移接续难是由于转移手续难以办理的问题，但其实质是当前的养老保险制度设计不合理而导致的必然现象。只有弥补现有制度中某些缺陷，重新构建多支柱的养老保险模式，才能彻底解决养老保险关系的转移接续续难的问题。基于我国国情以及现行养老保险制度的现状，笔者认为，可以在现行城镇企业职工养老保险制度的基础上进行改革，建立统一的养老保险四支柱新制度，以最小的改革成本，获得最大的改革成果。

一、养老保险四支柱新制度

从世界各国养老保险制度的发展历程和改革进程来看，面对人类寿命逐渐延长、人口老龄化的日益加剧以及家庭养老功能的相对弱化的现实，各国在加快社会养老保险制度的建设与完善中，纷纷改变社会养老保险制度单一支柱的结构，实行养老责任多方共同负担，并建立多支柱的养老保险体系。这已经成为各国养老保险制度发展的必由之路，建立多支柱的养老保险模式也是我国改革的必然选择。

基于当前我国养老保险制度的现状，笔者认为，重构养老保险体系的方向是建立四支柱的养老保险模式。四支柱是指各养老保险制度均由四部分构成。

首先，第一支柱是普遍性的国家基本养老保险，即指所有的国民都可以享受的非缴费的最基本的养老金待遇，以充分体现社会保障公平原则。这一支柱体现了政府对其国民所应承担的养老责任，经费主要来源于国家税收，列入国家财政的公共支出预算，由中央财政承担和管理，为全体国民提供最基本的生活保障。政府的主导作用是这一支柱的显著特征。具体地说，它包括以下几个方面内容。

覆盖对象：覆盖全体国民。[①] 无论他们是城市居民还是农村居民，无论他们是在正规部门就业还是非正规部门工作，只要是我国公民同样有经济养老的需求，理应同等享受基本养老权益。从性质上可以将全体国民分为雇员与非雇员两种。其中，雇员主要包括机关事业单位工作人员和企业参保人群，而非雇员主要指农民、灵活就业人员和下岗失业人员。对于雇员来说，可以构筑四支柱的养老保险体系，其中，第一、二支柱为强制性实施，第三、四支柱为选择性实施；对于非雇员来说，可以建立由第一、二和四支柱或者第一、四支柱构成的养老保险体系，其中，第一支柱为强制性实施，第二、四支柱为选择性实施。

统筹层次：实行全国统筹。根据"大数法则"，统筹层次越高保障程度越高而风险也越低。通过全国统筹，实现不同经济发展水平地区间的再分配，以共享经济发展成果。《中共中央关于构建社会主义和谐社会若干重大问题的决定》也指出，要在"条件具备时实行基本养老金基础部分全国统筹"。

资金来源：资金主要来自当期的国税收入、政府的财政补贴收入。从长远来看，国税部分应该征收个人所得税和遗产税，因为它比企业保险费（税）更能有效地实现调节收入的调节，更能最大限度地减少对劳动力流动、企业竞争力及经济增长的负面影响。但在现阶段，由于个人所得税、遗产税有限，可以继续征收企业所缴的社会保险税。随着个人所得税的增长和遗产税的开征，可逐步降低企业社会保险费（税）的比例。同时养老

---

① 席恒认为，中国养老保险的理想模式是覆盖全体国民的社会养老保险，而现实选择则在于扩大基础养老金覆盖范围，大力发展年金养老金及自愿储蓄性养老金。参见席恒：《中国养老保险的理想模式和现实选择》，《中国社会保障》2008 年第 5 期。

保险税率可与失业、医疗、工伤等保险项目合并为总税率，总税率水平应该低于国际劳工局建议的 25% 水平。因为税率的高低一般取决于经济实力强弱和社会保障程度与范围的大小。鉴于我国经济发展水平，以及养老保险范围过窄、保障水平较低的情况，税率不宜设计过高，而要充分考虑纳税人的负担能力，彻底放弃"以支定收，略有节余"的设计原则，尽量采用低税率。①

财务机制：采取现收现付模式，实现年度平衡，养老责任在群体之间实现代际转移，让下一代人承担上一代人的养老责任。在资金管理方面，实行收支两条线管理，保险税形成中央政府财政收入之后，由中央财政直接进行专户并垂直管理，而不是由地方财政分散管理。在完善资金管理体制的同时，应考虑以此为基础，建立独立的社会保障预算制度。

管理体制：全国统筹、中央政府统一管理，其具体运作机构主要包括征收机关、管理机关和监督机关。征收机关为国税部门，可以充分利用税务机关与企业联系密切、遍布城乡等优势，充分利用税收的强制性、连续性、稳定性特点，保证税款及时足额征收，直接缴入国库，可以避免地方政府各部门从中截留隐瞒。税务机关应拥有征收、检查、处罚等方面完整的征收管理权，做到应收尽收，征税的基本依据来自地方政府的基本养老金信息系统。地方政府要根据参保登记情况，对税务机关的征缴记录进行必要的复核。社会保障税形成中央政府财政收入之后，由中央财政直接进行专户管理，财政部、人力资源与社会保障部共同负责社会养老保险金的测算与使用，通过财政转移支付拨给各级地方政府社会保障部门，根据各级政府社会保障预算按需分配。社会基本养老金的具体发放工作可以委托金融保险机构或者邮政部门来完成。全国人民代表大会及其常务委员会、政府审计部门、财政部门在各自职责范围内，依法对社会保险基金的收支、管理进行监督。

给付水平：采取待遇确定型模式支付基本养老金，给付水平可设定为

---

① 参见萧明同：《社会保障税制与政府责任的国际比较》，《福建税务》2002 年第 1 期。

退出工作岗位的老年人维持日常最基本生活所需的现金，替代率为 18%左右，略高于最低生活保障线但又低于最低工资标准，以保证最基本生活为目标。

其次，第二支柱是个人账户制度。通过将现行个人账户从当前城镇企业职工养老保险制度中分离出来而建立，并变职工个人单独缴费为用人单位与职工共同缴费，从而建立养老保险的第二支柱。同时，这一支柱既遵循多缴多得的市场效率原则，又坚持政府机制的强制性要求。中央政府对这一支柱制定统一的制度框架（建议借鉴香港强积金模式），将个人账户基金交由有资格的商业机构负责市场运营，地方政府或专业监管部门负责监管，并建立相应的个人账户风险调剂基金和收益担保制度，确保个人账户制度运行安全稳定。这一支柱对雇员必须强制参加，对非雇员可自愿参加，区别对待。这一支柱的支付标准为 30% 以上的工资替代率，以弥补较低替代率的第一支柱，保证劳动者的退休生活不至于受到很大的影响。这也与我国城镇企业职工基本养老保险约 60% 的替代率目标相当，从而使改革能够平衡过渡。

再次，第三支柱是企业年金或职业年金。在自愿的基础上，由用人单位与个人共同缴费，属非强制性，一般不需要国家出面组织实施，但基于其担负着一定的社会功能，中央政府一般通过税收优惠政策鼓励用人单位与个人参与，并加以一定的监管。当然，在资金筹集和运行方面，企业年金一般不采取国家基本养老保险普遍实行的"现收现付"制，而是采取基金积累模式。在确保投资安全前提下，由所有利益相关者组成基金理事会对基金进行市场化管理，发挥市场机制的作用，实行专业化的市场化投资，从而实现保值增值，体现效率原则。[①]

正是在市场化专业投资问题上，企业年金与商业人寿保险具有很大的一致性。商业养老保险是按照大数法则，按照完全的商业方式进行运作

---

① 参见李绍光：《深化社会保障改革的经济学分析》，北京：中国人民大学出版社 2006 年版，第 97 页。

和投资，并获得经营收益，不承担强制性的社会义务。与商业养老保险不同的是，企业年金可以享受国家税收优惠政策，特别是基金投资范围受到比商业养老保险基金更严的监管约束。因此，这一支柱从政府与市场机制选择的角度来看，它是介于国家基本养老保险与个人商业养老保险之间的养老保险制度。

最后，第四支柱是个人商业养老保险。这一支柱是投保个人根据自愿原则与商业保险公司之间签订的一种老年保障合同，这种商业合同是投保个人的一种风险防范行为和商业保险公司提供的一种金融服务的有机衔接。这一支柱更多地体现个人在养老方面的责任，国家通过制定相应的优惠政策鼓励个人为自己的养老储蓄，采取完全商业化运作的形式，除税收优惠外，政府只承担监管责任。因此，市场机制的主导作用是其明显特征。以上四支柱模式及特点具体见表5-2。

表5-2　中国养老保险四支柱新制度

支柱项目	第一支柱 基本养老	第二支柱 个人账户	第三支柱 企业年金	第四支柱 商业保险
基金筹集方式	社会保障税（强制）	用人单位与个人共同缴费（强制）	用人单位与个人公同缴费或用人单位单方缴费（自愿）	自愿参加，保险费（自愿）
性质	强制性	雇员为强制性，非雇员为选择性	自愿，但政府给予鼓励	自愿，但政府给予鼓励
缴费主体	政府税收	用人单位与个人	用人单位与个人	个人
管理运作	中央政府统一管理	省（市）政府管理，市场化运作	政府选择的金融管理公司	商业保险机构
基金筹集模式	现收现付制	完全积累制	完全积累制	完全积累制
平衡方式	由中央财政承担	由地方财政承担	自我核算平衡	自我核算平衡
责任	政府责任	雇主与雇员	雇主与雇员	个人
特点	普遍保障	收入缴费关联	准市场化运作	市场化运作
替代率	≤ 20%	≥ 30%	≥ 20%	≥ 10%

从表5-2看出，养老保险体系中的第一支柱所提供的养老金待遇属于基本养老保障，是由政府完全负责，充分体现绝对公平，而其他支柱是由社会、用人单位和个人通过市场机制实现的，体现的是相对公平。这种体系既有公共养老金承担的再分配支柱，又有个人承担的商业养老金计划，既有强制性的个人账户基金，又有自愿性的企业年金或职业年金，实现了政府与市场机制的有机统一，体现了公平与效率的有机统一。这种养老保险体系在社会保障底线公平的基础上进行柔性调节，不仅有利于在分配的公平，而且还有利于实现资源配置的帕累托效率。① 同时，在新制度中，有现收现付制的基本养老保险、完全积累制的个人账户制和保险合同式的自愿保险等项目有机地界合在一起，充分兼容了收入再分配、储蓄和保险等三种功能，有效地明确了政府、用人单位和个人三方在养老保险中应该承担的责任，并对政府与市场机制在养老保障运行中的作用进行合理的划分与定位，实现了政府与市场机制的适度选择。

二、构建养老保险四支柱新制度的优势分析

首先，有利于保障国民基本生活，防止老年贫困。我国宪法明确规定，公民有受到物质保障的权利。政府在保障老年人的基本生活方面具有不可推卸的责任。即使养老保险制度中没有第一支柱的设计，那些基本生活来源都没有着落的老年人最终也要由政府来"买单"。城镇居民最低生活保障制度以及正在推行的农村最低生活保障线建立的初衷，就是解决最基本的生活都没有保障的居民的生计问题。这与在养老保险体系中建立普遍性的基本养老保险金的用意如出一辙。同时，当老年风险在个人无法抵御或没有得到有效抵御时，部分风险必将外溢并社会化，从而危及社会稳定，阻碍经济发展。中央政府通过在养老保险体系中建立一个再分配机制，使养老资源在全社会范围内进行分配，体现了社会公平与政府的社会

---

① 参见景天魁：《底线公平与社会保障的柔性调节》，《社会学研究》2004年第6期。

责任，直接缓解了老年贫困问题，进而保证社会稳定。

其次，有利于彻底解决养老保障低水平、广覆盖的问题。养老保险四支柱新制度，可以将所有国民都纳入保险范围，比如农民及灵活就业人员，甚至失业人员。新制度对即使没有参保能力或参保年限达不到领取退休金最低年限的人群，也有普惠制的基础养老金作为最后的保障防线。当然，那些企业效益好、工资收入高的群体完全可以通过参加第二、三、四支柱来提高自己的退休待遇。也就是说，新的养老保障模式既有低水平的基础的养老金，又有较高养老待遇的私人养老金；既能实现对全体国民的覆盖，又不至于过高增加中央财政的支出负担。

再次，有利于以较低的改革成本实现全国统筹。在原养老保险制度中，由于基础养老金的替代率过高，要实现全国统筹必然大大增加中央政府和地方政府的财务负担，使得全国统筹的目标很难实现。而在新制度中，通过将原制度中企业所缴纳的20%的一部分以税收的形式筹集，降低基础养老金的替代率，并辅之以政府财政投入，可以很快实现全国统筹。而且，所重构的四支柱模式并没有从根本上改变现行城镇企业职工养老保险制度的基本模式，依然实行社会统筹和个人账户相结合的部分积累制，只不过把两者彻底分割开来，并对其缴费比例、参保条件、待遇支付和财政支持作了适当调整，所以改革的成本较低。

最后，有利于彻底解决流动人口的养老保险关系转移和接续问题。在新制度中，构建了政府主导的全民基本养老保险支柱，并实现全国统筹、统一管理、统一待遇标准，中央财政负责兜底，这样，劳动者的基本养老金无论在哪个地区发放都一样，劳动者无论流动到哪里都不必转移资金，参保缴费记录信息和个人账户资金就像银行存款一样，全国通存通兑，从而使养老保险关系转移畅通无阻。而个人账户通过银行系统可以实行自由转移，由于没有地方利益的介入保护，转移不再是一个难题。这样，就扫除了当前养老保险制度中因统筹基金难以转移而给劳动者的养老保险关系转移接续工作造成的障碍。

当然，新制度也有其劣势，主要在于：实现全民的基本养老保险需要政府财政更多的资金投入。另外，由于新制度实行全民统一的基本养老金，必然会遇到经济发达地区政府的政治阻力。

三、构建养老保险四支柱新制度的路径选择

养老保险四支柱新制度是在未根本改变当前城镇企业职工养老保险模式的基础上，仅对其结构稍作调整而形成的，力图以最小的改革成本，取得最大的改革效益。当前，我国城镇企业职工养老保险制度实行社会统筹与个人账户相结合的部分积累制基础上的三支柱模式（见图5-1），调整后的养老保险模式是由基本养老保险、个人账户、企业年金或职业年金和个人商业养老保险四支柱构成（见图5-2）。

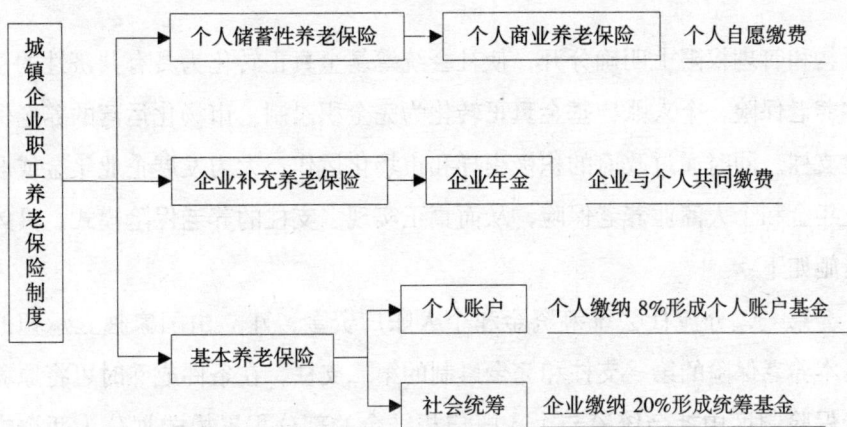

图5-1　中国现行城镇企业职工养老保险基本构架

从图5-1可以看出，我国已设计了多层次养老保险基本结构，但是由于基本养老保险中社会统筹与个人账户在管理和资金方面没有明确分开，各级社会保障部门在社会统筹基金部分不足以支付当前养老金支出时，通常透支个人账户基金，使个人账户实际处于"空账"运行中，个人账户失去了积累资金的功能，这实际上使部分积累制退变为现收现付制。同时，第二、三支柱规模较小，未能起到应有的补充作用。因此，要真正实现多支柱模式的养老保险制度，必须将社会统筹与个人账户部分在组织

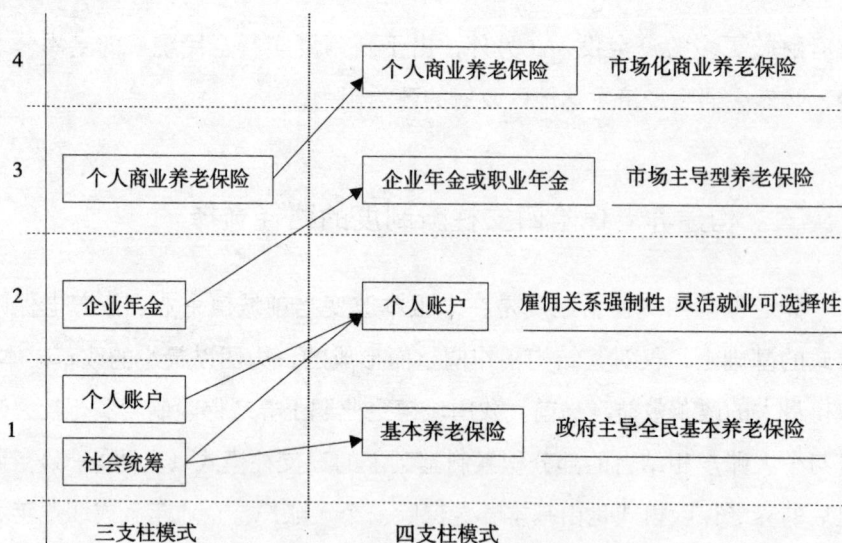

图 5-2　中国养老保险四支柱新制度基本框架

机构和管理权限上明确分开，使社会统筹基金真正转化为具有共济性的基本养老保险，个人账户基金真正转化为完全积累制、市场化运营的养老保险支柱。同时通过政府的积极引导和市场化运作，大力发展企业年金或职业年金和个人商业养老保险，从而真正实现多支柱的养老保险模式。具体措施如下：

第一，分流社会统筹资金和个人账户资金，建立由国家独立承担的基本养老保险的第一支柱和完全累制的第二支柱。在条件成熟时可将原养老保险制度中社会统筹与个人账户相结合的部分积累模式划分为两个支柱，其中第一支柱是基本养老保险。这一支柱由政府举办、国家财政负担，统一由中央政府通过社会保险税的形式征收，实行统一管理和支付标准，实现低水平、广覆盖的普惠式国民养老金，从而体现制度的公平性。基于当前我国国情及居民消费支出情况，这一支柱的替代率应降至小于或等于20%。如此调整的原因是，既要使其实现全国统筹成为可能，又要使退休人员基本生活得到保障。

第二支柱是从原基本养老保险中剥离出的个人账户。这一支柱改变原先完全由职工缴费为企业或单位与个人共同缴费，实行完全积累制，将企业原缴纳的20%统筹基金分割出10%注入个人账户，与个人缴纳的8%基金，共同构成个人账户基金，从而做实做大个人账户，使其替代率提高至大于或等于30%。如此调整的原因是，既要弥补因统筹基金替代率下降而给劳动者退休后的生活带来的影响，使其与第一支柱的总体替代率与原制度的目标替代率相接近，又要增强个人账户基金在整个养老保险制度中的作用。

同时，要加快机关事业单位养老保险制度改革，改变当前完全由政府承担的传统养老保险模式，建立由政府、单位和个人共同承担资金筹集模式，实施与城镇企业职工养老保险制度相统一的社会统筹与个人账户相结合的部分积累制，逐渐构建四支柱的养老保险新制度。[①]

第二，完善政府与市场机制合理界定的第三支柱。我国现行城镇职工养老保险制度中的企业年金发展长期滞后，不能发挥基本养老保险的补充作用，使多支柱模式的功能不能得到应有的发挥。其中一个重要的原因就是，政府与市场机制在企业年金的改革与发展中角色错位。因此，在构建新制度中，政府应明确责任，创造条件积极鼓励企业年金健康发展，发挥市场机制的主导作用，提高企业年金运作效率。

同时，政府要加大对机关事业单位养老保险制度的改革力度，改变政府或单位完全承担的单一支柱模式，建立与企业年金相似的职业年金，使其逐渐向四支柱养老保险模式转变。职业年金主要由单位与个人共同缴纳，实行完全积累制，对基金进行商业化运营，实现基金保值增值。

政府在企业年金或职业年金制度的运作上的责任主要体现在两个方面。一是政府提供制度支持。政府应进一步明确企业年金或职业年金的基本政策，制定职员年金的实施办法、经办机构资格认定标准和资格认定办

---

① 在2008年两会前夕，国务院原则通过了《事业单位工作人员养老保险制度改革试点方案》，并在山西、上海、浙江、广东、重庆等五省市试点。与企业职工养老保险改革的进程相比，事业单位的改革较晚，但"试点方案"的改革思路非常明确，设定的事业单位养老保险制度，其筹资模式、计发办法等均与目前的企业职工基本养老保险制度模式一致，并可衔接。

法、基金监管办法和财务会计制度等。因为企业年金或职业年金不完全等同于个人商业养老保险，它是介于国家基本养老保险与个人商业保险之间的养老保险制度，其作为多支柱的养老保障体系的重要组成部分，建立、运作和管理离不开政府的倡导、支持和监管。二是政府提供税收优惠政策。强化政府责任的核心主要体现在国家税收优惠政策的扶持上，政府应该遵循国际惯例，在企业年金或职业年金征缴领域制定与基本养老保险相对应的税收优惠政策。①

笔者认为，一方面税收法律制度首先应当确定职员年金（企业年金）计划享受税收优惠政策的条件。由税务主管机关根据法律规定负责年金计划的审批。同时，税务机关对于年金计划要进行动态的监管，即根据法律规定，企业年金计划的方案、运作、基金管理等方面应当始终符合法律规定的免税条件，若一旦由于计划的某些变更导致不再符合法律规定的免税条件了，那么税务机关应当及时注销其批准证书，待其重新符合法定条件时可经审核合格后再行批准。另一方面，关于具体的税收规定，应在职员年金（企业年金）税收立法中除对企业缴费给予税收优惠外，对职工的缴费也应当给予税收优惠。企业和职工的缴费在职工工资一定比例内的，都可以享受免税待遇。同时，职员年金基金的投资收益也可免税。在职工从企业年金计划中领取养老金时，其养老金收入应当作为工资收入税目缴纳个人所得税。

第三，建立市场化的个人商业养老保险。个人商业养老保险作为国家社会保障体系的重要组成部分，在不同的社会保障层面发挥着不同的功效。总体来说，商业养老保险通过提供多样化的保障产品和更高的保障程度，可以有效地弥补社会保险供给的不足。而且，我国已经步入老龄化社会，国家养老的压力越来越大，通过大力发展个人商业养老保险，可以有效缓解政府压力，提高社会保障水平，增进人民福利。

---

① 参见彭高建：《中国养老保险责任问题研究》，北京：北京大学出版社 2003 年版，第 97 页。

针对当前我国个人商业养老保险发展中居民投保意识淡漠以及保险公司在产品供给和服务上存在不足，首先，国家要加大宣传，提高居民保险意识；其次，保险公司应合理定位，增加产品供给，提高服务质量；最后，投保人要多层次规划，寻求合适保障。

总之，按照以上三步走的步骤，现行的养老保险制度会顺畅地转型到重构后的养老保障模式，变现在的选择性模式为普遍性模式，把我国目前分割的、复杂的、保障不全面的养老保险制度转变为能够覆盖全民的、全面的、公平的、统一的养老保障制度，真正实现"人人老有所养"的目标。

四、四支柱新制度的可行性分析

在上述养老保险新制度中，最为重要的是构建了针对所有国民的普惠制的第一支柱，以及做大个人账户基金，而新制度的第三、四支柱相当于当前城镇企业职工养老保险制度的第二、三支柱。同时，还要对机关事业单位养老保险制度进行改革，以建立类似于企业养老保险制度的四支柱模式。因而，新制度是否具有可行性，就取决于第一、二支柱能否成立，以及机关事业养老保险制度改革能否顺利实现。

（一）第一支柱的经济可行性

1. 资金来源测算

按照先征收社会保险税后不足部分由财政补贴的原则，如果将企业所缴纳的20%分割出10%以税收的形式上缴国家，由中央统一征收、统一管理，专款专用，主要用于全体国民基本养老金的支付，那么这一部分收入也是相当多的。例如，2006年全国就业人数达76400万人，全国人均年工资20856元，则总收入达15933亿元。

如果收缴的养老保险税不足支付现在基本养老金，则由财政补贴。由于我国实行中央与地方财政收支分开核算的财税制度。普惠制的国民基本养老保险既是中央政府的责任，同样也是地方政府不可推卸的责任，因此，这部分支出应该由中央与地方政府共同承担。

但从当前的财政收入来看，中央政府收入占主导地位，所以在分担的比例上，中央政府应该承担更大的责任。同时，由于我国东部、中部和西部地区经济发展不平衡，东部地区经济发达，地方政府财政收入较高，中部和西部地区经济相对落后，地方政府财政收入也处于较低水平，因此，在考虑财政分担时，不仅要考虑中央与地方的分担比例，而且要把各地财政承受能力考虑其中，形成一个合理的、可行的分担比例。为此，笔者认为，可以借鉴我国城镇居民医疗保险中中央与地方政府财政分担比例的经验，确定东部、中部和西部财政负担养老金比例，详见表 5 - 3。

表 5 - 3   中央与地方政府普惠制基本养老金财政负担比例

（单位：%）

地区	地方	中央	合计
东部	40	60	100
中部	20	80	100
西部	10	90	100

2. 养老金支出测算

建立第一支柱是为了保障老年人的基本生活需求，给他们发放的养老金将主要用于老年人的基本生活支出。因此，应当根据城乡居民生活支出水平测算待遇标准。

由于我国当前经济发展水平不高，实行全民普惠制模式的替代率不宜过高，分为三档次逐步推进，分别为 16%、18%、20% 的替代率。我们试作静态分析，中国目前 60 岁以上老人大约 1.44 亿（见中华人民共和国国家统计局《2005 年全国 1% 人口抽样调查主要数据公报》），按照 2006 年全国城乡居民平均支出 4683.38 元水平 80% 的标准即 3746 元（保留整数位，312 元/月，这标准相当于 16% 的替代率）支付给每个老年人养老保障金，每年全国财政需要支出 5394.24 亿元。应该说在全国绝大多数地方，两位老年人每月 624 元（鳏、寡、孤、独、老年人可适当提高标准）是足够应付日常开支了。

而在 2006 年，如果仅按 10% 的比例征收社会保险税，全国的养老金收入就可以达到 15933 亿元，完全能够承担这种全民的基本养老金。当然，随着人口老龄化形势不断加剧，这一部分的支出必将不断扩大，有可能超过收缴的养老保险税，但如果按中央与地方财政共同分担的原则来承担这些差额，我国现在的财政收入完全有这一实力。因此，通过降低第一支柱替代率，建立全国统筹的、低水平的、广覆盖的基本养老保险支柱是切实可行的。

（二）建立第二支柱的可行性分析

对于城镇企业职工养老保险制度而言，要将社会统筹基金与个人账户基金彻底分割开来，变"空账"为实账运行，实现真正意义上的个人账户。同时，将企业所缴纳企业工资 20% 的一半纳入个人账户，与个人所缴纳本人工资的 8%，共同形成个人账户基金，从而做实做大个人账户。这样，养老保险制度的调整并没有根本改变原有制度模式，仅对其资金流向稍作变动，改革成本很低，改革难度很小，而且可操作性强。因此，在城镇企业职工中建立第二支柱具有很强的可行性。

对于机关事业单位养老保险制度而言，必须把由国家或单位独立承担转变为政府、单位、个人共同负担的养老保险模式，这已经成为养老保险制度改革的必然趋势。因而，建立与企业类似的由单位与个人共同缴费的个人账户是其改革的内在要求。

从参保人群的维度来看，全体国民除了以上正规雇用人群外，还非雇用人群，比如农民、灵活就业人员以及下岗失业人员，因此，新制度必须构建二元化养老保险体系，以供这两类参保人群选择。其中，雇员制的养老保险制度可构建四支柱模式，第一、二支柱具有强制性，而第三、四支柱在自愿基础上国家积极鼓励；非雇员制的养老保险制度可由第一支柱和第四支柱构成或由第一支柱、第二支柱和第四支柱构成，其中，第一支柱具有强制性，由政府来承担；第四支柱是在自愿基础上国家积极鼓励，而第二支柱具有非强制性，可由他们根据自己的实际情况自由选择。

目前，应该改革城镇企业职工养老保险制度，分离统筹基金与个人账户，不断扩大制度的覆盖面，并积极鼓励发展第三支柱和第四支柱。为农民和灵活就业人员，包括下岗失业人员，普遍建立基于国家财政的基础养老金计划，并鼓励个人参与商业养老保险；继续推进机关事业单位养老保险制度改革，将其纳入与企业职工相统一的基础养老金计划中，建立个人账户，并大力发展职业年金和自愿储蓄性养老金计划。

（三）建立第三支柱的可行性

对城镇企业职工而言，只要国家采取有效的措施，积极鼓励，就有可能将原有企业年金逐步壮大，使之成为提高退休人员基本生活的重要支柱。因此，这一支柱改革的可行性很强。

对机关事业单位养老保险制度而言，当前要求改革的呼声很高，而且国家已经在着手改革，建立国家、单位、个人共同承担的机制已经确定。而一旦机关事业单位工作人员也纳入到新制度中，那么他们原先很高的养老金替代率就会下降很多，这必然会增加改革的阻力。为了顺利推进养老保险制度改革，同时保障他们退休生活的质量，必须有相应的职业年金，以弥补基础养老金的下降。因此，机关事业单位养老保险制度的改革中，建立职业年金不仅必要，而且可行。

（四）建立第四支柱的可行性

社会养老保险是一种政府行为，它的基本目标是满足人们基本生活需求，而商业养老保险是一种市场行为，投保人可以根据自己的经济情况设计自己的养老保险。它可以当作一种强制储蓄的手段，以便他们年老时过上更好的生活，因此，这一支柱有很高的社会需求。同时，随着我国经济的发展、人们生活水平的提高，国民已经具备了购买商业保险的经济实力。所以，只要政策得当，宣传到位，必然有很好的发展市场。

五、四支柱新制度下养老保险关系转移接续的路径选择

在上述重建的四支柱养老保险新制度中，流动人口的养老保险关系就可以实现"无障碍"转移接续了。

首先，对于第一支柱，每个劳动者在年老以后领取相同数量的基本养老金，即社会平均工资的18%左右，大家的养老保险待遇水平相同，这一设计使社会保险的公正公平性得以充分体现。作为所有国民都均等享受的基本养老保险支柱，养老保险关系转移接续便迎刃而解，也就是说，劳动者无论流动到哪里，所取得的基础养老金都一样，这类似于德国的公共养老金、瑞士的基本养老保险和英国的基本国家养老保障，这样，转移接续仅是履行一个必要手续而已。但一国的养老保险制度仅有这一支柱是远远不够的，因为它不能把就业人员与非就业人员区别开来，也不能把对养老保险有不同层次需求的受保人区别开来，为此，笔者认为，可以建立具有选择性特征的第二、三、四支柱，来弥补第一支柱低保障的缺陷。

其次，对于第二支柱，实行多缴费多福利原则的完全积累制，并交由市场化运作，充分体现了效率的原则。同时，个人账户属于个人所有，方便携带。在这种既体现公平又体现效率的支柱模式，相对于原先的统账结合模式来说，劳动者变换工作，跨地区或跨养老计划项目流动而转移养老保险关系变得更加容易了。这与市场经济条件下对人力资源市场搞活的要求是相吻合的，而且这种模式可以使基金运营管理简便易行，节约管理支出，更有利于公民的广泛参与和监督，以确保尤其是流动职工基础性保障目标得以实现。

再次，对于企业年金或职业年金来说，由于它实行完全积累制，建立个人账户，其所有权属于参保人，具有很好携带性，因此这一支柱的转移也不成问题。

最后，第四支柱是参保人与保险公司通过契约的形式建立养老保险的权利与义务关系，完全遵循市场规则，不存在转移困难的问题。

总之，在四支柱的养老保险新制度下，劳动者的养老权益不会因为

养老保险关系难以转移接续而受到损害，从而彻底地解决了养老保险关系转移接续难的问题。

第四节　解决我国养老保险关系转移接续的配套改革

当然，由我国现行"碎片化"的养老保险制度转变为全国统一的养老保险四支柱新制度，不仅要深化机关事业单位养老保险制度改革，加快城镇企业职工养老保险制度调整，积极推进农村养老保险制度建设，而且要做好新旧制度之间的平衡衔接，维护社会稳定。为确保新制度的建立健全，必须实施相应的配套工程。

一、转制成本的解决

重新构建多支柱养老保险模式的一个重要的前提条件，是彻底解决养老保险的转制成本问题。由于巨大的转制成本没有得到妥善解决，不仅使各统筹区的历史负担不均，而且导致个人账户"空账"运行。为了构建多支柱新制度，首先必须通过确认过渡性养老金历史权益，逐步做实个人账户，使养老保险个人账户基金变"空账"为"实账"运行，这样，一方面为制度运行奠定了良好的基础，另一方面也为转移社会保险关系准备了充足的资金。具体来说，必须做到以下三个方面：

一是变混账管理为分账管理，防止个人账户被透支。由于种种原因，现有的统账制度的设立没有妥善地解决好转制成本，而是希望通过新制度的实施逐渐得以解决。于是，新制度采取了混账管理的方式，从而为统筹基金向个人账户基金透支打开了方便之门，为此，应变混账管理为分账管理，堵住个人账户基金流失的通道。适当扩大统筹基金的份额，以增强社会保障的共济性；适当控制个人账户的规模，并完全由个人缴费组成，个人账户实施实账积累，对于少数高收入阶层可以通过购买额外的商业保险来进一步提高自身的社会保障水平。①

二是划拨国有资产，补偿个人账户"空账"。由于我国社会养老保险统账制度的设计没有解决养老保险的转制成本，而这部分基金主要是以国有资产的形式存在，因此，"在进行国有资产划拨以前，需要考虑这些国有资产中有哪些部分是由负债形成，将它预留出来，用以偿还国家债务"。② 而个人账户中"空账"的形成是由于传统养老保险的历史债务对个人账户基金的透支造成的，因此，划拨国有资产补偿个人账户"空账"不失为一条合理的途径。

三是加强征缴，扩大覆盖面，做实个人账户。混账管理的制度设计固然是形成个人账户"空账"的根本原因，但是收缴率低、征缴力度不足、缴费工资基数不实、养老保险覆盖面不全等则是养老保险基金收支过早出现赤字、"空账"数额进一步扩大的重要原因。这些问题不解决，即便改为分账管理后也会出现新问题，如挪用个人账户基金、财政负担过重、养老金发放不能保证等。因此，加大征缴力度、提高收缴率、核实缴费工资基数、扩大覆盖面等是保证制度健康运转的基本条件。③

二、延长退休年龄

法定退休年龄在不同国家或同一国家的不同历史时期是不一样的。国家常常依据当时的经济发展水平、人口平均寿命、人口结构变动、劳动条件等，进行合理调整，以适应其变化。随着我国经济的快速增长，以及人口寿命不断延长，已经具备了适当延长退休年龄的条件，而且根据国际

---

① 参见韦樟清：《社会养老保险个人账户基金变空账为实账运行的思考》，《福建理论学习》2005 年第 9 期。

② 参见吴敬琏：《关于划拨国有资产归还国家对老职工社会保障基金欠账的建议》（此文为作者在 2003 年 3 月 6 日向十届全国人大和政协提交的议案）

③ 参见王鉴岗：《养老保险改为分账管理后面临的问题和对策》，《中国青年政治学院学报》2001 年第 11 期。

经验，延长退休年龄是养老保险制度改革的趋势。

因此，我国可以逐步延长退休年龄，直至确定 65 岁为法定退休年龄，并且逐步统一男女退休年龄，以减少人口老龄化趋势对新制度基金支出的规模，确保新制度可持续发展。

三、户籍制度改革

按目前我国养老保险政策的规定，养老保险关系转移的最后地均为户口所在地。同时，一些地方出于本地利益保护或者其他原因，往往会设置一些人为限制壁垒，是否拥有接收地区或城市户口因其认定简单、操作容易、奏效明显而经常被采用。因此，不科学的户籍制度的存在使我国基础养老保险的不均衡性加剧，并且在某种程度上成为基础养老保险关系的接续歧视和讹诈的借口。

无阻碍的城乡转移的户籍制度施行后，理想的社会保障体系应该是：这一体系独立存在并实现了在全国范围内的统筹，能覆盖社会的每一个角落，不会因为出生地点、生产与生活方式不同而改变运行规则。①

四、法制环境健全

纵观世界各国社会保障制度建设，依靠法律推行已成为一种国际惯例。但从我国当前的社会保障立法现状来看，至今还没有一部统一的社会保障法，社会保障方面保守性、临时性的决定多于法律、法规。社会保障建设的法制环境不利于社会保障自身的长期稳定持续发展。

社会保险是一项关系民生的系统工程，其涉及面广、技术性强，国家应当提升其立法层次，以法律的刚性来规定征收、管理、使用机构及参

---

① 参见钟一鸣、张慧芸：《养老保险关系"转移难"与跨统筹区接续的实现途径》，《时代经贸》2004 年第 4 期。

保单位和个人相应的权利和义务。因此，应尽快出台与《社会保险法》相配套的相关法律，以国家基本法的形式确定统一的、多支柱的社会保险模式的实施路径及接续办法。不仅要完善养老保险关系转移接续的相关法律法规建设，而且要为顺利转移接续构建良好的法制环境。

五、建设全国性的信息平台

加强全国联网的社会保障信息库，建成一个标准统一的覆盖全部社会保障业务的集中式资源数据库，是发达国家社会保障建设的成功经验。如在美国，从整个国家的社会保障安全网来看，保险市场、资本市场、劳动力市场、医疗市场、中介市场等都很发达，高度发达的信息化程度使得社会保障号码（账户）具有独一无二性、不可仿造性和终身性。比如只有提供社会保障号码才能发工资，享受政府提供的福利，办理银行账号、保险、驾驶执照和财产登记。个人资信机构正是通过社会保障号码收集、鉴定个人信用记录，等等。可以说，完备的社会保障信息化网络是发达国家社会保障系统建设的基础。[①]

目前我国流动就业群体逐渐增多、工作岗位变换日益频繁，劳动者的社会保险关系的变动、接续和管理的工作量越来越大，因此，要加快研制和设置社会保险关系信息库，逐步实现社会保险关系信息库在地市间、省市间，乃至全国范围的联网与信息共享。[②] 为了便于养老保险基金的账户管理以及提高账户的便携性，确保劳动者养老保险信息的公开、公正、透明，可以给每一位参保者建立社会保障"一卡通"[③] 及"全国统一的个人

[①]　参见杨宜勇、谭永生:《全国统一社会保险关系接续研究》,《宏观经济研究》2008 年第 4 期。

[②]　参见杨宜勇、谭永生:《全国统一社会保险关系接续研究》,《宏观经济研究》2008 年第 4 期。

[③]　参见钟一鸣、张慧芸:《养老保险关系"转移难"与跨统筹区接续的实现途径》,《时代经贸》2004 年第 4 期。

账户号码。"①"一卡通"可同时记录持卡人的养老、医疗、工伤、失业、生育保险信息，既可以完成身份认证，又具有个人账户的支付功能。可以通过计算机网络将有关的政府管理部门的应用系统连接起来，形成跨统筹区的市民公共信息网络，从而实现不同统筹区之间的无障碍流动。而个人账户的号码可与"中国人民共和国居民身份证"号码统一使用，因为"身份证是我国新中国成立以来最高立法机关通过，发给个人的唯一全国通行的法定证件，具有体积小，便于携带，登记项目简单，全国统一编码，一人一号，防伪性能强，难以伪造等优点，用身份证号码作为个人养老保险账户的号码，较为适宜。"通过覆盖全国的网络系统，社会保险的参保登记、基数核定、缴费记录、待遇发放，包括缴费都可以在网上完成，做到流动人员随到、随交、随记账、随办转移。充分利用现代电子技术和金融网络实现社会保险权益的可转移、可查询，切实解决跨地区流动时社会保险关系和资金的转移接续问题。这样，现在面临的养老保险关系转移接续、异地就医等问题都将不复存在。②

综上所述，针对我国劳动者在流动中难以实现养老保险关系的"无障碍"转移接续问题，当前许多学者提出了诸如分段计算、提高统筹层次等解决意见和建议。但笔者认为，这些措施是在没有改变现行养老保险制度的情况下探索其解决途径，仅是一种"修补"式的举措，无法彻底解决养老保险关系转移接续难以及劳动者养老权益的保护问题。

要彻底解决养老保险关系转移接续难的问题，必须探究造成这一问题的根本原因，并从中寻找解决的路径。笔者认为，造成这一问题的根本原因则在于现行养老保险制度设计上的某些缺陷，为此，必须对现行养老保险制度进行全面审视、改革与完善，建立全国统一的政府与市场机制适度选择的养老保险新制度。经过分析研究，笔者认为，建立养老保险四支

---

① 参见桂世勋：《尽快解决城乡养老保险的衔接问题》，《人口研究》1994 年第 2 期。

② 参见桂世勋：《尽快解决城乡养老保险的衔接问题》，《人口研究》1994 年第 2 期。

柱新制度，既具有很好的可行性，又能彻底解决劳动者养老保险关系转移接续难的问题，是一条理想的路径选择。

在这养老保险四支柱新制度中，第一支柱实行广覆盖、低水平的政府主导的全民基本养老保险，劳动者的养老权益不因工作地点的变化而有所改变；第二支柱实行完全积累式的、以政府与市场机制共同作用的个人账户制，具有很好的便携性，不影响劳动者养老保险关系的转移接续；第三、四支柱实行市场机制主导的便携式的企业年金或职业年金和个人储蓄式的商业养老保险，均可以确保劳动者在流动中的养老权益。从而，使劳动者在流动中实现养老保险关系的顺利转移接续，进而切实保障劳动者在流动中的养老权益。

附件 中国养老保险关系转移接续相关制度

1. 国务院关于建立统一的企业职工基本养老保险制度的决定

2. 国务院关于开展新型农村社会养老保险试点的指导意见

3. 国务院关于开展城镇居民社会养老保险试点的指导意见

4. 劳动和社会保障部、财政部、人事部、中央机构编制委员会办公室关于职工在机关事业单位与企业之间流动时社会保险关系处理意见的通知

5. 国务院办公厅关于转发人力资源社会保障部、财政部城镇企业职工基本养老保险关系转移接续暂行办法的通知

6. 人社部关于印发城镇企业职工基本养老保险关系转移接续若干具体问题意见的通知

7. 福建省人民政府办公厅转发省人力资源和社会保障厅财政厅关于福建省城镇企业职工基本养老保险关系转移接续实施意见的通知

8. 四川省人社厅关于印发四川省企业职工基本养老保险关系转移接续实施意见的通知

9. 人力资源社会保障部、财政部关于印发《城乡养老保险制度衔接暂行办法》的通知

附件1　国务院关于建立统一的企业职工
基本养老保险制度的决定

国发〔1997〕26 号

各省、自治区、直辖市人民政府，国务院各部委、各直属机构：

近年来，各地区和有关部门按照《国务院关于深化企业职工养老保险制度改革的通知》（国发〔1995〕6 号）要求，制定了社会统筹与个人账户相结合的养老保险制度改革方案，建立了职工基本养老保险个人账户，促进了养老保险新机制的形成，保障了离退休人员的基本生活，企业职工养老保险制度改革取得了新的进展。但是，由于这项改革仍处在试点阶段，目前还存在基本养老保险制度不统一、企业负担重、统筹层次低、管理制度不健全等问题，必须按照党中央、国务院确定的目标和原则，进一步加快改革步伐，建立统一的企业职工基本养老保险制度，促进经济与社会健康发展。为此，国务院在总结近几年改革试点经验的基础上作出如下决定：

一、到本世纪末，要基本建立起适应社会主义市场经济体制要求，适用城镇各类企业职工和个体劳动者，资金来源多渠道、保障方式多层次、社会统筹与个人账户相结合、权利与义务相对应、管理服务社会化的养老保险体系。企业职工养老保险要贯彻社会互济与自我保障相结合、公平与效率相结合、行政管理与基金管理分开等原则，保障水平要与我国社会生产力发展水平及各方面的承受能力相适应。

二、各级人民政府要把社会保险事业纳入本地区国民经济与社会发展计划，贯彻基本养老保险只能保障退休人员基本生活的原则，把改革企业职工养老保险制度与建立多层次的社会保障体系紧密结合起来，确保离退休人员基本养老金和失业人员失业救济金的发放，积极推行城市居民最低生活保障制度。为使离退休人员的生活随着经济与社会发展不断得到改善，体现按劳分配原则和地区发展水平及企业经济效益的差异，各地区和有关部门要在国家政策指导下大力发展企业补充养老保险，同时发挥商业保险的补充作用。

三、企业缴纳基本养老保险费（以下简称企业缴费）的比例，一般不得超过企业工资总额的 20%（包括划入个人账户的部分），具体比例由省、自治区、直辖市人民政府确定。少数省、自治区、直辖市因离退休人数较多、养老保险负担过重，确需超过企业工资总额 20% 的，应报劳动部、财政部审批。个人缴纳基本养老保险费（以下简称个人缴费）的比例，1997 年不得低于本人缴费工资的 4%，1998 年起每两年提高 1 个百分点，最终达到本人缴费工资的 8%。有条件的地区和工资增长较快的年份，个人缴费比例提高的速度应适当加快。

四、按本人缴费工资 11% 的数额为职工建立基本养老保险个人账户，个人缴费全部记入个人账户，其余部分从企业缴费中划入。随着个人缴费比例的提高，企业划入的部分要逐步降至 3%。个人账户储存额，每年参考银行同期存款利率计算利息。个人账户储存额只用于职工养老，不得提前支取。职工调动时，个人账户全部随同转移。职工或退休人员死亡，个人账户中的个人缴费部分可以继承。

五、本决定实施后参加工作的职工，个人缴费年限累计满 15 年的，退休后按月发给基本养老金。基本养老金由基础养老金和个人账户养老金组成。退休时的基础养老金月标准为省、自治区、直辖市或地（市）上年度职工月平均工资的 20%，个人账户养老金月标准为本人账户储存额除以 120。个人缴费年限累计不满 15 年的，退休后不享受基础养老金待遇，其个人账户储存额一次支付给本人。

本决定实施前已经离退休的人员，仍按国家原来的规定发给养老金，同时执行养老金调整办法。各地区和有关部门要按照国家规定进一步完善基本养老金正常调整机制，认真抓好落实。

本决定实施前参加工作、实施后退休且个人缴费和视同缴费年限累计满 15 年的人员，按照新老办法平稳衔接、待遇水平基本平衡等原则，在发给基础养老金和个人账户养老金的基础上再确定过渡性养老金，过渡性养老金从养老保险基金中解决。具体办法，由劳动部会同有关部门制订并指导实施。

六、进一步扩大养老保险的覆盖范围，基本养老保险制度要逐步扩大到城镇所有企业及其职工。城镇个体劳动者也要逐步实行基本养老保险制度，其缴费比例和待遇水平由省、自治区、直辖市人民政府参照本决定精神确定。

七、抓紧制定企业职工养老保险基金管理条例，加强对养老保险基金的管理。基本养老保险基金实行收支两条线管理，要保证专款专用，全部用于职工养老保险，严禁挤占挪用和挥霍浪费。基金结余额，除预留相当于2个月的支付费用外，应全部购买国家债券和存入专户，严格禁止投入其他金融和经营性事业。要建立健全社会保险基金监督机构，财政、审计部门要依法加强监督，确保基金的安全。

八、为有利于提高基本养老保险基金的统筹层次和加强宏观调控，要逐步由县级统筹向省或省授权的地区统筹过渡。待全国基本实现省级统筹后，原经国务院批准由有关部门和单位组织统筹的企业，参加所在地区的社会统筹。

九、提高社会保险管理服务的社会化水平，尽快将目前由企业发放养老金改为社会化发放，积极创造条件将离退休人员的管理服务工作逐步由企业转向社会，减轻企业的社会事务负担。各级社会保险机构要进一步加强基础建设，改进和完善服务与管理工作，不断提高工作效率和服务质量，促进养老保险制度的改革。

十、实行企业化管理的事业单位，原则上按照企业养老保险制度执行。

建立统一的企业职工基本养老保险制度是深化社会保险制度改革的重要步骤，关系改革、发展和稳定的全局。各地区和有关部门要予以高度重视，切实加强领导，精心组织实施。劳动部要会同国家体改委等有关部门加强工作指导和监督检查，及时研究解决工作中遇到的问题，确保本决定的贯彻实施。

附件 2 国务院关于开展新型农村社会养老保险试点的指导意见

国发〔2009〕32 号

各省、自治区、直辖市人民政府，国务院各部委、各直属机构：

根据党的十七大和十七届三中全会精神，国务院决定，从 2009 年起开展新型农村社会养老保险（以下简称新农保）试点。现就试点工作提出以下指导意见：

一、基本原则

新农保工作要高举中国特色社会主义伟大旗帜，以邓小平理论和"三个代表"重要思想为指导，深入贯彻落实科学发展观，按照加快建立覆盖城乡居民的社会保障体系的要求，逐步解决农村居民老有所养问题。新农保试点的基本原则是"保基本、广覆盖、有弹性、可持续"。一是从农村实际出发，低水平起步，筹资标准和待遇标准要与经济发展及各方面承受能力相适应；二是个人（家庭）、集体、政府合理分担责任，权利与义务相对应；三是政府主导和农民自愿相结合，引导农村居民普遍参保；四是中央确定基本原则和主要政策，地方制订具体办法，对参保居民实行属地管理。

二、任务目标

探索建立个人缴费、集体补助、政府补贴相结合的新农保制度，实行社会统筹与个人账户相结合，与家庭养老、土地保障、社会救助等其他社会保障政策措施相配套，保障农村居民老年基本生活。2009 年试点覆盖面为全国 10% 的县（市、区、旗），以后逐步扩大试点，在全国普遍实施，2020 年之前基本实现对农村适龄居民的全覆盖。

三、参保范围

年满 16 周岁（不含在校学生）、未参加城镇职工基本养老保险的农村居民，可以在户籍地自愿参加新农保。

四、基金筹集

新农保基金由个人缴费、集体补助、政府补贴构成。

（一）个人缴费。参加新农保的农村居民应当按规定缴纳养老保险费。缴费标准目前设为每年 100 元、200 元、300 元、400 元、500 元 5 个档次，地方可以根据实际情况增设缴费档次。参保人自主选择档次缴费，多缴多得。国家依据农村居民人均纯收入增长等情况适时调整缴费档次。

（二）集体补助。有条件的村集体应当对参保人缴费给予补助，补助标准由村民委员会召开村民会议民主确定。鼓励其他经济组织、社会公益组织、个人为参保人缴费提供资助。

（三）政府补贴。政府对符合领取条件的参保人全额支付新农保基础养老金，其中中央财政对中西部地区按中央确定的基础养老金标准给予全额补助，对东部地区给予 50% 的补助。

地方政府应当对参保人缴费给予补贴，补贴标准不低于每人每年 30 元；对选择较高档次标准缴费的，可给予适当鼓励，具体标准和办法由省（区、市）人民政府确定。对农村重度残疾人等缴费困难群体，地方政府为其代缴部分或全部最低标准的养老保险费。

五、建立个人账户

国家为每个新农保参保人建立终身记录的养老保险个人账户。个人缴费，集体补助及其他经济组织、社会公益组织、个人对参保人缴费的资助，地方政府对参保人的缴费补贴，全部记入个人账户。个人账户储存额目前每年参考中国人民银行公布的金融机构人民币一年期存款利率计息。

六、养老金待遇

养老金待遇由基础养老金和个人账户养老金组成，支付终身。

中央确定的基础养老金标准为每人每月 55 元。地方政府可以根据实际情况提高基础养老金标准，对于长期缴费的农村居民，可适当加发基础养老金，提高和加发部分的资金由地方政府支出。

个人账户养老金的月计发标准为个人账户全部储存额除以 139（与现行城镇职工基本养老保险个人账户养老金计发系数相同）。参保人死亡，个人账户中的资金余额，除政府补贴外，可以依法继承；政府补贴余额用于继续支付其他参保人的养老金。

七、养老金待遇领取条件

年满 60 周岁、未享受城镇职工基本养老保险待遇的农村有户籍的老年人，可以按月领取养老金。

新农保制度实施时，已年满 60 周岁、未享受城镇职工基本养老保险待遇的，不用缴费，可以按月领取基础养老金，但其符合参保条件的子女应当参保缴费；距领取年龄不足 15 年的，应按年缴费，也允许补缴，累计缴费不超过 15 年；距领取年龄超过 15 年的，应按年缴费，累计缴费不少于 15 年。

要引导中青年农民积极参保、长期缴费，长缴多得。具体办法由省（区、市）人民政府规定。

八、待遇调整

国家根据经济发展和物价变动等情况，适时调整全国新农保基础养老金的最低标准。

九、基金管理

建立健全新农保基金财务会计制度。新农保基金纳入社会保障基金财政专户，实行收支两条线管理，单独记账、核算，按有关规定实现保值增值。试点阶段，新农保基金暂实行县级管理，随着试点扩大和推开，逐步提高管理层次；有条件的地方也可直接实行省级管理。

十、基金监督

各级人力资源社会保障部门要切实履行新农保基金的监管职责，制定完善新农保各项业务管理规章制度，规范业务程序，建立健全内控制度和基金稽核制度，对基金的筹集、上解、划拨、发放进行监控和定期检查，并定期披露新农保基金筹集和支付信息，做到公开透明，加强社会监督。财政、监察、审计部门按各自职责实施监督，严禁挤占挪用，确保基金安全。试点地区新农保经办机构和村民委员会每年在行政村范围内对村内参保人缴费和待遇领取资格进行公示，接受群众监督。

十一、经办管理服务

开展新农保试点的地区，要认真记录农村居民参保缴费和领取待遇情况，建立参保档案，长期妥善保存；建立全国统一的新农保信息管理系统，纳入社会保障信息管理系统（"金保工程"）建设，并与其他公民信息管理系统实现信息资源共享；要大力推行社会保障卡，方便参保人持卡缴费、领取待遇和查询本人参保信息。试点地区要按照精简效能原则，整合现有农村社会服务资源，加强新农保经办能力建设，运用现代管理方式和政府购买服务方式，降低行政成本，提高工作效率。新农保工作经费纳入同级财政预算，不得从新农保基金中开支。

十二、相关制度衔接

原来已开展以个人缴费为主、完全个人账户农村社会养老保险（以下称老农保）的地区，要在妥善处理老农保基金债权问题的基础上，做好与新农保制度衔接。在新农保试点地区，凡已参加了老农保、年满 60 周岁且已领取老农保养老金的参保人，可直接享受新农保基础养老金；对已参加老农保、未满 60 周岁且没有领取养老金的参保人，应将老农保个人账户资金并入新农保个人账户，按新农保的缴费标准继续缴费，待符合规定条件时享受相应待遇。

新农保与城镇职工基本养老保险等其他养老保险制度的衔接办法，由人力资源社会保障部会同财政部制定。要妥善做好新农保制度与被征地农民社会保障、水库移民后期扶持政策、农村计划生育家庭奖励扶助政策、农村五保供养、社会优抚、农村最低生活保障制度等政策制度的配套衔接工作，具体办法由人力资源社会保障部、财政部会同有关部门研究制订。

十三、加强组织领导

国务院成立新农保试点工作领导小组，研究制订相关政策并督促检查政策的落实情况，总结评估试点工作，协调解决试点工作中出现的问题。

地方各级人民政府要充分认识开展新农保试点工作的重大意义，将其列入当地经济社会发展规划和年度目标管理考核体系，切实加强组织领导。各级人力资源社会保障部门要切实履行新农保工作行政主管部门的职责，会同有关部门做好新农保的统筹规划、政策制定、统一管理、综合协调等工作。试点地区也要成立试点工作领导小组，负责本地区试点工作。

十四、制定具体办法和试点实施方案

省（区、市）人民政府要根据本指导意见，结合本地区实际情况，制定试点具体办法，并报国务院新农保试点工作领导小组备案；要在充分调研、多方论证、周密测算的基础上，提出切实可行的试点实施方案，按要求选择试点地区，报国务院新农保试点工作领导小组审定。试点县（市、区、旗）的试点实施方案由各省（区、市）人民政府批准后实施，并报国务院新农保试点工作领导小组备案。

十五、做好舆论宣传工作

建立新农保制度是深入贯彻落实科学发展观、加快建设覆盖城乡居民社会保障体系的重大决策，是应对国际金融危机、扩大国内消费需求的重大举措，是逐步缩小城乡差距、改变城乡二元结构、推进基本公共服务均等化的重要基础性工程，是实现广大农村居民老有所养、促进家庭和谐、增加农民收入的重大惠民政策。

各地区和有关部门要坚持正确的舆论导向，运用通俗易懂的宣传方式，加强对试点工作重要意义、基本原则和各项政策的宣传，使这项惠民政策深入人心，引导适龄农民积极参保。

各地要注意研究试点过程中出现的新情况、新问题，积极探索和总结解决新问题的办法和经验，妥善处理改革、发展和稳定的关系，把好事办好。重要情况要及时向国务院新农保试点工作领导小组报告。

国务院

二〇〇九年九月一日

附件 3　国务院关于开展城镇居民社会养老保险试点的指导意见

国发〔2011〕18 号

各省、自治区、直辖市人民政府，国务院各部委、各直属机构：

根据党的十七大精神和《中华人民共和国国民经济和社会发展第十二个五年规划纲要》、《中华人民共和国社会保险法》的规定，国务院决定，从 2011 年起开展城镇居民社会养老保险（以下简称城镇居民养老保险）试点。现就试点工作提出以下指导意见：

1. 基本原则

城镇居民养老保险试点的基本原则是"保基本、广覆盖、有弹性、可持续"。一是从城镇居民的实际情况出发，低水平起步，筹资标准和待遇标准要与经济发展及各方面承受能力相适应；二是个人（家庭）和政府合理分担责任，权利与义务相对应；三是政府主导和居民自愿相结合，引导城镇居民普遍参保；四是中央确定基本原则和主要政策，地方制定具体办法，城镇居民养老保险实行属地管理。

2. 任务目标

建立个人缴费、政府补贴相结合的城镇居民养老保险制度，实行社会统筹和个人账户相结合，与家庭养老、社会救助、社会福利等其他社会保障政策相配套，保障城镇居民老年基本生活。2011 年 7 月 1 日启动试点工作，实施范围与新型农村社会养老保险（以下简称新农保）试点基本一致，2012 年基本实现城镇居民养老保险制度全覆盖。

3. 参保范围

年满 16 周岁（不含在校学生）、不符合职工基本养老保险参保条件的城镇非从业居民，可以在户籍地自愿参加城镇居民养老保险。

4. 基金筹集

城镇居民养老保险基金主要由个人缴费和政府补贴构成。

（一）个人缴费。参加城镇居民养老保险的城镇居民应当按规定缴纳养老保险费。缴费标准设为每年 100 元、200 元、300 元、400 元、500 元、600 元、700 元、800 元、900 元、1000 元 10 个档次，地方人民政府可以根据实际情况增设缴费档次。参保人自主选择档次缴费，多缴多得。国家依据经济发展和城镇居民人均可支配收入增长等情况适时调整缴费档次。

（二）政府补贴。政府对符合待遇领取条件的参保人全额支付城镇居民养老保险基础养老金。其中，中央财政对中西部地区按中央确定的基础养老金标准给予全额补助，对东部地区给予 50% 的补助。

地方人民政府应对参保人员缴费给予补贴，补贴标准不低于每人每年 30 元；对选择较高档次标准缴费的，可给予适当鼓励，具体标准和办法由省（区、市）人民政府确定。对城镇重度残疾人等缴费困难群体，地方人民政府为其代缴部分或全部最低标准的养老保险费。

（三）鼓励其他经济组织、社会组织和个人为参保人缴费提供资助。

5. 建立个人账户

国家为每个参保人员建立终身记录的养老保险个人账户。个人缴费、地方人民政府对参保人的缴费补贴及其他来源的缴费资助，全部记入个人账户。个人账户储存额每年参考中国人民银行公布的金融机构人民币一年期存款利率计息。

6. 养老金待遇

养老金待遇由基础养老金和个人账户养老金构成，支付终身。

中央确定的基础养老金标准为每人每月 55 元。地方人民政府可以根据实际情况提高基础养老金标准，对于长期缴费的城镇居民，可适当加发基础养老金，提高和加发部分的资金由地方人民政府支出。

个人账户养老金的月计发标准为个人账户储存额除以 139（与现行职工基本养老保险及新农保个人账户养老金计发系数相同）。参保人员死亡，个人账户中的资金余额，除政府补贴外，可以依法继承；政府补贴余额用于继续支付其他参保人的养老金。

7. 养老金待遇领取条件

参加城镇居民养老保险的城镇居民，年满 60 周岁，可按月领取养老金。

城镇居民养老保险制度实施时，已年满 60 周岁，未享受职工基本养老保险待遇以及国家规定的其他养老待遇的，不用缴费，可按月领取基础养老金；距领取年龄不足 15 年的，应按年缴费，也允许补缴，累计缴费不超过 15 年；距领取年龄超过 15 年的，应按年缴费，累计缴费不少于 15 年。

要引导城镇居民积极参保、长期缴费，长缴多得；引导城镇居民养老保险待遇领取人员的子女按规定参保缴费。具体办法由省（区、市）人民政府规定。

8. 待遇调整

国家根据经济发展和物价变动等情况，适时调整全国城镇居民养老保险基础养老金的最低标准。

9. 基金管理

建立健全城镇居民养老保险基金财务会计制度。城镇居民养老保险基金纳入社会保障基金财政专户，实行收支两条线管理，单独记账、核算，按有关规定实现保值增值。试点阶段，城镇居民养老保险基金暂以试点县（区、市、旗，以下简称试点县）为单位管理，随着试点扩大和推开，逐步提高管理层次；有条件的地方也可直接实行省级管理。

10. 基金监督

各级人力资源社会保障部门要切实履行城镇居民养老保险基金的监管职责，制定完善城镇居民养老保险各项业务管理规章制度，规范业务程序，建立健全内控制度和基金稽核制度，对基金的筹集、上解、划拨、发放进行监控和定期检查，并定期披露城镇居民养老保险基金筹集和支付信息，做到公开透明，加强社会监督。财政、监察、审计部门按各自职责实施监督，严禁挤占挪用，确保基金安全。试点地区社会保险经办机构和居委会每年在社区范围内对城镇居民的待遇领取资格进行公示，接受群众监督。

11. 经办管理服务

开展城镇居民养老保险试点的地区，要认真记录城镇居民参保缴费和领取待遇情况，建立参保档案，长期妥善保存；建立全国统一的城镇居民养老保险信息管理系统，与职工基本养老保险、新农保信息管理系统整合，纳入社会保障信息管理系统（"金保工程"）建设，并与其他公民信息管理系统实现信息资源共享；要大力推行社会保障卡，方便参保人持卡缴费、领取待遇和查询本人参保信息。试点地区要按照精简效能原则，整合现有社会保险经办管理资源，建立健全统一的新农保与城镇居民养老保险经办机构，加强经办能力建设。城镇居民养老保险工作经费纳入同级财政预算，不得从城镇居民养老保险基金中开支。

12. 相关制度衔接

有条件的地方，城镇居民养老保险应与新农保合并实施。其他地方应积极创造条件将两项制度合并实施。城镇居民养老保险与职工基本养老保险等其他养老保险制度的衔接办法，由人力资源社会保障部会同财政部制定。要妥善做好城镇居民养老保险制度与城镇居民最低生活保障、社会优抚等政策制度的配套衔接工作，具体办法由人力资源社会保障部、财政部会同有关部门研究制定。

13. 加强组织领导

城镇居民养老保险试点工作由国务院新型农村和城镇居民社会养老保险试点工作领导小组（以下简称国务院试点工作领导小组）统一领导，组织实施。国务院试点工作领导小组研究制定相关政策并督促检查政策的落实情况，总结评估试点工作，协调解决试点工作中出现的问题。

地方各级人民政府要充分认识开展城镇居民养老保险试点工作的重大意义，将其列入当地经济社会发展规划和年度目标管理考核体系，切实加强组织领导。各级人力资源社会保障部门要切实履行城镇居民养老保险工作行政主管部门的职责，会同有关部门做好城镇居民养老保险的统筹规划、政策制定、统一管理、综合协调等工作。试点地区试点工作领导小组负责本地区试点工作。

14. 制定具体办法和试点实施方案

各省（区、市）人民政府要根据本指导意见，结合本地区实际情况，制定试点具体实施办法，并报国务院试点工作领导小组备案；要在充分调研、多方论证、周密测算的基础上，提出切实可行的试点实施方案，按要求选择试点地区，报国务院试点工作领导小组审定。试点县的试点实施方案由各省（区、市）人民政府批准后实施，并报国务院试点工作领导小组备案。

15. 做好舆论宣传工作

建立城镇居民养老保险制度是深入贯彻落实科学发展观、加快建设覆盖城乡居民社会保障体系的重大决策，是调整收入分配结构、扩大国内消费需求的重大举措，是统筹城乡发展、推进基本公共服务均等化的重要政策，是实现广大城镇居民老有所养，促进家庭和睦、社会和谐的重大民生工程。

各地区和有关部门要坚持正确的舆论导向，加强对试点工作重要意义、基本原则和各项政策的宣传，使这项惠民政策深入人心，引导符合条件的城镇居民积极参保。同时，要弘扬中华民族敬老、养老的美德，引导子女依法履行赡养老人的义务。

各地要注意研究试点过程中出现的新情况、新问题，积极探索和总结解决问题的办法和经验，妥善处理改革、发展和稳定的关系，把好事办好。重要情况要及时向国务院试点工作领导小组报告。

国务院

二〇一一年六月七日

附件4　劳动和社会保障部、财政部、人事部、中央机构编制委员会办公室关于职工在机关事业单位与企业之间流动时社会保险关系处理意见的通知

劳社部发〔2001〕13号

各省、自治区、直辖市人民政府，国务院各部委、各直属机构：

为促进职工在机关事业单位与企业之间合理流动，推进市、县、乡机构改革，根据《国务院关于印发完善城镇社会保险体系试点方案的通知》国发〔2000〕42号和《中共中央办公厅、国务院办公厅关于市县乡人员编制精简的意见》中办发〔2000〕30号的规定，职工在机关事业单位和企业单位之间流动，要相应转移各项社会保险关系，并执行调入单位的社会保险制度。经国务院同意，现就职工流动时社会保险关系的处理意见通知如下：

一、养老保险关系处理

职工由机关事业单位进入企业工作之月起，参加企业职工的基本养老保险，单位和个人按规定缴纳基本养老保险费，建立基本养老保险个人账户，原有的工作年限视同缴费年限，退休时按企业的办法计发基本养老金。其中，公务员及参照和依照公务员制度管理的单位工作人员，在进入企业并按规定参加企业职工基本养老保险后，根据本人在机关或单位工作的年限给予一次性补贴，由其原所在单位通过当地社会保险经办机构转入本人的基本养老保险个人账户，所需资金由同级财政安排。补贴的标准为：本人离开机关上年度月平均基本工资 × 在机关工作年

限 ×0.3%×120 个月。

职工由企业进入机关事业单位工作之月起，执行机关事业单位的退休养老制度，其原有的连续工龄与进入机关事业单位后的工作年限合并计算，退休时按机关事业单位的办法计发养老金。已建立的个人账户继续由社会保险经办机构管理，退休时，其个人账户储存额每月按 1/120 计发，并相应抵减按机关事业单位办法计发的养老金。

公务员进入企业工作后再次转入机关事业单位工作的，原给予的一次性补贴的本金和利息要上缴同级财政。其个人账户管理、退休后养老金计发等，比照由企业进入机关事业单位工作职工的相关政策办理。

二、失业保险关系处理

职工由机关进入企业、事业单位工作之月起，按规定参加失业保险，其原有的工作年限视同缴费年限。职工由企业、事业单位进入机关工作，原单位及个人缴纳的失业保险费不转移，其失业保障按《人事部关于印发〈国家公务员被辞退后有关问题的暂行办法〉的通知》人发〔1996〕64 号规定执行。

三、医疗保险关系处理

职工在机关事业单位和企业之间流动，在同一统筹地区内的基本医疗保险关系不转移，跨统筹地区的基本医疗保险关系及个人账户随同转移。职工流动后，除基本医疗保险之外，其他医疗保障待遇按当地有关政策进行调整。

本通知从下发之日起执行。各地区、各部门要切实加强组织领导，有关部门要密切配合，抓紧制定具体办法，认真组织实施。

二〇〇一年九月二十日

附件 5　国务院办公厅关于转发人力资源社会保障部、财政部城镇企业职工基本养老保险关系转移接续暂行办法的通知

（国办发〔2009〕66 号）

各省、自治区、直辖市人民政府，国务院各部委、各直属机构：

人力资源社会保障部、财政部《城镇企业职工基本养老保险关系转移接续暂行办法》已经国务院同意，现转发给你们，请结合实际，认真贯彻执行。

国务院办公厅

二○○九年十二月二十八日

城镇企业职工基本养老保险关系转移接续暂行办法

人力资源社会保障部　财政部

第一条　为切实保障参加城镇企业职工基本养老保险人员（以下简称参保人员）的合法权益，促进人力资源合理配置和有序流动，保证参保人员跨省、自治区、直辖市（以下简称跨省）流动并在城镇就业时基本养老保险关系的顺畅转移接续，制定本办法。

第二条　本办法适用于参加城镇企业职工基本养老保险的所有人员，包括农民工。已经按国家规定领取基本养老保险待遇的人员，不再转移基本养老保险关系。

第三条　参保人员跨省流动就业的，由原参保所在地社会保险经办

机构（以下简称社保经办机构）开具参保缴费凭证，其基本养老保险关系应随同转移到新参保地。参保人员达到基本养老保险待遇领取条件的，其在各地的参保缴费年限合并计算，个人账户储存额（含本息，下同）累计计算；未达到待遇领取年龄前，不得终止基本养老保险关系并办理退保手续；其中出国定居和到香港、澳门、台湾地区定居的，按国家有关规定执行。

第四条　参保人员跨省流动就业转移基本养老保险关系时，按下列方法计算转移资金：

（一）个人账户储存额：1998 年 1 月 1 日之前按个人缴费累计本息计算转移，1998 年 1 月 1 日后按计入个人账户的全部储存额计算转移。

（二）统筹基金（单位缴费）：以本人 1998 年 1 月 1 日后各年度实际缴费工资为基数，按 12% 的总和转移，参保缴费不足 1 年的，按实际缴费月数计算转移。

第五条　参保人员跨省流动就业，其基本养老保险关系转移接续按下列规定办理：

（一）参保人员返回户籍所在地（指省、自治区、直辖市，下同）就业参保的，户籍所在地的相关社保经办机构应为其及时办理转移接续手续。

（二）参保人员未返回户籍所在地就业参保的，由新参保地的社保经办机构为其及时办理转移接续手续。但对男性年满 50 周岁和女性年满 40 周岁的，应在原参保地继续保留基本养老保险关系，同时在新参保地建立临时基本养老保险缴费账户，记录单位和个人全部缴费。参保人员再次跨省流动就业或在新参保地达到待遇领取条件时，将临时基本养老保险缴费账户中的全部缴费本息，转移归集到原参保地或待遇领取地。

（三）参保人员经县级以上党委组织部门、人力资源社会保障行政部门批准调动，且与调入单位建立劳动关系并缴纳基本养老保险费的，不受以上年龄规定限制，应在调入地及时办理基本养老保险关系转移接续手续。

第六条　跨省流动就业的参保人员达到待遇领取条件时，按下列规定确定其待遇领取地：

（一）基本养老保险关系在户籍所在地的，由户籍所在地负责办理待遇领取手续，享受基本养老保险待遇。

（二）基本养老保险关系不在户籍所在地，而在其基本养老保险关系所在地累计缴费年限满 10 年的，在该地办理待遇领取手续，享受当地基本养老保险待遇。

（三）基本养老保险关系不在户籍所在地，且在其基本养老保险关系所在地累计缴费年限不满 10 年的，将其基本养老保险关系转回上一个缴费年限满 10 年的原参保地办理待遇领取手续，享受基本养老保险待遇。

（四）基本养老保险关系不在户籍所在地，且在每个参保地的累计缴费年限均不满 10 年的，将其基本养老保险关系及相应资金归集到户籍所在地，由户籍所在地按规定办理待遇领取手续，享受基本养老保险待遇。

第七条　参保人员转移接续基本养老保险关系后，符合待遇领取条件的，按照《国务院关于完善企业职工基本养老保险制度的决定》（国发〔2005〕38 号）的规定，以本人各年度缴费工资、缴费年限和待遇领取地对应的各年度在岗职工平均工资计算其基本养老金。

第八条　参保人员跨省流动就业的，按下列程序办理基本养老保险关系转移接续手续：

（一）参保人员在新就业地按规定建立基本养老保险关系和缴费后，由用人单位或参保人员向新参保地社保经办机构提出基本养老保险关系转移接续的书面申请。

（二）新参保地社保经办机构在 15 个工作日内，审核转移接续申请，对符合本办法规定条件的，向参保人员原基本养老保险关系所在地的社保经办机构发出同意接收函，并提供相关信息；对不符合转移接续条件的，向申请单位或参保人员作出书面说明。

（三）原基本养老保险关系所在地社保经办机构在接到同意接收函的 15 个工作日内办理好转移接续的各项手续。

（四）新参保地社保经办机构在收到参保人员原基本养老保险关系所在地社保经办机构转移的基本养老保险关系和资金后，应在 15 个工作日内办结有关手续，并将确认情况及时通知用人单位或参保人员。

第九条　农民工中断就业或返乡没有继续缴费的，由原参保地社保经办机构保留其基本养老保险关系，保存其全部参保缴费记录及个人账户，个人账户储存额继续按规定计息。农民工返回城镇就业并继续参保缴费的，无论其回到原参保地就业还是到其他城镇就业，均按前述规定累计计算其缴费年限，合并计算其个人账户储存额，符合待遇领取条件的，与城镇职工同样享受基本养老保险待遇；农民工不再返回城镇就业的，其在城镇参保缴费记录及个人账户全部有效，并根据农民工的实际情况，或在其达到规定领取条件时享受城镇职工基本养老保险待遇，或转入新型农村社会养老保险。

农民工在城镇参加企业职工基本养老保险与在农村参加新型农村社会养老保险的衔接政策，另行研究制定。

第十条　建立全国县级以上社保经办机构联系方式信息库，并向社会公布，方便参保人员查询参保缴费情况，办理基本养老保险关系转移接续手续。加快建立全国统一的基本养老保险参保缴费信息查询服务系统，发行全国通用的社会保障卡，为参保人员查询参保缴费信息提供便捷有效的技术服务。

第十一条　各地已制定的跨省基本养老保险关系转移接续相关政策与本办法规定不符的，以本办法规定为准。在省、自治区、直辖市内的基本养老保险关系转移接续办法，由各省级人民政府参照本办法制定，并报人力资源社会保障部备案。

第十二条　本办法所称缴费年限，除另有特殊规定外，均包括视同缴费年限。

第十三条　本办法从 2010 年 1 月 1 日起施行。

附件6　关于印发城镇企业职工基本养老保险关系转移接续若干具体问题意见的通知

人社部发〔2010〕70号

各省、自治区、直辖市人力资源社会保障厅（局），新疆生产建设兵团劳动保障局：

《国务院办公厅转发人力资源社会保障部财政部城镇企业职工基本养老保险关系转移接续暂行办法的通知》（国办发〔2009〕66号，以下简称《转移接续暂行办法》）下发以来，各地高度重视，认真组织实施，工作取得明显成效，总体形势平稳趋好。但在实施工作中还存在进展不平衡、对国家政策和经办规程理解不一致、信息化建设滞后等问题。为进一步做好相关工作，我们研究制定了《关于城镇企业职工基本养老保险关系转移接续若干具体问题的意见》，现印发给你们，请遵照执行，并抓紧做好以下工作：

一、尽快制定基本养老保险关系转移接续的实施办法。各地要结合完善省级统筹工作，按照《转移接续暂行办法》的统一要求，对本地区自行出台的养老保险关系转移接续政策进行清理规范，在今年底前制定出台城镇企业职工基本养老保险关系转移接续实施办法，并经人力资源社会保障部养老保险司、社保中心审核后，再上报省（自治区、直辖市）人民政府批准实施。各地正式下发的实施办法要及时报人力资源社会保障部备案。

二、调整规范农民工参加养老保险政策。各地要结合《转移接续暂行办法》的贯彻落实，采取可行措施，将在城镇企业就业并建立劳动关系的农民工，按照国家统一规定纳入城镇企业职工基本养老保险制度。在《转移接续暂行办法》实施前已自行出台农民工参加养老保险办法的地区，要抓紧调整相关政策，实现与城镇企业职工基本养老保险政策的统一规范，切实做好农民工参加城镇企业职工养老保险工作。

三、做好信息系统建设和应用工作。各地要按照《关于贯彻落实国务院办公厅转发城镇企业职工基本养老保险关系转移接续暂行办法的通知》（人社部发〔2009〕187号）和《关于开展城镇企业职工基本养老保险关系转移接续系统建设和应用工作的通知》（人社部函〔2010〕124号）的要求，抓紧统一规范业务经办程序，加快与部级异地转移系统的接入步伐，力争2010年底前三分之一以上地市入网接入服务，2011年底前全部地市（包括所属区县）入网接入服务，实现电子化转移业务模式，努力提高转移接续经办工作效率，为参保人员提供便捷的服务。

四、进一步做好经办管理工作。各地要严格执行国家政策及有关业务经办规定，为应对2011年元旦、春节期间可能出现的转移接续养老保险关系的高峰期，提前做好充分准备。要确保全国转移接续工作的统一和规范，不得随意调整和更改经办规程中的程序和表格；要简化、优化业务流程，提高工作效率，落实好办理时限；要通过国内各新闻媒体、互联网、热线电话、现场解答等多种形式，为参保人员提供咨询服务。各级社保经办机构要安排专人值守，确保向社会公布的联系渠道畅通。遇有单位地址、经办科室、电话号码等信息发生变更或需要补充的，要及时报告人力资源社会保障部社保中心，保持向社会公布信息的完整和准确。

人力资源和社会保障部
二〇一〇年九月二十六日

附件7 福建省人民政府办公厅转发省人力资源和社会保障厅、财政厅关于福建省城镇企业职工基本养老保险关系转移接续实施意见的通知

闽政办〔2010〕136号

各市、县（区）人民政府，省人民政府各部门、各直属机构，各大企业，各高等院校：

经省政府同意，现将省人力资源和社会保障厅、财政厅制定的《福建省城镇企业职工基本养老保险关系转移接续实施意见》和《国务院办公厅关于转发人力资源和社会保障部 财政部城镇企业职工基本养老保险关系转移接续暂行办法的通知》（国办发〔2009〕66号）转发给你们，请一并认真贯彻执行。

二〇一〇年四月二十九日

福建省城镇企业职工基本养老保险关系转移接续实施意见

省人力资源和社会保障厅 省财政厅

（二〇一〇年四月）

为做好跨省流动就业人员基本养老保险关系转移接续工作，根据《国务院办公厅关于转发人力资源和社会保障部 财政部城镇企业职工基本养老保险关系转移接续暂行办法的通知》（国办发〔2009〕66号，以下简称《转移接续暂行办法》）精神，结合我省实际，提出如下意见：

一、参加城镇企业职工基本养老保险的人员（以下简称"参保人员")跨省流动并在城镇就业的,应按《转移接续暂行办法》规定转移基本养老保险关系,并转移基本养老保险统筹基金和个人账户储存额。

二、厦门市参保人员流动到我省其他地区(含驻闽中央属行业单位)就业的和我省其他地区(含驻闽中央属行业单位)参保人员流动到厦门市就业的,比照《转移接续暂行办法》有关规定转移基本养老保险关系,并转移基本养老保险统筹基金和个人账户储存额。

三、参保人员在我省养老保险省级统筹范围内(不含厦门市)办理基本养老保险关系转移的,只转移基本养老保险关系,不转移基本养老保险统筹基金和个人账户储存额。转入地社会劳动保险经办机构(以下简称"社保机构")依据转出地社保机构开具的转移材料,按规定为其接续基本养老保险关系,并做好个人账户衔接和管理工作。

四、省外参保人员流动到我省城镇各类企业就业,需按《转移接续暂行办法》规定转移基本养老保险关系,并转移基本养老保险统筹基金和个人账户储存额,各级社保机构在收到原参保地社保机构发出的转移信息并确认应转资金到账后,应根据原参保地社保机构提供的养老保险缴费信息,按照《福建省城镇企业职工基本养老保险条例》等有关政策规定,为其办理基本养老保险关系接续手续。

五、各地在转移基本养老保险统筹基金时,统一按参保人员本人1998年1月1日后各年度实际缴费工资总额的12%予以转移;个人账户储存额的转移标准为:1998年1月1日之前的(不含1月1日),按个人缴费累计本息计算转移。1998年1月1日以后的(含1月1日),按转出时上年度个人账户的全部储存额计算转移。转移时当年的个人账户记账部分,转出地只转本金,不转利息;其利息由转入地负责计息。

六、跨省流动就业的参保人员,到达国家规定的退休年龄并符合在我省按月领取基本养老金条件的,其缴费工资指数应以本人在各参保地的缴费工资和我省相对应各年度职工平均工资计算缴费工资指数,并以此计算其指数化平均缴费工资和基础养老金。

七、参保人员流动就业,同时在两地以上存续基本养老保险关系的,在办理转移接续基本养老保险关系时，由社保机构与本人协商确定保留其中一个基本养老保险关系和个人账户，同时其他的基本养老保险关系应予以清理；重复缴费期间的缴费工资基数未超过当地社平工资300%的，予以合并计算，超过300%以上的部分相应的个人账户储存额退还本人，且相应的个人缴费年限不重复计算。

《转移接续暂行办法》实施之前已经重复领取基本养老金的参保人员，由社保机构与本人协商确定保留其中一个基本养老保险关系并继续领取基本养老金，其他的基本养老保险关系应予以清理，个人账户剩余部分一次性退还本人。

八、参保人员流动转移前有欠缴基本养老保险费的，应在流动转移前缴清欠费，不补缴的，其欠费期间不计算缴费年限。基本养老保险关系转移之后不再办理补缴手续。

九、参保人员出国定居或到香港、澳门、台湾地区定居的，应按国家有关规定办理终止基本养老保险关系手续，并全额退还个人账户储存额。其中，在建立临时基本养老保险缴费账户期间出国定居或到香港、澳门、台湾地区定居的，由原保留基本养老保险关系所在地的社保机构负责办理终止基本养老保险关系手续，并全额退还保留地个人账户储存额；建立临时缴费账户所在地的社保机构负责办理临时缴费账户中个人账户储存额清退工作，临时账户中的单位缴费不再转回原保留基本养老保险关系所在地。在建立临时基本养老保险缴费账户期间死亡的参保人员，也按上述规定处理清退个人账户储存额。

十、参保人员在机关事业单位与企业之间流动的，原则上按照《转移接续暂行办法》的规定办理，具体办法由省人力资源和社会保障厅、财政厅另行制定。

附件8　关于印发四川省企业职工基本养老保险关系转移接续实施意见的通知

川人社发〔2010〕52号

国务院办公厅《关于转发人力资源社会保障部财政部城镇企业职工基本养老保险关系转移接续暂行办法的通知》（国办发〔2009〕66号）下发以来，我省各地按照国务院《转移接续暂行办法》和人力资源社会保障部有关文件精神以及省人力资源社会保障厅、省财政厅及省社保局的工作部署，及时在全省进行了贯彻落实，目前此项工作进展顺利。

为进一步加强基本养老保险关系跨省转移接续工作，完善基本养老保险关系省内转移接续办法，省人力资源社会保障厅、省财政厅研究制定了《四川省企业职工基本养老保险关系转移接续实施意见》，现印发你们贯彻执行。

人力资源社会保障厅财政厅

二〇一〇年十二月十六日

四川省企业职工基本养老保险关系转移接续实施意见

为切实保障参加企业职工基本养老保险人员（以下简称参保人员）的合法权益，促进人力资源合理配置和有序流动，保证流动就业人员养老保险关系顺畅转移接续，根据《国务院办公厅关于转发人力资源社会保障部财政部城镇企业职工基本养老保险关系转移接续暂行办法的通知》（国办发〔2009〕66号，以下简称《转移接续暂行办法》）有关规定，结合我省实际，制定本实施意见。

一、跨省流动就业人员基本养老保险关系的转移接续

（一）参保人员跨省（自治区、直辖市）流动就业的，其基本养老保险关系的转移接续，按照《转移接续暂行办法》和人力资源社会保障部《关于贯彻落实国务院办公厅转发城镇企业职工基本养老保险关系转移接续暂行办法的通知》（人社部发〔2009〕87号）、《关于印发城镇企业职工基本养老保险关系转移接续若干具体问题意见的通知》（人社部发〔2010〕70号）等有关规定办理。

（二）我省户籍男性年满50周岁、女性年满40周岁的参保人员回省就业参保时，如就业地与其户籍地不一致，其基本养老保险关系应转移到户籍所在地，就业地应为其建立临时基本养老保险缴费账户。其在省内再次异地就业参保或达到待遇领取条件时，将临时基本养老保险缴费账户中的全部缴费本息归集到户籍所在地。上述人员经县级以上党委组织部门、人力资源社会保障行政部门批准调动的，其养老保险关系可直接转入就业地。

二、省内流动就业人员基本养老保险关系的转移接续

（一）参保人员在省内流动就业符合转移基本养老保险关系条件的，其基本养老保险关系转移接续参照《转移接续暂行办法》及人社部发〔2009〕87号、人社部发〔2010〕70号等有关规定办理，但不转移统筹基金和个人账户资金。

（二）男性年满50周岁、女性年满40周岁的人员，流动到非户籍地就业参保时，其基本养老保险关系保留在原参保地不转移，并在新参保地建立临时基本养老保险缴费账户；在非户籍地首次参保的，参保地也应为其建立临时基本养老保险缴费账户。上述人员待遇领取地确定后，就业地社保经办机构应将临时基本养老保险缴费账户中全部缴费本息归集到待遇领取地。经县级以上党委组织部门、人力资源社会保障行政部门批准调动的，其养老保险关系可直接转入就业地。

三、其他情况的处理

（一）参保人员流动到机关事业单位或从机关事业单位流动到企业就

业参保的，其养老保险关系转移接续，在国家出台新规定前按照国家和我省现行规定办理。

（二）参保人员返回农村参加新农保的，其企业职工基本养老保险与新农保之间的衔接，待国家出台统一政策后按规定办理。军队随军家属在部队参加养老保险的，其养老保险关系转移接续，在国家出台新规定前仍按现行规定办理。

（三）参保人员流动到基本养老保险省本级参保单位就业的，由省社保局办理养老保险关系转移接续手续。

四、本意见有关基本养老保险关系跨省转移接续的规定从 2010 年 1 月 1 日起实施，有关省内转移接续的规定从 2011 年 1 月 1 日起实施。

附件 9　人力资源社会保障部、财政部关于印发《城乡养老保险制度衔接暂行办法》的通知

人社部发〔2014〕17 号

各省、自治区、直辖市人民政府，新疆生产建设兵团：

经国务院同意，现将《城乡养老保险制度衔接暂行办法》印发给你们，请认真贯彻执行。

实现城乡养老保险制度衔接，是贯彻落实党的十八届三中全会精神和社会保险法规定，进一步完善养老保险制度的重要内容。做好城乡养老保险制度衔接工作，有利于促进劳动力的合理流动，保障广大城乡参保人员的权益，对于健全和完善城乡统筹的社会保障体系具有重要意义。各地区要高度重视，加强组织领导，明确职责分工，密切协同配合，研究制定具体实施办法，深入开展政策宣传解释和培训，全力做好经办服务，抓好信息系统建设，确保城乡养老保险制度衔接工作平稳实施。

人力资源社会保障部　财政部

2014 年 2 月 24 日

城乡养老保险制度衔接暂行办法

第一条　为了解决城乡养老保险制度衔接问题，维护参保人员的养老保险权益，依据《中华人民共和国社会保险法》和《实施〈中华人民共和国社会保险法〉若干规定》（人力资源和社会保障部令第 13 号）的规定，制定本办法。

第二条　本办法适用于参加城镇职工基本养老保险（以下简称城镇

职工养老保险)、城乡居民基本养老保险(以下简称城乡居民养老保险)
两种制度需要办理衔接手续的人员。已经按照国家规定领取养老保险待遇
的人员,不再办理城乡养老保险制度衔接手续。

第三条　参加城镇职工养老保险和城乡居民养老保险人员,达到城
镇职工养老保险法定退休年龄后,城镇职工养老保险缴费年限满15年
(含延长缴费至15年)的,可以申请从城乡居民养老保险转入城镇职工
养老保险,按照城镇职工养老保险办法计发相应待遇;城镇职工养老保险缴
费年限不足15年的,可以申请从城镇职工养老保险转入城乡居民养老保
险,待达到城乡居民养老保险规定的领取条件时,按照城乡居民养老保险
办法计发相应待遇。

第四条　参保人员需办理城镇职工养老保险和城乡居民养老保险制
度衔接手续的,先按城镇职工养老保险有关规定确定待遇领取地,并将
城镇职工养老保险的养老保险关系归集至待遇领取地,再办理制度衔接
手续。

参保人员申请办理制度衔接手续时,从城乡居民养老保险转入城镇
职工养老保险的,在城镇职工养老保险待遇领取地提出申请办理;从城镇
职工养老保险转入城乡居民养老保险的,在转入城乡居民养老保险待遇领
取地提出申请办理。

第五条　参保人员从城乡居民养老保险转入城镇职工养老保险的,
城乡居民养老保险个人账户全部储存额并入城镇职工养老保险个人账户,
城乡居民养老保险缴费年限不合并计算或折算为城镇职工养老保险缴费
年限。

第六条　参保人员从城镇职工养老保险转入城乡居民养老保险的,城
镇职工养老保险个人账户全部储存额并入城乡居民养老保险个人账户,参
加城镇职工养老保险的缴费年限合并计算为城乡居民养老保险的缴费年限。

第七条　参保人员若在同一年度内同时参加城镇职工养老保险和城
乡居民养老保险的,其重复缴费时段(按月计算,下同)只计算城镇职工
养老保险缴费年限,并将城乡居民养老保险重复缴费时段相应个人缴费和

集体补助退还本人。

第八条 参保人员不得同时领取城镇职工养老保险和城乡居民养老保险待遇。对于同时领取城镇职工养老保险和城乡居民养老保险待遇的，终止并解除城乡居民养老保险关系，除政府补贴外的个人账户余额退还本人，已领取的城乡居民养老保险基础养老金应予以退还；本人不予退还的，由社会保险经办机构负责从城乡居民养老保险个人账户余额或者城镇职工养老保险基本养老金中抵扣。

第九条 参保人员办理城乡养老保险制度衔接手续时，按下列程序办理：

（一）由参保人员本人向待遇领取地社会保险经办机构提出养老保险制度衔接的书面申请。

（二）待遇领取地社会保险经办机构受理并审核参保人员书面申请，对符合本办法规定条件的，在 15 个工作日内，向参保人员原城镇职工养老保险、城乡居民养老保险关系所在地社会保险经办机构发出联系函，并提供相关信息；对不符合本办法规定条件的，向申请人作出说明。

（三）参保人员原城镇职工养老保险、城乡居民养老保险关系所在地社会保险经办机构在接到联系函的 15 个工作日内，完成制度衔接的参保缴费信息传递和基金划转手续。

（四）待遇领取地社会保险经办机构收到参保人员原城镇职工养老保险、城乡居民养老保险关系所在地社会保险经办机构转移的资金后，应在 15 个工作日内办结有关手续，并将情况及时通知申请人。

第十条 健全完善全国县级以上社会保险经办机构联系方式信息库，并向社会公布，方便参保人员办理城乡养老保险制度衔接手续。建立全国统一的基本养老保险参保缴费信息查询服务系统，进一步完善全国社会保险关系转移系统，加快普及全国通用的社会保障卡，为参保人员查询参保缴费信息、办理城乡养老保险制度衔接提供便捷有效的技术服务。

第十一条 本办法从 2014 年 7 月 1 日起施行。各地已出台政策与本办法不符的，以本办法规定为准。

索　引

B

庇古　34, 58, 59, 60

边际效用　59, 60

补充养老保险制度　29, 94, 189, 190, 220, 222

布坎南　67, 68, 69

部分积累制　5, 21, 23, 31, 32, 57, 111, 112, 113, 176, 177, 188, 191, 196, 198, 205, 236, 250, 251, 253

C

财务模式　111, 202, 203

城乡养老保险制度衔接暂行办法　27, 155, 199, 200, 206, 213, 232, 266, 297

城镇居民养老保险制度　18, 25, 197, 277, 278, 279, 281, 282

城镇企业职工养老保险制度　5, 21, 23, 29, 110, 111, 117, 156, 166, 186, 187, 189, 190, 191, 214, 219, 221, 231, 239, 244, 247, 250, 251, 253, 255, 257, 258, 260

筹资模式　25, 29, 102, 111, 112, 113, 155, 219, 243, 253

D

道德风险　123, 124

邓小平　45, 56, 270

地方利益　81, 83, 107, 117, 119, 121, 124, 175, 182, 186, 230, 239, 250

多支柱模式　29, 143, 145, 153, 242, 251, 253

E

恩格斯　48, 49, 50, 51, 53, 54, 55

F

分段计算　41, 184, 212, 231, 235, 236, 237, 238, 264

福利　3, 4, 19, 24, 30, 31, 34, 53, 56, 58, 59, 60, 61, 62, 65, 66, 67, 68, 72, 73, 74, 86, 96, 97, 108, 125, 127, 136, 140, 143, 146, 147, 151, 152, 201, 203, 212, 213, 218, 220, 240, 241, 255, 259, 263, 277

福利国家　34, 56, 65, 66, 86, 240, 241

福利经济学　58, 59, 60, 61, 62, 67, 68

覆盖面　6, 26, 40, 84, 139, 140, 185, 224, 258, 261, 271

G

个人账户　4, 5, 6, 7, 17, 21, 22, 23, 24, 25, 26, 27, 29, 31, 32, 37, 38, 39, 40, 41, 42, 45, 56, 57, 69, 94, 103, 104, 105, 110, 111, 113, 115, 116, 117, 119, 120, 125,

127, 128, 129, 130, 131, 132, 143, 154,
155, 157, 158, 160, 162, 163, 166, 168,
170, 171, 172, 175, 176, 177, 179, 181,
182, 184, 185, 186, 187, 188, 189, 190,
191, 192, 193, 194, 195, 196, 197, 198,
199, 202, 203, 205, 207, 208, 209, 210,
211, 212, 215, 216, 218, 219, 220, 221,
222, 225, 228, 233, 234, 235, 236, 237,
239, 247, 248, 249, 250, 251, 252, 253,
255, 257, 258, 259, 260, 261, 264, 265,
267, 268, 269, 271, 272, 274, 277, 278,
279, 283, 284, 286, 288, 292, 293, 295,
298, 299

个人账户基金　6, 21, 45, 110, 113, 119,
120, 128, 129, 130, 132, 154, 157, 158,
162, 163, 166, 175, 176, 185, 188, 192,
193, 194, 205, 211, 222, 234, 235, 239,
247, 249, 251, 252, 253, 255, 257, 260,
261

公共物品　66, 99, 100

公平　2, 4, 25, 35, 55, 60, 61, 63, 68, 76, 80,
81, 82, 86, 90, 95, 96, 97, 98, 100, 101,
120, 137, 141, 153, 178, 182, 184, 186,
191, 196, 204, 205, 211, 212, 221, 222,
226, 229, 236, 237, 245, 249, 252, 255,
259, 267

国家干预主义　62, 63

过渡性养老金　37, 103, 104, 105, 110, 117,
157, 158, 177, 189, 221, 260, 269

H

户籍制度　8, 43, 119, 210, 211, 262

J

机关事业单位养老保险制度　18, 23, 111,
186, 206, 216, 218, 219, 239, 253, 255,

257, 258, 260

基本养老保险　5, 7, 17, 21, 22, 24, 25, 29,
31, 33, 35, 38, 39, 40, 41, 42, 84, 87, 90,
94, 98, 103, 104, 105, 106, 116, 117, 118,
121, 122, 132, 136, 143, 156, 157, 158,
159, 160, 167, 168, 169, 171, 172, 175,
177, 178, 179, 180, 181, 182, 183, 184,
187, 188, 189, 190, 191, 192, 196, 197,
198, 199, 201, 204, 206, 207, 208, 209,
210, 211, 215, 216, 219, 220, 221, 222,
224, 226, 229, 231, 232, 233, 235, 237,
238, 244, 245, 247, 248, 249, 250, 251,
252, 253, 254, 255, 257, 259, 265, 266,
267, 268, 269, 271, 272, 274, 278, 279,
281, 283, 285, 286, 287, 288, 289, 290,
291, 292, 293, 294, 295, 296, 298, 299

基础养老金　5, 23, 25, 26, 27, 39, 103, 104,
110, 117, 118, 119, 123, 156, 157, 158,
167, 170, 176, 179, 180, 183, 184, 186,
189, 196, 197, 198, 208, 210, 221, 228,
233, 235, 236, 237, 239, 245, 250, 258,
259, 268, 269, 271, 272, 273, 274, 278,
279, 280, 292, 299

基金平衡　166

基金转移　40, 170, 172, 185, 234

江泽民　56

讲坛社会主义　62, 63, 66

缴费年限　5, 17, 24, 25, 41, 100, 103, 104,
105, 107, 108, 110, 155, 158, 166, 175,
177, 178, 179, 180, 181, 182, 189, 196,
197, 199, 206, 207, 209, 211, 212, 215,
221, 228, 234, 235, 236, 237, 268, 283,
284, 286, 287, 288, 293, 298

经济人　36, 68, 166

K

凯恩斯主义　64, 65, 66

空账　120, 171, 172, 177, 185, 251, 257, 260, 261

跨城乡转移接续　186

跨统筹区转移接续　83, 156

L

劳动力流动　8, 9, 43, 47, 109, 112, 122, 149, 154, 173, 174, 178, 211, 216, 245

老年风险　34, 57, 77, 90, 92, 93, 95, 101, 106, 109, 110, 141, 249

列宁　47, 52, 55

流动人口　8, 9, 10, 11, 13, 14, 18, 19, 24, 25, 28, 42, 92, 154, 160, 161, 162, 163, 164, 165, 166, 168, 169, 172, 175, 176, 186, 207, 210, 213, 232, 241, 250, 259

M

马克思　45, 48, 49, 50, 51, 52, 53, 54, 55, 56, 57, 63, 91

毛泽东　45

莫迪利亚尼　70, 71, 72

N

逆向选择　30, 123, 124, 236

农村养老保险制度　18, 22, 23, 25, 84, 111, 186, 192, 193, 194, 195, 196, 200, 203, 204, 205, 206, 260

农民工　6, 7, 14, 15, 16, 17, 18, 22, 23, 24, 25, 37, 38, 39, 40, 41, 43, 98, 118, 154, 155, 158, 160, 161, 163, 169, 181, 187, 197, 200, 203, 204, 205, 206, 207, 209, 211, 212, 213, 219, 230, 233, 235, 237, 285, 288, 289, 290

P

帕累托　31, 60, 61, 62, 86, 90, 249

Q

企业年金　87, 94, 106, 191, 192, 222, 233, 239, 247, 248, 249, 251, 252, 253, 254, 258, 259, 265

强制性　2, 21, 29, 30, 31, 34, 52, 81, 87, 90, 94, 98, 128, 129, 130, 135, 139, 140, 141, 146, 209, 219, 243, 245, 246, 247, 248, 249, 257, 258

R

瑞典学派　65, 66

S

萨缪尔森　29, 31, 34, 60, 72, 74, 99

商业养老保险　3, 82, 84, 90, 102, 233, 247, 248, 251, 252, 254, 255, 258, 265

社会保险　4, 7, 9, 19, 20, 21, 25, 33, 34, 35, 36, 37, 39, 43, 48, 53, 55, 62, 63, 94, 98, 101, 107, 110, 114, 116, 121, 124, 125, 129, 132, 150, 152, 160, 161, 162, 166, 171, 176, 181, 183, 185, 187, 188, 190, 191, 193, 195, 196, 200, 204, 210, 215, 216, 221, 224, 225, 226, 229, 230, 232, 234, 235, 238, 239, 241, 244, 245, 246, 252, 254, 255, 257, 259, 260, 262, 263, 264, 266, 267, 269, 277, 280, 281, 283, 284, 286, 297, 299

社会保险法　98, 171, 191, 224, 235, 263, 277, 297

社会保障　2, 4, 6, 7, 8, 9, 15, 17, 20, 21, 25, 26, 29, 30, 32, 33, 34, 35, 36, 37, 38, 39, 40, 41, 42, 43, 50, 51, 52, 53, 54, 55,

56, 57, 58, 60, 61, 62, 63, 64, 65, 66, 71, 77, 78, 79, 81, 82, 84, 86, 94, 96, 97, 101, 106, 111, 113, 120, 122, 125, 127, 135, 138, 139, 140, 141, 145, 146, 147, 148, 150, 151, 152, 153, 159, 160, 161, 162, 163, 164, 165, 169, 170, 185, 186, 187, 188, 189, 191, 192, 194, 196, 199, 200, 201, 203, 205, 215, 220, 222, 223, 224, 225, 226, 227, 229, 230, 232, 235, 236, 237, 240, 241, 242, 245, 246, 247, 248, 249, 251, 254, 255, 261, 262, 263, 264, 266, 267, 270, 271, 273, 274, 275, 278, 280, 281, 282, 283, 285, 287, 288, 289, 291, 294, 295, 296, 297, 298, 299

社会统筹　5, 20, 21, 22, 23, 26, 27, 29, 31, 39, 40, 45, 56, 57, 98, 110, 111, 119, 137, 154, 155, 166, 171, 176, 179, 185, 187, 188, 189, 191, 192, 194, 195, 196, 198, 200, 202, 204, 205, 207, 216, 219, 220, 227, 228, 250, 251, 252, 253, 257, 267, 269, 270, 277

生命周期假说　70, 71, 72

省级统筹　7, 57, 98, 122, 158, 167, 174, 186, 191, 238, 269, 289, 292

世代交替模型　70, 72

市场机制　1, 3, 4, 28, 33, 34, 35, 36, 43, 44, 45, 46, 47, 48, 62, 63, 65, 66, 67, 69, 76, 78, 79, 80, 81, 82, 83, 84, 85, 86, 87, 88, 89, 90, 91, 92, 102, 115, 124, 125, 126, 127, 128, 130, 131, 132, 133, 136, 139, 140, 142, 143, 144, 145, 146, 152, 153, 156, 186, 204, 205, 217, 220, 221, 222, 229, 233, 234, 247, 248, 249, 253, 264, 265

市场经济　6, 8, 16, 18, 31, 35, 36, 45, 56, 66, 67, 80, 82, 83, 98, 99, 108, 109, 154,

159, 192, 229, 241, 243, 259, 267

适度选择　1, 35, 43, 44, 45, 46, 66, 69, 76, 82, 84, 85, 86, 87, 89, 90, 91, 92, 124, 126, 127, 144, 153, 156, 186, 229, 249, 264

收入分配　54, 58, 61, 62, 63, 80, 83, 116, 282

碎片化　6, 18, 19, 22, 28, 37, 39, 98, 111, 121, 124, 213, 231, 232, 260

T

替代率　23, 33, 74, 107, 108, 112, 138, 139, 167, 168, 170, 186, 217, 218, 219, 220, 228, 234, 239, 247, 248, 250, 252, 253, 256, 257, 258

统筹层次　6, 24, 32, 37, 38, 41, 121, 122, 123, 124, 168, 186, 190, 191, 192, 195, 230, 231, 238, 239, 245, 264, 267, 269

统筹基金　17, 19, 21, 38, 39, 40, 45, 110, 111, 112, 113, 117, 118, 119, 120, 121, 122, 123, 154, 157, 158, 160, 162, 163, 165, 166, 167, 168, 170, 171, 172, 176, 177, 182, 183, 184, 186, 188, 189, 192, 195, 198, 200, 204, 205, 211, 212, 222, 239, 250, 251, 252, 253, 257, 258, 260, 286, 292, 295

统账结合　5, 6, 23, 29, 32, 177, 219, 225, 236, 259

退休年龄　2, 33, 43, 100, 101, 103, 104, 106, 108, 129, 132, 135, 162, 163, 167, 168, 177, 182, 188, 206, 212, 214, 220, 226, 229, 261, 262, 292, 298

W

完全积累制　5, 6, 22, 23, 31, 32, 100, 107, 111, 112, 113, 114, 141, 188, 191, 192,

205, 219, 248, 249, 252, 253, 259

无差异曲线　87, 88

X

下岗失业　155, 156, 222, 223, 224, 225, 226, 227, 228, 229, 230, 237, 245, 257, 258

衔接　4, 24, 27, 37, 39, 41, 113, 155, 181, 195, 196, 197, 198, 199, 200, 203, 204, 205, 206, 211, 213, 216, 217, 219, 220, 230, 232, 248, 253, 260, 264, 266, 268, 274, 281, 288, 292, 296, 297, 298, 299

现收现付制　5, 6, 7, 21, 23, 31, 32, 33, 74, 75, 101, 107, 110, 111, 112, 113, 114, 117, 125, 130, 137, 144, 145, 153, 176, 177, 188, 216, 236, 248, 249, 251

效率　4, 28, 31, 33, 35, 60, 61, 62, 63, 64, 67, 68, 76, 80, 82, 83, 86, 88, 90, 95, 97, 98, 99, 115, 125, 148, 152, 153, 185, 191, 221, 222, 229, 236, 247, 249, 253, 259, 267, 269, 274, 290

新农保　25, 26, 27, 155, 196, 197, 198, 199, 206, 207, 209, 210, 211, 212, 270, 271, 272, 273, 274, 275, 276, 277, 279, 281, 296

Y

亚当·斯密　66, 67, 69

养老保险关系　1, 4, 5, 6, 7, 8, 17, 18, 19, 24, 25, 27, 28, 33, 36, 37, 38, 39, 40, 41, 42, 43, 44, 45, 46, 47, 48, 57, 62, 66, 69, 76, 77, 80, 81, 82, 83, 84, 85, 89, 91, 92, 100, 101, 102, 103, 108, 109, 110, 111, 112, 113, 114, 115, 116, 117, 118, 119, 121, 122, 123, 124, 126, 127, 131, 132, 143, 147, 150, 152, 153, 154, 155, 156, 157, 158, 159, 163, 166, 168, 169, 171, 174, 175, 176, 177, 178, 179, 180, 181, 182, 183, 184, 185, 186, 187, 197, 198, 199, 200, 203, 204, 205, 206, 207, 208, 211, 213, 214, 216, 217, 218, 219, 220, 221, 222, 223, 224, 225, 227, 228, 229, 230, 231, 232, 234, 235, 236, 237, 238, 239, 240, 244, 250, 259, 260, 262, 263, 264, 265, 266, 283, 285, 286, 287, 288, 289, 290, 291, 292, 293, 294, 295, 296, 298, 299

养老保险关系转移接续暂行办法　7, 181, 182, 232, 235, 266, 285, 289, 290, 291, 294, 295

养老保险制度　1, 2, 3, 4, 5, 6, 7, 8, 9, 17, 18, 19, 20, 21, 22, 23, 24, 25, 26, 27, 28, 29, 30, 31, 32, 33, 35, 37, 38, 39, 42, 43, 44, 45, 46, 47, 48, 57, 62, 66, 69, 70, 72, 74, 75, 76, 79, 80, 81, 82, 83, 84, 85, 86, 87, 88, 89, 90, 91, 92, 93, 94, 95, 97, 98, 99, 100, 101, 102, 103, 104, 106, 107, 109, 110, 111, 113, 114, 115, 116, 117, 120, 121, 122, 123, 124, 125, 126, 127, 128, 130, 131, 133, 136, 140, 141, 143, 144, 152, 153, 154, 155, 156, 157, 159, 166, 175, 176, 177, 179, 180, 182, 183, 185, 186, 187, 188, 189, 190, 191, 192, 193, 194, 195, 196, 197, 198, 199, 200, 201, 203, 204, 205, 206, 208, 209, 210, 213, 214, 215, 216, 218, 219, 220, 221, 222, 223, 224, 225, 228, 229, 230, 231, 232, 233, 235, 236, 237, 239, 243, 244, 247, 248, 249, 250, 251, 252, 253, 254, 255, 257, 258, 259, 260, 262, 264, 266, 267, 269, 274, 277, 278, 279, 281, 282, 287, 289, 297, 298, 299

养老保险制度改革 1, 7, 9, 20, 21, 22, 25,
　27, 30, 31, 32, 57, 62, 66, 69, 75, 76, 84,
　106, 107, 111, 116, 120, 122, 124, 125,
　140, 180, 185, 187, 189, 190, 192, 216,
　219, 221, 233, 253, 255, 257, 258, 260,
　262, 267
养老金 3, 5, 11, 17, 21, 22, 23, 25, 26, 27,
　29, 30, 32, 34, 37, 39, 40, 42, 70, 74, 75,
　93, 98, 100, 101, 102, 103, 104, 105,
　106, 107, 108, 110, 111, 112, 113, 115,
　116, 117, 118, 119, 120, 121, 122, 123,
　130, 131, 132, 133, 134, 135, 136, 137,
　138, 139, 140, 141, 142, 143, 144, 145,
　146, 147, 148, 149, 155, 156, 157, 158,
　160, 161, 162, 163, 167, 168, 170, 171,
　172, 173, 174, 176, 177, 178, 179, 180,
　182, 183, 184, 185, 186, 187, 188, 189,
　193, 194, 196, 197, 198, 199, 201, 202,
　203, 205, 208, 209, 210, 215, 217, 218,
　219, 220, 221, 222, 226, 227, 228, 233,
　234, 235, 236, 237, 239, 243, 245, 246,
　247, 249, 250, 251, 252, 254, 255, 256,
　257, 258, 259, 260, 261, 267, 268, 269,
　271, 272, 273, 274, 278, 279, 280, 283,
　284, 287, 292, 293, 299
养老权益 1, 5, 8, 18, 40, 81, 82, 84, 85,
　90, 92, 101, 102, 103, 105, 106, 107,
　108, 109, 112, 113, 114, 115, 116, 117,
　128, 131, 132, 143, 144, 145, 149, 150,
　154, 158, 168, 175, 176, 185, 186, 200,
　203, 212, 213, 217, 218, 219, 223, 229,
　237, 245, 259, 264, 265
有效需求 34, 64, 65, 125

Z

郑秉文 11, 32, 122, 160, 161, 162, 164,
　165, 172, 173, 174
郑功成 32, 35, 77
政府机制 34, 35, 36, 69, 80, 81, 82, 83,
　84, 85, 86, 87, 88, 89, 90, 115, 127, 128,
　222, 247
政府行为 2, 36, 55, 66, 68, 69, 72, 74, 83,
　88, 89, 90, 101, 153, 233, 258
政府责任 27, 30, 35, 125, 153, 175, 202,
　203, 246, 248, 254
政府主导 26, 27, 133, 136, 140, 141, 143,
　144, 145, 153, 196, 198, 205, 214, 229,
　250, 265, 270, 277
职业年金 87, 115, 219, 222, 239, 247, 249,
　251, 252, 253, 254, 258, 259, 265
中央公积金制度 128, 129, 130, 131
转移价值 148, 149
转移接续 1, 4, 5, 6, 7, 8, 17, 18, 19, 24,
　25, 27, 28, 33, 36, 37, 38, 39, 40, 41, 42,
　43, 44, 45, 46, 47, 48, 57, 62, 66, 69, 76,
　77, 80, 81, 82, 83, 84, 85, 88, 89, 92,
　100, 108, 109, 110, 111, 112, 113, 114,
　115, 116, 117, 118, 119, 121, 122, 123,
　124, 126, 127, 132, 143, 147, 150, 152,
　153, 154, 155, 156, 157, 158, 159, 160,
　161, 163, 166, 168, 169, 170, 171, 172,
　174, 175, 176, 177, 178, 179, 180, 181,
　182, 183, 184, 185, 186, 187, 197, 198,
　199, 200, 203, 204, 205, 206, 207, 208,
　209, 210, 211, 212, 213, 214, 216, 217,
　218, 219, 220, 222, 223, 224, 225, 226,
　227, 228, 229, 230, 231, 232, 233, 234,
　235, 236, 237, 238, 239, 240, 244, 250,
　259, 260, 263, 264, 265, 266, 285, 286,
　287, 288, 289, 290, 291, 292, 293, 294,
　295, 296, 297
转移接续暂行办法 7, 17, 18, 24, 25, 36,

40, 41, 118, 119, 121, 154, 155, 156, 157,
158, 159, 160, 161, 163, 166, 168, 170,
171, 172, 174, 175, 177, 178, 179, 180,
181, 182, 183, 184, 185, 197, 200, 206,

210, 211, 213, 232, 235, 237, 266, 285,
289, 290, 291, 292, 293, 294, 295

自保公助模式　127, 132

自我保障模式　127

参考文献

一、著作:

1.《马克思恩格斯文集》第 1、3、5、7、9、10 卷，北京：人民出版社 2009 年版。

2.《马克思恩格斯全集》第 6、25、42 卷，北京：人民出版社 1961 年版。

3.《马克思恩格斯选集》第 3、4 卷，北京：人民出版社 1995 年版。

4.《列宁全集》第 1、17、21 卷，北京：人民出版社 1984、1959、1990 年版。

5.《邓小平文选》第二卷：北京：人民出版社 1994 年版。

6. 陈征：《〈资本论〉和中国特色社会主义经济研究》，太原：山西经济出版社 2000 年版。

7. 陈征：《〈资本论〉解说》（第 1—3 卷），福州：福建人民出版社 1993 年版。

8. 陈征：《劳动和劳动价值论的运用与发展》，北京：高教出版社 2005 年版。

9. 陈征：《社会主义城市地租研究》，济南：山东人民出版社 1995 年版。

10. 陈征、李建平、郭铁民：《〈资本论〉在社会主义市场经济中的运用与发展》，福州：福建教育出版社 1998 年版。

11. 陈征、李建平、郭铁民主编：《政治经济学》，北京：高等教育出版社 2003 年版。

12. 陈征、李建平、郭铁民：《社会主义初级阶段经济纲领研究》，北京：经济科学出版社 2000 年版。

13. 李建平：《〈资本论〉第一卷辩证法探索》，北京：社会科学文献出版社 2006 年版。

14. 郭铁民、林善浪：《中国合作经济发展史》（上、下），北京：当代中国出版社 1998 年版。

15. 吴宣恭主编：《社会主义所有制结构改革》，杭州：浙江人民出版社 1994 年版。

16. 吴宣恭等：《产权理论比较：马克思主义与西方现代产权学派》，北京：经济科学出版社 2000 年版。

17. 胡培兆：《胡培兆选集》，太原：山西经济出版社 1993 年版。

18. 胡培兆：《〈资本论〉研究之研究》，成都：四川人民出版社 1985 年版。

19. 蔡秀玲：《论小城镇建设：要素聚集与制度创新》，北京：人民出版社 2002 年版。

20. 郑功成：《中国社会保障制度变迁与评估》，北京：中国人民大学出版社 2002 年版。

21. 郑功成：《社会保障学——理念、制度、实践与思辨》，北京：商务印书馆》2000 年版。

22. 郑功成：《社会保障学》，北京：中国劳动社会保障出版社 2007 年版。

23. 郑秉文、和春雷：《社会保障分析导论》，北京：法律出版社 2000 年版。

24. 穆怀中、柳清瑞等：《中国养老保险制度改革关键问题研究》，北京：中国劳动社会保障出版社 2006 年版。

25. 邓大松、林毓铭、谢圣远：《社会保障理论与实践发展研究》，北京：人民出版社 2007 年版。

26. 邓大松等：《中国社会保障若干重大问题研究》，深圳：海天出版社 2000 年版。

27. 李绍光：《深化社会保障改革的经济学分析》，北京：中国人民大学出版社 2006 年版。

28. 朱青：《养老金制度的经济分析与运作分析》，北京：中国人民大学出版社 2002 年版。

29. 耿志民：《养老保险基金与资本市场》，北京：经济管理出版社 2000 年版。

30. 李连友：《基本养老保险制度中政府作用研究》，长沙：湖南人民出版社 2004 年版。

31. 李曜：《养老保险基金——形成机制、管理模式、投资运用》，北京：中国金融出版社 2000 年版。

32. 李珍：《社会保障理论》，北京：中国劳动社会保障出版社 2001 年版。

33. 林义：《社会保险制度分析引论》，成都：西南财经大学出版社 1997 年版。

34. 宋晓梧：《完善养老保险确保老有所养》，北京：企业管理出版社 2001 年版。

35. 宋晓梧、张中俊：《养老保险制度改革》，北京：改革出版社 1997 年版。

36. 王东进：《中国社会保障制度的改革与发展》，北京：法律出版社 2001 年版。

37. 王梦奎：《中国社会保障体制改革》，北京：中国发展出版社 2001 年版。

38. 邵芬：《欧盟诸国社会保障制度研究》，昆明：云南大学出版社 1999 年版。

39. 万明国：《社会保障的市场跨越》，北京：社会科学文献出版社 2005 年版。

40. 沈洁：《日本社会保障制度的发展》，北京：中国劳动出版社 2004 年版。

41. 彭高建：《中国养老保险责任问题研究》，北京：北京大学出版社 2005 年版。

42. 于洪：《外国养老保障制度》，上海：上海财经大学出版社 2005 年版。

43. 胡云超：《英国社会养老制度改革研究：历史进程与经济效果》，北京：法律出版社 2005 年版。

44. 郭金丰：《城市农民工人社会保障制度研究》，北京：中国社会科学出版社 2006 年版。

45. 刘钧：《社会保障理论与实务》，北京：清华大学出版社 2005 年版。

46. 刘子兰：《养老金制度和养老基金管理》，北京：经济社会出版社 2005 年版。

47. 吕学静：《现代社会保障概论》，北京：首都经济贸易大学出版社 2005 年版。

48. 刘子操：《城市化进程中的社会保障问题》，北京：人民出版社 2006 年版。

49. 王国军：《社会保障：从二元到三维——中国城乡社会保障制度的比较与统筹》，《北京：对外经济贸易大学出版社 2005 年版。

50. 林闽钢：《社会保障国际比较》，北京：科学出版社 2007 年版。

51. 段家喜：《养老保险制度中的政府行为》，北京：社会科学文献出版社 2007 年版。

52. 张敬一、赵新亚：《农村养老社会保障政策研究》，上海：上海交通大学出版社 2007 年版。

53. 社会保障研究中心：《社会保障知识读本》，北京：中国致公出版社 2008 年版。

54. 黄丙志：《农村劳动力转移与社会保障》，上海：上海社会科学院出版社 2007 年版。

55. 肖金萍：《公共养老金制度研究析》，北京：中国经济出版社 2007 年版。

56. 胡代光：《西方经济学说的演变及其影响》，北京：北京大学出版社 1998 年版。

57. 孙月平，刘俊，谭军：《应用福利经济学》，北京：经济管理出版社 2004 年版。

58. [英] 亚当·斯密：《国民财富的性质和原因的研究》（上、下），北京：商务印书 1974 年版。

59. [英] 大卫·李嘉图：《政治经济学及赋税原理》，北京：商务印书馆 1976 年版。

60. [英] 马歇尔：《经济学原理》，北京：商务印书馆 1964 年版。

61. [美] 理查德·R. 尼尔森：《经济增长的源泉》，北京：中国经济出版社 2001 年版。

62. [美] 劳伦斯·汤普森：《老而弥智：养老保险经济学》，北京：中国劳动出版社 2003 年版。

63. [美] 马歇尔·N. 卡特，[美] 威廉·G. 希普曼：《信守诺言：美国养老社会保险制度改革思路》，北京：中国劳动出版社 2003 年版。

64. [英] 尼古拉斯·巴尔：《福利国家经济学》，北京：中国劳动社会保障出版社 2003 年版。

65. [美] 科林·吉列恩等：《全球养老保障——改革与发展》，北京：中国劳动社会保障出版社 2002 年版。

66. Harris S., *Economics of Social Security*, MCGRAWHILL Book Company, 1941.

67. Munnell A.H., *The Future of Social Security*, The Brookings Institution, 1982.

68. *Social Security Tomorrow*: *Permanence and Changing*, Geneva, 1995.

69. *China Reforming Social Security in a Socialist Economy*, World Bank, 1990.

70. A.C.Pigou, *The Economics of Welfare*, China Social Sciences Pubishing House.

71. Harris, S., *Economics of Social Security*, MCGRAWHILL Book Company, 1941.

72. Munnell A.H., *The Future of Social Security*, The Brookings Institution, 1982.

73. *Cameron*, *Neumann*, *Economic Effects of Social Security*, The Bokking Intitution, 1996.

74. *Social Insurance Presented at the 5th Arne Ryde Symposium*, Lund, weiden, 1981, edited by Lars Sderstr, 1983.

75. *Social Insurance and Economic Security*, George E., Rejda, 1988.

76. *Social Mobility in Industrial Society*, by Seymour Martin Lipsetnd Reinhard Bendix, 1959.

二、论文：

1. 吴宣恭：《实现公平与效率互相促进》，《经济纵横》2007 年第 1 期。

2. 李建平、张华荣、黄茂兴：《马克思主义经济学方法论的理论演进与变革趋向》，《当代经济研究》2007 年第 5 期。

3. 郭铁民：《我国社会保障制度在现代市场经济中的地位与作用及改革的目标》，《辽宁经济》2005 年第 2 期。

4. 蔡秀玲、邓春宁：《试论马克思与新制度经济学在雇佣契约理论上的分歧——兼评学术界对〈劳动合同法〉的两种看法》，《福建师范大学学报（哲学社会科学版）》2008 年第 4 期。

5. 蔡秀玲、邓春宁：《关于西方经济学教学改革中若干问题的思考》，《福建论坛（人文社会科学版）》2007 年第 6 期。

6. 蔡秀玲、林竞君：《基于网络嵌入性的集群生命周期研究——一个新经济社会学的视角》，《经济地理》2005 年第 2 期。

7. 蔡秀玲：《试析政府在营造企业集群区域创新环境中的职能定位》，《当代经济研究》2004 年第 6 期。

8. 蔡秀玲：《县域经济发展的战略重点：小城镇建设》，《福建论坛（人文社会科学版）》2003 年第 6 期。

9. 郑功成：《中国养老保险制度：跨世纪的改革思考》，《中国软科学》2000 年第 3 期。

10. 邓大松，方晓梅：《从公共政策的角度看政府在社会保障中的职能》，《经济评论》2001年第6期。

11. 肖红梅：《基本养老保险跨省转移：困境与出路》，《北京劳动保障职业学院学报》2010年第4期。

12. 鲁全：《建立适应劳动力流动的基本养老保险体系》，《中国劳动》2008年第11期。

13. 陈颐：《论我国社会养老保险的整合》，《学海》2009年第6期。

14. 李绍光：《养老保险的困境与出路》，《经济社会体制比较》2000年第3期。

15. 鲁政委：《政府与市场：基于经济发展理论的视角》，《北京理工大学学报（社会科学版）》2000年第5期。

16. 汪华：《农民工养老保险的区域分割与制度整合——基于长三角地区的实证研究》，《华东经济管理》2008年第12期。

17. 杨方方：《中央政府与地方政府社会保障责任划分的看法》，《社会保障制度》2003年第9期。

18. 陈喜强：《重新认识政府在社会保障制度变迁中的作用》，《改革与战略》2001年第2期。

19. 袁志刚：《中国养老保险体系选择的经济学分析》，《经济研究》2001年第5期。

20. 华迎放：《农民工社会保障模式选择》，《中国劳动》2005年第5期。

21. 赵立航：《农民工社会保障问题五大矛盾探析》，《深圳大学学报（人文社科版）》2005年第3期。

22. 金蔚峣：《农民工养老保险关系转移接续问题研究——基于〈城镇企业职工基本养老保险关系转移接续暂行办法〉的分析》，《经营管理者》2010年第12期。

23. 李郁芳：《试析土地保障在农村社会保障制度建设中的作用》，《暨南学报（哲社版）》2001年第6期。

24. 李迎生：《探索中国社会保障体系的城乡整合之路》，《浙江学刊》2001年第5期。

25. 韩克庆：《土地能承载农民的社会保障吗?》，《学海》2004年第5期。

26. 刘士俊：《要正确理解"效率优先、兼顾公平"的原则》，《辽宁师范大学学报（社科版）》1995年第5期。

27. 陈丽洁：《从公平与效率的角度分析社会保障制度》，《学术研究》1999年第8期。

28. 金子能宏：《收入差距的变化与养老保险改革的课题——发达国家的动向与日本的基础养老保险》，《社会保障研究（北京）》2005年第2期。

29. 王晓军、康博威：《我国社会养老保险制度的收入再分配效应分析》，《统计研究》2009年第11期。

30. 傅如良：《综论我国学界关于公平与效率问题的研究》，《湖南师范大学学报（社会科学版）》2005年第1期。

31. 杨惠芳、陈才庚:《墨西哥和巴西的农村医疗保险制度及其对中国建立农村新型合作医疗制度的几点启示》,《拉丁美洲研究》2004 年第 5 期。

32. 郑春荣:《德国农村养老保险体制分析》,《德国研究》2002 年第 4 期。

33. 袁红:《试论布莱尔的社会保障制度改革》,《重庆教育学院学报》2002 年第 1 期。

34. 赵志刚:《养老保险制度基础整合与城乡融合的制度体系构建》,《中国城市经济》2010 年第 12 期。

35. 刘苓玲,李培:《养老保险制度收入再分配效应文献综述》,《社会保障研究》2012 年第 2 期。

36. 杨欣然:《用基尼系数衡量养老保险调节收入差距的程度》,《经济研究导刊》2009 年第 25 期。

37. 赵志刚:《中国公共养老保险制度的基础整合》,《中国软科学》2008 年第 5 期。

38. 陈平:《建立统一的社会保障体系是短视国策》,《中国改革》2002 年第 4 期。

39. 白云、吴海燕:《浅析我国社会保障制度的价值取向:人本主义》,《劳动保障世界》2004 年第 12 期。

40. 衣晓峰:《哈尔滨:取消医疗救助起付线》,《劳动保障世界》2009 年第 4 期。

41. 曾湘泉:《价值理念、收入分配与社会保障制度构建》,《社会保障制度》2002 年第 1 期。

42. 财政部社会保险司考察团:《德国、西班牙社会保障制度考察报告》,《财政研究》1998 年 6 期。

43. 王亚柯:《中国养老保险制度改革的研究现状及趋势》,《学术界》2008 年第 3 期。

44. 王义祥:《普京社会保障政策评析》,《俄罗斯中亚东欧研究》2003 年第 6 期。

45. 翟从海:《我国民工社会保障现状与立法建议》,《探索与争鸣》2004 年第 3 期。

46. 童星、赵海林:《影响农村社会保障制度的非经济因素分析》,《南京大学学报(哲学人文社科版)》2002 年第 5 期。

47. 景天魁:《中国社会保障的理念基础》,《吉林大学学报(社会科学版)》2003 年第 3 期。

48. 冯兰瑞:《社会保障社会化与养老基金省级统筹》,《中国社会保障》2002 年第 10 期。

49. 章书平、黄健元、刘洋:《基本养老保险关系转移接续困难的对策探究》,《理论与改革》2009 年第 5 期。

50. 国务院发展研究中心:《中国医疗改革的评价与建议》,《经济管理文摘》2005 年第 16 期。

51. 封铁英、贾继开:《基于状态转移矩阵(WXF)模型的城镇职工基本养老保险制度可持续性研究》,《西北人口》2009 年第 6 期。

52. 蔡昉：《重新思考中国基本养老保障制度改革——兼论国际经验的相关性》，《经济学动态》2008 年第 7 期。

53. 郑秉文、史寒冰：《东亚国家或地区养老保障模式比较》，《世界经济与政治》2001 年第 8 期。

54. 郑秉文：《改革开放 30 年中国流动人口社会保障的发展与挑战》，《中国人口科学》2008 年第 5 期。

55. 杨德清、董克用：《普惠制养老金——中国农村养老保障的一种尝试》，《中国行政管理》2008 年第 3 期。

56. 杨宜勇：《社会保障制度要尽快实现"覆盖城乡，转移接续方便"》，《中国审计》2008 年第 4 期。

57. 杨宜勇、邢伟：《抓紧制定全国统一的养老保险关系转移接续办法》，《宏观经济管理》2008 年第 2 期。

58. 杨宜勇、谭永生：《全国统一社会保险关系接续研究》，《宏观经济研究》2008 年第 4 期。

59. 席恒：《中国养老保险的理想模式和现实选择》，《中国社会保障》2008 年第 5 期。

60. 关信平、吴伟东：《共同体内劳动力转移就业的社会保障覆盖——欧盟的经验》，《人口与经济》2008 年第 2 期。

61. 刘芳：《近年来农民工社会保障问题研究述评》，《甘肃社会科学》2007 年第 5 期。

62. 郭秀利、王家宝：《农民工社会保险关系转移障碍探讨》，《广西社会科学》2007 年第 9 期。

63. 张兴杰、杨慧：《农民工养老保险接续中的问题与对策探讨——以东莞市为例》，《西北人口》2006 年第 3 期。

64. 张俊：《企业补充养老保险账户转移与劳动力合理流动》，《首都经济贸易大学学报》1999 年第 2 期。

65. 黄书亭、周宗顺：《社会保障中政府机制与市场机制的适度选择》，《经济纵横》2004 年第 1 期。

66. 董成：《试论社会保险关系跨地区转移》，《文史博览》2007 年第 7 期。

67. 方强：《养老保险关系转移难问题透析》，《地方财政研究》2006 年第 2 期。

68. 蒋岳祥、张虹：《养老保险制度转型过程中的转移费用问题研究》，《经济体制改革》2003 年第 1 期。

69. 张强：《社会保障制度变迁中的政府与市场》，《重庆社会科学》2004 年第 2 期。

70. 刘一玲：《农民工养老保险关系转移的障碍性因素分析》，《重庆科技学院学报（社会科学版）》2009 年第 10 期。

71. 卢驰文：《基本养老保险统筹层次对人才流动影响的经济学分析》，《桂海论丛》2007 年第 1 期。

72. 杨树强：《建立全国统一基本养老保险制度初探》，《广西经贸》2000 年第 7 期。

73. 张伟兵、徐丽敏：《农民工养老保险关系转移机制探索——基于欧盟经验的分析和思考》，《长白学刊》2009 年第 1 期。

74. 温海红、段雅慧：《农民工养老保险关系转移接续问题探析》，《重庆工商大学学报（西部论坛)》2009 年第 1 期。

75. 米红、周仲高、邱婷婷：《人口流动影响下的农村社会养老保险方案重构与仿真研究——基于福建省的案例分析》，《中国人口科学》2005 年增刊。

76. 张世青：《下岗失业人员养老保险接续问题研究》，《沈阳大学学报》2008 年第 2 期。

77. 徐秋花、侯仲华：《养老保险关系转移难点与对策》，《中国社会保障》2008 年第 9 期。

78. 张东明、杨君、刘松华：《农民工养老保险转移接续机制探讨》，《中国财政》2010 年第 5 期。

79. 韦樟清：《基于个人账户基金收支平衡的投资问题研究》，《福建师范大学学报（哲社版)》2008 年第 4 期。

80. 韦樟清：《马克思主义社会保障基金理论及其当代意蕴》，《社会主义研究》2008 年第 1 期。

81. 赵坤：《农民工养老保险转移接续态势与政策效果评估》，《改革》2010 年第 5 期。

82. 秦中忠、赵雪飞、周英锐：《完善基本养老保险关系转移接续是利国利民之举——解读〈城镇企业职工基本养老保险关系转移接续暂行办法〉》，《北京市工会干部学院学报》2010 年第 2 期。

83. 彭宅文：《财政分权、转移支付与地方政府养老保险逃费治理的激励》，《社会保障研究》2010 年 01 期。

84. 谭中和：《城乡养老保险关系转移接续问题研究》，《社会保障研究》2011 年第 2 期。

85. 韩雁江：《关于不同基本养老保险之间关系转移接续问题的思考》，《劳动保障世界》2012 年第 9 期。

86. 王利军：《关于社会养老保险关系转移接续问题的理论综述》，《辽宁大学学报（哲学社会科学版)》2009 年第 6 期。

87. 罗静、匡敏：《国内外养老保险关系转移接续经验借鉴》，《社会保障研究》2011 年第 4 期。

88. 黄寅桓：《基本养老保险关系转移接续中社会保险政策的比较分析及启迪》，《中国市场》2012 年第 5 期。

89. 张晨寒：《农民工养老保险关系转移机制探索》，《河南师范大学学报（哲学社会科学版)》2008 年第 6 期。

90. 陆俊:《落实好养老保险关系转移续接的几点建议》,《中国劳动》2012 年第 5 期。

91. 陈仰东:《保障合法权益　兼顾各方利益——评"养老保险关系转移接续办法"》,《中国社会保障》2009 年第 3 期。

92. 赵曼、刘鑫宏:《中国农民工养老保险转移的制度安排》,《经济管理》2009 年第 8 期。

93. 康跃:《湖南:农民工养老保险账户将可自由转移》,《劳动保障世界》2009 年第 4 期。

94. 方江海:《农民工养老保险的转移接续——基于浙粤沪三省市的实证分析》,《云南行政学院学报》2009 年第 4 期。

95. 刘一玲:《农民工养老保险关系转移的障碍性因素分析》,《重庆科技学院学报(社会科学版)》2009 年第 10 期。

96. 王玉珍、杨文健:《农民工养老保险跨区域转移接续机制研究》,《理论前沿》2009 年第 4 期。

97. 景邑君、张伯生:《农民工养老保险转移接续问题研究》,《劳动保障世界》2009 年第 9 期。

98. 段美之:《我国养老保险关系转移研究综述》,《经济论坛》2009 年第 3 期。

99. 姜敏:《养老保险关系转移接续难题求解》,《山东劳动保障》2009 年第 1 期。

100. 苏海、王小春:《关于新农保与城保转移接续方法的思考》,《石家庄经济学院学报》2012 年第 6 期。

101. 邢瑞莱:《养老保险关系异地转移几个亟待解决的问题》,《中国劳动》2010 年第 5 期。

102. 唐钧:《转移接续:养老保险适应流动性的重中之重》,《中国社会保障》2013 年第 1 期。

103. 曹艳春、路锦非:《长期精算模型下上海基本养老保险制度整合的财政压力测试》,《华东经济管理》2010 年第 5 期。

104. 张明丽、王亚萍、张闪闪:《国外社保整合对我国碎片化养老保险制度改革的经验和启示》,《改革与战略》2012 年第 7 期。

105. 张建民:《基本养老保险关系跨省转移政策执行中存在的问题与对策》,《天津社会保险》2011 年第 6 期。

106. 刘欣然:《农民工养老保险关系转移接续研究》,《公民与法》2012 年第 12 期。

107. 沙治慧、罗静:《农民工基本养老保险关系转移接续机制研究》,《经济体制改革》2012 年第 2 期。

108. 张蕊:《农民工养老保险转移接续机制的完善》,《长春工业大学学报(社会科学版)》2012 年第 4 期。

109. 肖严华:《上海养老保险制度的结构改革与制度整合》,《上海经济研究》2010 年第 6 期。

后　记

　　本书是在我的博士论文基础上扩展修改完成的，也是教育部人文社科研究青年项目的最终成果。本人博士论文在 2009 年 6 月完成之后，国务院决定于 2010 年 1 月开始实施《城镇企业职工基本养老保险关系转移接续暂行办法》、2014 年 7 开始实施《城乡养老保险制度衔接暂行办法》，为此，本人以博士论文为基础对上述两项暂行办法的运行情况进行了跟踪考察。本书就是对我国养老保险关系转移接续跟踪考察的最终成果。

　　行文至此，并无如释重负之感，因为本书承载着众多良师益友的智慧与辛劳。在写作过程中，曾享受到了思路顿开的喜悦，也经历停笔顿挫的煎熬，但值得庆幸的是，一路上遇到了诸多良师益友，他们的帮助与支持给了我克服困难、勇于进取的动力和勇气。

　　首先，我要把诚挚的感谢献给我的博士生导师蔡秀玲教授。论文写作的整个过程中，大到框架的建构，小到错别字、标点符号，都得到了蔡老师细致耐心的指导。蔡老师深厚的学术功底、敏锐的思维、开阔的思路，以及对问题深刻精辟的见解让我受益匪浅。但因本人才疏学浅、生性愚钝，对经济学的神圣殿堂至今仍只是"管中窥豹，略见一斑"，不能悟其玄妙，实在是有负恩师的教诲与期望。

　　其次，要感谢陈征教授、李建平教授、廖福霖教授、郭铁民教授、李建建教授、林卿教授、陈少晖教授。他们在论文开题及预答辩时提出的真知灼见，给了我继续研究的动力与方向。他们对问题的见解，增强了我分析问题的能力，他们严谨的治学精神激励我不断探索真理。

　　再次，要感谢吴宏洛教授，她在我学习期间不仅在工作生活上给予了很大帮助，而且在学业上给予了多番指导。她洞悉最新的学术前沿，见解独到，授我以鱼亦授我以渔，数次开阔我研究的思路，助我化解原本棘手的问题。

在本书的写作过程中，我学习和借鉴了许多学者的著作与观点，参阅了大量的研究资料，在此谨向有关作者致以诚挚的谢意。

还要感谢人民出版社钟金铃老师对本书出版给予的帮助。

最后，要感谢我的家人。儿子天真活泼的笑声驱走了写作的艰辛，带给我继续前行的力量；母亲和爱人的关心与支持分担了我沉重的压力。他们的爱增添了本书的分量与意义。

多年来，我在工作、学习和生活的缝隙中努力写作。深知自己学识浅薄，一点不敢怠慢，一有时间便投入其中，一点一滴地积累，才成就此书。虽然自己尽力完善，但是本书还不太成熟，尤其是为了解决养老保险关系难题尝试提出了政府与市场机制适度选择的养老保险四支柱新制度。囿于能力与时间的限制，我对此仅作初步设计，还有许多问题有待进一步分析研究。敬请各位老师及同仁给予批评指正。

韦樟清

2014 年 8 月于福州